八十五年移民路

目錄

前言--2

一、小時候----------------------------------4

二、上一代----------------------------------6

三、上小學，讀初中--------------------------7

四、考上師範學校----------------------------9

五、學得鋼琴調音技能-----------------------11

六、教小學---------------------------------13

七、再升學---------------------------------14

八、結婚成家-------------------------------15

九、教中學與初次出國-----------------------17

十、計畫移民-------------------------------18

十一、颱風毀廠帶來的教訓-------------------19

十二、飛離台灣，踏上征途（首度移民）-------21

十三、抵達阿根廷---------------------------23

十四、步入教會，全家信上帝受洗歸主---------25

十五、居留權、住屋、收入三件要事-----------26

十六、擺菜攤賣菜---------------------------29

十七、阿根廷的日本移民---------------------33

十八、居留權的獲得-------------------------35

十九、出境，再入境阿根廷-------------------38

二十、女兒讀音樂，兩個兒子讀醫-------------42

二十一、打通臨街牆壁，開設樂器行-----------45

二十二、為好友建造中式涼亭-----------------48

二十三、兩個兒子所寫的三篇對家人的信仰描述-53

二十四、信實的上帝-------------------------56

二十五、應聘美國密西根鋼琴公司（再度移民）--------------------61
二十六、全家再度移民------------------------------69
二十七、經營阿美快餐館----------------------------75
二十八、長子的婚禮--------------------------------77
二十九、兩個學醫兒子的坎坷路途--------------------79
三十、　孩子們第三度移民--------------------------81
三十一、入籍考試成為美國公民----------------------82
三十二、次子的婚禮--------------------------------84
三十三、女兒、次子次媳獲得美國綠卡----------------86
三十四、第三代------------------------------------87
三十五、愛妻的去世--------------------------------92
三十六、賣出住屋，搬家，住入友家地下室-----------103
三十七、住入老人公寓-----------------------------104
三十八、老人移民---------------------------------107
三十九、移民與語言文字---------------------------109
四十、　移民與信仰-------------------------------112
四十一、與周媽談耶穌基督信仰的事-----------------115
四十二、移民必須具備的先決條件-------------------126
四十三、孤單老人的感嘆---------------------------128
四十四、上帝再賜老伴-----------------------------139
四十五、老伴春坊信主受洗-------------------------145
四十六、半個世紀的鋼琴調音生涯，充滿上帝的恩典---148
四十七、一付假牙三國合作-------------------------152
四十八、與人相反的行徑---------------------------154
四十九、大兒子一家遲來的綠卡---------------------156
五十、　到世界各地旅遊---------------------------157
五十一、自己擁有過的車輛-------------------------295
五十二、以電腦買賣股票賺錢養育子女的婦女-我的老來伴-春坊-----301
五十三、激盪我生命、滋潤我生命、豐盛我生命的三位女性---------305
五十四、工作之餘，寫作、吹簫作樂-----------------312

1

五十五、一張三十幾年前富有歷史見證意義的照片------------------335
五十六、孩子們的教會與經營的事業------------------------------339
五十七、老人公寓十年------------------------------------353
五十八、適應第二度婚姻的秘訣 ------------------------------393
五十九、捕遺及攬結 ------------------------------------396
六十、 劉丁衡著作一覽------------------------------------412

前言

immigrate - 自外國移居入境，或 emigrate 移往他國（動詞），
immigrant - 從外國來的移住者，或 emigrant 移去外國的移民（名詞），以及
immigration - 自國外移居入境，或 emigration 移往國外者（名詞）等字,不但語音與漢字的「移民」相近,語意也就是「移入的居民或移往他國的人民」。

「移民」也可說是「離開出生成長的家,出外求學、求職、創業、就業、擇居、移居之民」,而不一定要侷限在移出國外或自外國移入的居民。

自從輪船、飛機等遠洋交通工具發達以後,全球的人,能從自己生長居住的本地,逕往國外任何地方去旅遊,進而移居外國,改換居住生活環境。

人類自 1400 年代或更早,就曾造大船和指南針羅盤航行大海,或以證實地球是否為圓球體,或在海上漁獵,或運輸國與國之間缺乏的物資,或前往他國宣揚國威,甚或在大海上為海賊海寇、搶奪航運中的大船,就像以海盜建國的挪威 (Norwey),他們的祖先,曾在海上為海賊；像中國在明朝時 (1405 年),成祖懷疑惠帝流亡海外,欲跟跡之,並欲耀兵異域,示其富強,就曾派遣三保太監－鄭和－出使西洋,由江蘇、浙江、福建沿海南下,歷南洋群島到非洲東岸,前後出使七次。又像義大利的航海家哥倫布 (Cristofolo Columbus) 深信地圓之說,欲向西覓,至亞洲的航路,歷經艱阻,於 1492 年

2

得<u>西班牙</u> (España) 王<u>斐迪南</u> (Ferdinando II) 二世及其妻<u>伊薩伯拉</u> (Isabella)贊助，率舟三艘，越大西洋達北美之<u>巴哈馬</u> (Bahamas) 群島並發現北美新大陸，而後復探航多次，續發現<u>西印度群島</u>及<u>南美洲</u>沿岸，1502 年發現<u>中美洲</u>。

人類以船隻航行大海,發現了不少人煙稀少或無人居住的海島以及新的陸地,於是有人離開自己生長之地，移民到這些新發現的土地居住。

後來一些從外國進入居住的人增多了，問題、紛爭也增多了，於是世界各國就訂立「移民法」來處理這些從外國移住進來的人民，或讓外國進來居住的人民有法可依循。也因此，就有了 immigrant．immigration 等字的出現。漢字也依其相近的音，稱「從外國進來居住的外國人」或「進入外國去居住的人」為「移民」。

筆者四十五歲時，夫妻倆帶著初中剛畢業、初中二年肄業及小學剛畢業的三個孩子，從台灣到了阿根廷；居住阿根廷十二年後，應聘美國的密西根鋼琴公司，與內人先到美國履職，孩子們則繼續在阿根廷求學，直到他們大學教育完成之後（孩子們居住阿根廷十四年），也一個一個到了美國，他們改習語言（從西班牙語－改習英語），考得美國醫師執照後，又因為沒有居留權（移民名額排隊未到）不得工作；孩子們得知持有外國醫師執照者（美國醫師執照及阿根廷醫師執照者）在台灣可以工作，於是回到台灣準備工作，豈知仍需考過台灣的醫師執照始能正常工作，再經過一年的準備，考得台灣的醫師執照（中文）才紮根在台灣工作。如此三度不同國家、不同語言、不同風尚的生活與工作步履，其適應並突破，有辛酸也有甘甜。

我們常比喻家裏孩子們的移民，如同幾棵在台灣生長不久的樹苗，移植到地球的反面－阿根廷去栽種，十幾年後又掘起這幾棵幼樹，從南半球的阿根廷，移植到北半球的－美國栽種；幾年後再挖掘這幾棵樹，從西半球的－美國，移植回到東半球的－台灣繼續栽種。雖然這幾棵樹，在不同的國度地土裡，吸收到了各國不同地土豐富的養分，但也因為各地的土質、氣候不同，每一次移植、重新適應時，就因水土不服，比同期在同地上正常生長的樹，要遲緩許多 ....。

一、 小時候

自己從有記憶的日子起，就在一個窮苦辛酸的環境中長大 。
這窮困的原由是：家父因為獲悉祖父的恆產全被叔叔私竊登記、據為己有，悉數侵吞，憤然拋棄原本溫暖安穩的家園，抱著：「好子不用爺田地，好女不用爺嫁衣」的心志，攜帶妻小離家，尋覓新的棲身處所，從頭開始；就在覓得的一處清水小溪旁的小土石山丘，開始屯墾築巢，養家育小，我就在這麼一個時地出生；父母在普遍貧困、人煙稀少的鄉下，沒有自己賴以維生的田地，又沒有生財維生的器具、沒有工作的機遇也沒有工作的本領，更有五個幼小兒女的拖累，就連起碼的生計：食、衣、住、行，都嚴重缺乏，父親更是一個積極參與科舉鄉試準備的文弱書生，又三度改換朝代（清朝－日本－民國），在當時窮困的鄉下，無處覓取財源以養育妻小 。

當時父親以勞力搬平開拓的溪畔小石墩，是一處石頭與砂土混雜的河川砂石囤積地，溪旁有野生竹叢，父親乃砍竹搭建草屋為家，安頓幼小；又以大石頭圍堵溪邊水土為田，意欲種植水稻為糧；然而，溪旁稻田每逢雨季，河水暴漲，禾稻就全遭沖失，從未收成 。 附近又多為水地濫田，就連退而求次的充飢食物－蕃薯－都無法種植、也無處覓得；父親只好在屋前屋後的砂石地土上，栽種木瓜樹。 感謝主！木瓜樹生長茂盛，結實累累；這些木瓜，就成了我家人代替白米飯的長期主食：母親削去青綠的木瓜皮，將木瓜切刷成籤煮熟，並以黃熟的木瓜蘸鹽佐食，飼育我長大，一直到十五歲 。

這個貧窮家庭一直沒有友善的鄰居，得不到附近農戶的尊重，真所謂的 「貧窮夫妻百事哀」 呀！ 當時我們住家周圍的田地，都是從北部移民來的居民所買得或居住在鄰庄的農家所耕作的田地；早先可從產業道路進入我家，有一條牛車可以通行的土路，但是經過路旁農戶不斷的挖掘，在我上小學時期，那牛車土路已經不是道路，早就成了田埂、只留下一個人勉強可以步行的小徑了。我家所飼育的雞鴨，一不小心從籬笆鑽入他們的農田，他們會毫不猶豫的抓到牠、折斷其雙腳，丟回籬笆內向我們示警；我下課後牽牛出去吃草，他們也會很不講理地欺負我、誣指我的牛，吃他的禾稻，還到家

來強索賠償，只要值錢的東西或食物，他們會毫不客氣的取走抵償。從小我就看見這種以強欺弱、無王無法、窮苦人家遭受欺負不合理的社會現象，就只有默默的充實自己，期待將來有朝一日能揚眉吐氣、爭回公道。

住家周圍五百公尺方圓內，沒有一家鄰居，家兄長我五歲，姊姊長我八、九歲，他們不是上學就是做工，因此，我從小就沒有玩伴，每天跟隨父母工作，父母也是我僅有的玩伴；也因此學得不少大人所做的手工、田事、生活技能、應對進退的禮節、學前的識字、寫字、珠算、計算等非玩耍的遊戲。

家父是我讀書識字的啟蒙教師，從我三歲起就教我客家語文的三字經、昔時賢文、四書等艱深的文字。

八歲才送我進小學，讀日據時代日本教育的－國民學校，每天打赤腳、提草織的書袋，步行三、四十分鐘的路上學；中午學生們必須帶飯包在學校同進午餐，起初我因為沒有米飯可帶，堅持不肯帶午餐食品（木瓜），此事為導師發覺，導師就到家裡來探訪，家母告以每天煮木瓜籤代替米飯、以熟黃木瓜為菜，孩子不敢、也不肯帶木瓜籤的餐食上學。次日中午，導師要我到學校附近的飲食店，買兩份米粄，要我與他同進那買來的午餐粄食，我不從，於是開始帶媽媽煮熟的木瓜籤飯盒上學，直到五年級。

五年級時候，日據時代的台灣已經進入第二次世界大戰的末期，天天有盟國的飛機來空襲，常聽到空襲警報器的恐怖聲響，飛機驚天動地的轟炸聲和機槍逼近地面掃射的可怕聲音；我們的上學只能搬離教室，到防空壕就近的樹蔭下上課，一聽到空襲警報就躲進防空壕逃命，整天進進出出防空壕，上不成課。

六年級剛開始不久，日本就戰敗宣佈投降了，日本老師被遣離台灣，學校因此停頓了，我的日本小學教育也就如此不了了之了，因此，我的小學教育沒有完成，也就是說小學沒有畢業。

二、 上一代

家父滿腹詩書，溫文儒雅，然而因為生不逢時，改朝換代頻繁，土生土長的台灣本地人，幾度受異族不平等待遇的統治，最後淪為貧苦農夫，終其一生。

家父出生於清光緒十七年（1891）的台灣，在他四歲時，台灣割讓給了日本（1895年中日甲午之戰滿清戰敗，派李鴻章到日本議和，訂馬關條約，割讓台灣澎湖給日本）。 台灣的學校開始了日本教育，家父因此接受日本的六年小學教育，課後在漢學私塾繼續勤讀漢文（當時一般居民因為習慣使用漢字母語 - 客家語文，私下仍勤習漢文，並憧憬能回歸祖國，到對岸去參加科舉京試）。二十歲時 (1911)，清朝滅亡，廢除了科舉制度；家父在年輕時，一直勤奮苦讀中文詩書，準備有朝一日能參與科舉鄉試及京試，清朝的滅亡，他的科舉夢也破碎了；在日本統制下，台灣人所就讀的小學，名為"公學校"，與日本人子弟就讀的"小學校"不同，教材內容迥異。 因此，公學校畢業的台灣人，與就讀小學校的日本人畢業生一同競考，因為所讀的教材內容不同，程度較差，而考不上中學（這也是日本有意限制台灣人上進的奴役政策之一），前途也就大受限制。

家父在中年四十八歲到五十四歲期間，又時值第二次世界大戰末期，日本皇軍疲於應戰，苟延殘喘之際．日本軍警就強迫台灣百姓供應軍需，種蓖麻（繳交規定數量的蓖麻仁，搾油供應軍用飛機軍艦的油料），繳米糧，繳交規定數量的米糧供應軍糧（家父沒有米糧繳交，就經常有日本軍警來鑽地板，鑿牆壁，翻箱倒篋，搜查有否私藏糧食），繳交規定數量的乾草（割草曬乾，擠壓成正方體，送往集中地點，供軍馬食用；若所割的草不是指定的草，或沒有按照規定的規格擠壓，還得重新繳交，甚至加倍罰繳），又將門窗、農具、工具、廚房用具的所有銅鐵，搜括殆盡，集中製造槍砲、武器應戰，磨得台灣百姓生不如死。

家父五十四歲時（1945），日本戰敗，無條件投降了；好不容易台灣人脫離了日本五十年的統治"光復"了。 家父一直對日本人有成見，尤其對後期的日本軍警、視台灣百姓如奴隸牛馬的軍警，痛恨至極，稱他們為"四腳的"狗。 現在從日本人的束縛中鬆綁了，如同奴隸的身份解除了，開始盼望台灣的回歸"祖國"將會有更好的日子可以過。

台灣光復當初，確實事與願違；這一「過好日子」起碼的盼夢又破碎了。 在百姓心目中，戰勝國的軍隊，應該是雄糾糾氣昂昂的，軍紀嚴明的；祖國的軍隊應該是保護台灣百姓的，善待台灣人民的，和藹可親的。 可是第一眼見到的戰勝國的國軍，首批來台接收台灣的祖國軍隊，竟如此狼狽，一如敗軍，以步槍肩挑鍋子鋪蓋，腳穿草布破鞋，隊伍散漫如難民，目無軍紀，勢如強盜，擒捉路過人家的雞鴨，隨地宰殺烹煮，調戲、凌辱民間婦女………。

台灣人進學校又開始必須接受中文教育，使用現代普通話－北京話，而不准使用自小使用的母漢語－客家話。 家父經歷短短五十幾年間，竟然改朝換代三次，改換了三種語言文字，不但一事無成，就連一種語言文字都沒有學好。 這是我親眼看見，親身經歷到的一段、上一代的悲哀遭遇。

三、 上小學、讀初中

三歲起－學前，就從家父學得不少漢字以及日常生活應用的常識、技能，像打算盤：包括加減乘除四種打法，背誦乘法九九表，算盤用的除法九歸表，寫毛筆字，背誦三字經、昔時賢文、四書，生火燒開水－炙茶、泡茶，煮飯，燒熱水－洗澡水，挑水，打掃內外，做竹藝：削竹篾、編造竹籃、竹箕等手藝，做田事：插秧、抄草（除草）、割禾（收割稻穀）、駛牛拖車、耕田……。

八歲進入日據時代的小學"國民學校"就讀，課後還到漢學私塾去學母語－客家話。 國民學校五年級時，已是第二次世界大戰末期，美國飛機常來轟炸

台灣的日本軍營、軍械庫、製糖工廠、橋樑，誤殺不少台灣的無辜。 在學校裡上課每天躲警報，不敢在教室上課，而在防空壕旁的蔭密樹下半讀半躲飛機， 每天讀不成書。 上下學途中，也常因為躲避盟軍飛機近距離的機槍掃射，連人帶書包滾進路邊水溝，成了落湯雞，壓扁了鋁質飯盒，滾在牛糞上或泥沼裏，真是苦不堪言。 升上六年級時（1945年10月），日本無條件投降了，日本老師被遣回日本去了，學校停辦、學生停學了。 我們部分學生就全天候到客語私塾上課，每天讀寫漢文；當時我們有很好的客語老師，也因此，我的客家語文打下了深厚的基礎。

次年三月（依循日據時代的一年三學期制，三月是第一學期的開始），隔鄰鄉鎮的日制女子中學-旗山實踐女子學校，改制為台灣光復後的首屆初級中學，招收男生，我有幸考取了，也就是說小學沒有畢業，就進入初中了；這首屆初中的師資，因為台灣剛從日本統治下的教育轉型過來，師資缺乏、資質參差不齊，使用中國各地的方言-南腔北調，叄雜旗山人說的河洛話（閩南語）教學，我們講客話的學生，幾乎聽不懂台上老師所教的為何？每天上的課都一知半解。

那時我們剛剛經過日本人的援軍剝削及盟軍戰機的踩躪，我家本已赤貧如洗，加上那一段日本軍警的壓榨勞力、搜括、牛馬奴隸、生不如死的奴役期，我家一無糧食，二無金錢，我的上學沒有交通工具,連最起碼的腳踏車都沒有,只能赤腳步行一個半小時，穿越甘蔗園、香蕉園、水田旱圃、走泥石路、踩踏一公里枕木的小火車鐵橋、始能抵達隔鄰鄉鎮的初中，放學時亦然。 我走那段吊枕木躲閃火車壓頂、膽戰心驚的一公里鐵橋，並非閒來無聊，像現時一些狂飆機車冒險的青少年，想找刺激，而是連續兩座路橋被炸，又被洪水沖毀、失修，過河必須付費搭乘鋼索牽引的浮筏渡河，我家一無所有，實在無力繳交每天來回兩趟，天文數字的過河費（一次搭乘竹筏的渡河費兩百五十萬 2,500,000 舊台幣），才挺而走險，走那一公里長的鐵橋：曾經幾次是雙手攀吊鐵軌下的枕木，身體垂吊在枕木下閃躲迎面疾馳而來的糖廠載人或載甘蔗、載貨的火車；無數次冒生命危險、不得不違背糖廠一再通知學校、禁止學生走鐵橋的公文通告。

至於每天兩趟一小時四十分鐘的步行上下學，偶而會遇見高年級的女生學姊騎腳踏車上下學，她們會好意以腳踏車搭載，但當時一個小男生要依賴女生搭載上下學，實在不是滋味，一來她們每天要求叫聲"姊姊"我實在不願意開口叫，二來女生學姊雖然比我年長，但身體不見得比我高大，別人總以為男女相互搭載，是屬男女授受不清（當時甚少男女互載、同乘一輛腳踏車）。因此，我的上下學就得躲避那些學姊，不敢在她們騎車上下學的馬路上走、不願在她們上下學的時間碰到她們，才會走田埂、穿越甘蔗園、香蕉園、蕃薯園、走泥石路等難走的路。

當時一位同班的鄰居童金龍同學（最靠近我家的、從北部移民來的，約五百公尺東鄰的鄰居），他騎腳踏車上學，每天看我步行，乃自動邀我與他同乘他的腳踏車上下學，只是他有氣喘的病症，騎車載我，比他自己一個人騎車吃力，就會喘得上氣不接下氣，我常換過來騎他的車子載他，而他又常因病缺席，我還是得靠自己步行，最後，他在我們二年級上學期一個冬天的夜裡，因嚴重氣喘，不治逝世了。

在這步行、走鐵橋、吊枕木躲火車上學的一段期間，曾在吊枕木躲避火車時，數算過小火車從頭上經過的車速，並沒有自己想像中的快速，因而曾經壯膽在火車轉彎減速行駛時，攀吊車門扶手上車，搭過幾次免費的火車上學；有一次，一攀上車就遇見了火車查票員正在面前查票，這位查票員竟認得我，並叫了我一聲"小阿舅"！那時的我真是又怕又羞，原來這位車長兼查票員，竟是二姐的小叔 – 二姐夫的弟弟！他了解我的遭遇、知道我的家境甚詳，當然沒有罰我補票，還告訴我他都在這班車當車長，必要時可以免費搭這班車！從此，我再也不敢趁火車轉彎減速時，違規攀車門上車、搭那免費的火車了，還是乖乖地守本分、步行走那難行的路、走鐵橋上下學，直到初二下學期。

如此經過兩年，直到那一天：初二下學期即將結束的一連串下雨天，上學時走到那一公里長的鐵橋上，看見橋下的河水暴漲、水面即將接近鐵軌的枕木，我仍照常走過如同浮在汪洋大海面上的鐵橋上學；放學回程時，洪水已經淹沒鐵橋鐵軌，看不見鐵橋

了，眼前一片洶湧汪洋，水勢澎湃湍急，水面上還漂浮著從上流沖瀉下來的樹木、竹子、木板、雜物；本來就沒有第二條路可以回家，只有咬緊牙關、踏上不見蹤影的一公里長鐵橋！先裏緊書包在背上，四肢在摸索中爬那每天行走、早已熟悉的枕木，全身半沉半浮在陣陣推湧的洪水中，書包早已濕透，手腳冰冷，心急惶恐．在漫長的一公里長沈浸在水中的枕木上爬行，百感交集，險象環生，就如在生死邊緣線上掙扎；水勢若增強，手腳若滑脫，漂流的樹木竹物若沖撞過來，一失足即將跌入深淵，隨波逐流，沉屍河底；別人在家享受溫暖舒適，老天爺卻如此虐待這可憐無助的孩子，為何我不是誕生在大富人家，可以豐衣足食、不受折磨？卻偏偏出生在這樣一個貧窮的家庭，必須承受如此煎熬！我手腳思緒都已麻木，不知如何爬完這漫長鐵橋的；正爬完最後一根枕木、豎起身子準備前行時，忽然察覺眼前一個黑影，尚未站直，就"啪"一記耳光，打在我左臉上，夾雜著斥責聲"別念了！你的命會丟在這鐵橋下！"接著一雙溫暖的手，緊抱我哭出了聲，原來媽已經在這橋頭焦急無助地等候多時！

媽媽這一巴掌，斷送了我初中的學業，父母嚴厲地對我說：「 兩座大橋沒有修復之前，不准再走鐵橋上學 」！

四、 考上師範學校

正當輟學在家，心想不能繼續上學，即將輪為農夫，我不甘就此輟學，向老天爺埋怨，自嘆為何出生貧窮家庭而不如富家子弟！覺得前途暗淡無望時，家兄剛從公費的師範學校畢業回來（家兄添松，從日制小學高等科畢業、被徵兵日本海軍，光復後退役回來，隨即投考屏東師範學校的簡易師範科－為應急光復後的小學師資需要所設的），看我垂頭喪氣，無精打彩，乃問母原由；哥得知我的輟學是因為在大洪水中爬鐵橋上下學，被禁止再爬鐵橋上學，於是家兄想起師範學校好像正在招考初二程度（等於日制小學高等科－小學六年加兩年－畢業）的學生（台灣剛光復，需要大量受過正統師範教育的師資，乃招收讀完初中二年級的學生，施予四年公費的師範教育：第一年預科，教授初中三年級的課程及師範學校的基本語文課程，第二年起接受正統師範

教育三年），就立即轉身回校查問，證實正在招考，家兄於是趕辦我的報考手續，我才得以參加入學考試，終被僥倖錄取，入學台灣南部的屏東師範學校就讀 。

這是我一路走過來一個重要的轉折點，若沒有機會投考師範學校，或者沒有考上師範學校，我所走的方向、所走的道路就不是現在走的這條道路，或許淪為農夫了 。

這師範教育是我接受教育最基本也是最充實的一段，舉凡日常生活、應對進退必須使用的語言文字、隨後工作職業上所需的謀生技能，都是這師範學校訓練培養的成果， 也因為走上師範， 才有後來的小學教師，再升學師大，中學教師，走上音樂，與樂器、鋼琴結緣、以鋼琴為業的這條道路 。

四年的師範教育是嚴格的、徹底的，當時的屏東師範學校以「將來為人師表，誤人子弟，如同殺人父母」為警惕標竿，教我們學成「教育下一代必須零錯誤」的觀念，尤其是將來每天教學所必需使用的語言和文字 。 師範學校的語文老師認為：當老師每天的說話，發音若不正確，寫字時若寫錯字、或用錯字，就是誤人子弟 。 因此，當時我們的語言課 - 國語課，由北京籍的老師任教，教我們正確"國語發音"，每天操練讀音、說話和漢字注音，考試時若讀錯或注音注錯一音，國語課即以零分計算，作文課若寫錯或用錯一個字，一篇作文也是零分；畢業考時，還由教育廳統一出題並監考「國語文會考」，成績不及格者不得畢業，學生平均成績差的，教授語文的老師以及學校還要受到連帶處分，因此，授課老師和校長都非常緊張，在考場收卷處檢視每一學生的考卷；記得當天我交卷時，約在中場，校長接過我的考卷從頭到尾看過後說：「你是第一個考滿分的」！感謝主，上帝賜予敏銳的聽覺和良好的記性，能完全吸收消化老師所教的 。 畢業後，還參加過縣市級、進而全省級的國語即興演講比賽，從全省二十二縣市冠軍教師參賽者中，得到全省教師組的第一名（並且我是抽籤第一號上台的參賽者）。這一段「零錯誤」的教育，也養成了我五、六十年來做事認真、目標「零錯誤」的習慣與理念。

五、 學得鋼琴調音技術

在師範學校，還額外學得了鋼琴調音的技術，下面摘錄拙著 "鋼琴調音恩賜" 一書中的一段記載：

　　剛滿十五歲那年（1948）一個沒有穿過鞋子上學的鄉下孩子 – 丁衡，考取了屏東師範學校，在這所師範學校，第一次看見了鋼琴（Piano – forte）-- 已經發明兩百三十多年、享有樂器之王美譽、著有輝煌成就的鋼琴！（1711年<u>意大利</u> <u>斐冷翠</u>〔<u>Italy Firence</u>〕地方的 <u>古立司德佛里</u>〔<u>Cristofori</u>〕發明敲擊鋼絃發聲的"piano-forte可弱可強"- 鋼琴），這一個鄉下孩子也從此與鋼琴結上了不解之緣，直到現在！

師範學校因為學生多、鋼琴少，學彈鋼琴除了學校編排的時間可以練琴之外，只有另尋空檔，搶琴練習。我就常在夜半趁人熟睡時，偷偷摸黑，裝上音樂教室的燈泡練彈鋼琴（學校取走燈泡，禁止學生在夜裏彈琴），也在假日趁著同學們回鄉渡假，自己關在音樂教室勤練鋼琴；曾因為整個學期沒有回鄉，父母疑為這個鄉下孩子住在學校，在繁華的都市、染上了惡習、與同學鬼混玩樂、不知回家，假日家父曾親自到校暗查，看見我正在音樂教室獨自練琴，就不聲不響地回家了，並告訴家母「這孩子不會變壞的！（後來家母才告訴我這事）」。

那個時代，鋼琴還不普及，一般小學多半使用風琴（腳踩風箱，鼓風震動簧片〔Reed〕發聲），屏東師範學校為了學生畢業後能勝任音樂科的教學，每一班教室都備有一部風琴，也排輪流表，供學生練習（學生必需考過規定曲與自選曲。規定曲包括練習曲、進行曲、演奏曲）。彈得比較好的學生，不以風琴為滿足，就在音樂教室或禮堂練彈鋼琴。當時屏東師範學校只有兩部鋼琴，一部是在禮堂的三腳平台鋼琴（Grand piano）和一部在音樂教室的直立型鋼琴（Vertical Upright piano）。學校的這兩部鋼琴有上百學生的輪流練習，已被踩躪得體無完膚、毛病百出；諸如沉鍵，斷絃、斷槌、彈簧斷落、制音器失控、踏板被踩壞，彈不出聲，琴弦走音…等諸多問題，令彈奏的學生無法正常練習，我就時常擅自拆開琴蓋、琴板，自己尋找毛病來源、嘗試修理。簡單的毛病可以修復，但是，琴弦的走音和重大的損壞，諸如必需更換零件才能恢復正常運作或必須調音才能恢復音準時，就不是自己能力所及的範圍了，若不延請調音師前來，自己無能為力，乃報告學校，商請調音師來校調音或修復。

有一次學校請來調音師，調修那兩部鋼琴，我得到允許旁觀見習，站在琴旁，凝神傾聽音準、仔細觀察如何調音並檢修鋼琴的毛病；調音師調了大約半個小時，忽然停止下來對我說：「你的耳朵（聽覺）很好餵！」我不解地問他：「你怎麼知道我的耳朵好？」他說：「我發現你聽到不準的音，會閉眼、歪頭躲避，像是被刺痛的表情，調準的音，你又會點頭，現出似乎舒服的表情，我的經驗告訴我，那就是耳朵好。你來學調音，一定可以聽得很準！」說完，繼續調他的音。我當然就更認真地聽、看、更認真地學了。其實我已經看出他用「音叉」定音 A，

調準 A 絃之後，以五度、四度純音程調準十二個半音，也就是說以十二平均律在調鋼琴中央部分的一個 Octave（十二個半音音程），再以絕對和諧的八度音程，調所有的低音與高音，整個鋼琴的八十八個音、約兩百三十條絃就這樣調準了（學校的音樂課，教過音程和十二平均律）。調音師調完之後，我大膽地請問他：「鋼琴的調音是否以十二平均律、五度、四度、八度等純音程就可以調好？」他反問我：「你全看懂了？對！就是這麼簡單，只要有好的耳朵(聽覺)，聽得準！就可以調好鋼琴。你將你所看到的，做一遍給我看！」我只好生疏地在鋼琴鍵盤上比畫一遍給他看，這一比畫，他高興得樂不可支，說：「我沒有看錯，你是可造之材，你已經具備調音師最必要的條件 — 好的聽覺，我給你一些簡單的調音工具，你可以隨時練習，覺得鋼琴不準時，自己去調。」說罷，從他的器具箱中找出舊的音叉（Tuning Fork）、調音扳手（Tuning Lever）、制音絨布條（Wool temperament strips）及制音橡皮（Rubber wedge mutes）等，

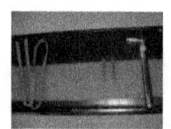

遞給了我，並抄錄我的名字在他的記事本裏。就這樣我白白地、意外地得到了鋼琴調音的啟蒙真髓！當然從此之後，除了練彈鋼琴之外，更勤奮地練習十二平均律的音準辨別（聽音準）、左手彈奏五度、四度音程與右手操作調音扳手、緊鬆琴絃的配合操練（實際操作）；第二年，學校再請這位調音師來，為兩部鋼琴作例行調音及保養，我當然還是跟在他身邊看、聽、問。他先試彈了一下未調的鋼琴，問：「這部琴你調過？」我點頭，他又說：「調得很準！不必調了！」我要求他仍需復檢一遍，他就很快的調完了這兩部鋼琴，並褒獎了我一番：「你調得很好、很準，琴的毛病你也排除了，繼續

做下去！你將來會是很出色的調音師！」 第三年，他又來例行保養與調音，他試過鋼琴，第一句話就是：「你調的音比我準，以後大的音樂會，我帶你去調。」之後，他真的帶我去調過兩次演奏會場的鋼琴。三年時間在師範學校的音樂教室裏偷偷練習調音，得著調音師的賞識與指點，已經積聚足夠的基本學理與調音經驗，可以參與這門還不甚普遍的職業了！

六、 教小學

師範學校畢業就必需踏入小學，擔任三年的實習教師，教小學所有的課程。
這一實習教學，我被派到高雄縣林園鄉的林園國民學校，在這三年的實習教師當中，一直擔任六年級級任教師，教全部規定的學科和術科（音樂、美術、體育、勞作）課程，還加上五、六年級所有班級的音樂課科任教師以及學生吹奏樂隊和合唱團的教練。

這所鄉下的小學沒有鋼琴，只有幾部風琴，當然音樂課只用風琴教學，也沒有音樂教室，音樂課都在各班教室上課；學生在課前將風琴抬到教室，課後再抬回教具室。風琴只有六十一鍵，比鋼琴八十八鍵的音域窄了很多，雖然風琴也是鍵盤樂器，但風琴與鋼琴鍵盤的觸鍵不同，音色迥異，一般的鋼琴伴奏曲不能彈奏，因此以風琴教音樂課，只得自編伴奏，有另一種不同的風味。

參加每年縣級以上的獨唱、合唱、樂器等的音樂比賽，是最感頭痛的一件事，學生聽慣了風琴，比賽時用鋼琴，必須使用正式鋼琴伴奏譜，因此訓練好參與比賽的學生之後，還得尋找鋼琴，施以鋼琴伴奏訓練，使學生聽懂、聽慣鋼琴；學校裏沒有鋼琴，必須商借校外人家的鋼琴。先為他調音，而後自己練習好伴奏曲，再訓練參加的學生配合伴奏。獨唱和小提琴等的獨奏樂器還可以幾次去麻煩人家，商借鋼琴使用，合唱的訓練就麻煩大了，一來、合唱團來回的交通有問題，二來、人家的琴室不夠寬敞，容納不下合唱團，三來、多次的麻煩人家，總覺得太過煩人、過意不去。鋼琴是音樂比賽中不能或缺的主角，所有參賽的項目，不論人聲、樂器（木管、銅管、絃樂、敲擊樂）都要用到鋼琴的

伴奏，鋼琴的獨奏比賽，當然不在話下。

自己在這三年實習期間，還得過兩項殊榮：參加全省(全國)國語演說競賽，得過教師組冠軍，另一項是入伍服兵役訓練，得過全期總成績第一名。

在這台灣南部海邊的鄉村實習教學的三年歲月裡，更認識了一位當地的蔡姓女同事（在同一小學任教），她們一家成了我在異鄉的知己，尤其她的兩位哥哥，當時一位在台大唸書，一位在當地農會任職，他們鼓勵我要繼續升學，不要以小學教師為滿足，她的父母也視我如己出，很照顧我；後來這位蔡姓女同事在我到台北升學的一段痛苦時期（家父家母及家兄反對我升學，無法資助我的學雜費），給了我很大的鼓勵與關懷，我們一直有很正常的交往，直到畢業前的一個假期，我們談及婚嫁，在家長的允諾下訂婚了。

七、再升學

三年實習期滿，獲得教育廳的甄選，保送師大深造；這一升學，我不但付出了相當大的「背叛家庭」代價，還背負了「不孝子」的罪名。 有關這一段事，我再轉載「窯匠之泥－六十年回憶錄」中的記載：「升學的大難題來了，回家秉告父母：要辭職、到台北升學，明知絕不可能獲得批准，還是要回家請願；那天請了兩位同事作說客幫腔，一同回家請願；說來慚愧、可憐，別人家巴不得孩子能考上大學、唸好的學校，我卻是得到了免試保送升大學的機會，還要擔心如何才能說服家長的允諾升學。理由仍是因為家庭貧窮：父母與家兄反對我當時捨棄每月領薪還債的工作，再升學。家兄說：「我們這一代還不配有人讀大學，我們來合力打好家庭經濟基礎，讓下一代去享受吧！借債還沒有還清，你這一走，沒有了固定薪水的收入可以繼續還債，你若要升學，等債還完再說」，我竭力爭取家長的諒解，說：「上進升學，又不是去為非作歹，這是免試保送，是唯一的機會，若是自動放棄，就機會不再了，家裡所舉的債，等我畢業後獨力還清，至於我讀大學不必用到家裡的錢，我會自力更生。」結果當然遭到否決，請願失敗，

維持原判－不准升學。但我去意堅決，就是得不到諒解也不放棄這大好機會，我才會背著不孝子、背叛家庭之名升學師大的。

離開了鄉村小學的教書忙碌生活：級任導師、校務、升學班、音樂科任、吹奏樂隊、合唱團……，這些都不必傷腦筋了；有時間可以好好學自己喜歡的音樂，從事自己的所好，摸遍天下鋼琴了。彈琴的興趣不比我調音的興趣濃，鋼琴課只要能通過考試，就是彈得再好也不能成為名鋼琴家，因為自己先天條件不足。系裏的一、二十部鋼琴，我們都因為編排輪流表，有機會彈到，也都被彈得面目全非了，不但毛病百出，也走音失調。只要自己彈過、聽到不準的，都偷偷地調過音，所有的毛病，只要自己認為有問題的，影響正常彈奏的，都當作實習琴，一一整修過，沒有讓學校知悉，也怕被同學發現（學校禁止學生拆開鋼琴、私自碰觸琴內零件。也因為在每一間琴室練琴的學生必須關門練琴，避免琴聲吵人，我可以關門調音修琴）。這更是大好的實習機會，不同廠牌、不同構造的鋼琴，調修不同廠牌、不同構造的琴有不同的挑戰、不同的經驗，也都有成就感，就這樣成了這一、二十部鋼琴的暗地保養師。

在升學讀書期間，更可以「鋼琴調音」之職，代替「家教：家庭教師」賺錢，可以有收入；大學生的副業就是課後教中學生的升學補習，一般稱為「家教」，調音收入不比家教差，雖不敢多約顧客、多接調音、多要調音費，卻也夠平時的交通、郵票和學用品的零用了。學音樂的學生調音，更可以獲得公信，當時這些顧客就逕相口傳：「學音樂的調音師，一定比沒有學音樂的人調得準！」透過他們的宣傳，預約調音的顧客源源不斷。也因這調音收入，解決了家長不准升學、家中無法接應的拮据。

（訂婚時）

八、 結婚成家

大學畢業前的最後一個假期訂婚之後，一直因為預備軍官的服役與籌措完聘禮金（當時的婚姻是需要聘金的），延遲三年之後才結婚。 這又有一段辛酸史：從出生在鄉下清水溪邊的茅草家，就一直在貧苦的環境中度日，直到大學畢

業；十五歲考進師範學校時，因為有公費，吃飯住宿都免費，畢業後教小學，有薪水和米糧得以糊口，念師大時也有公費，吃住免費，只是家裡因為哥哥和我的上學（哥哥也念屏東師範）早已債台高築（家中十幾年來不但沒有人從事生產，還要付我們兄弟的交通費、學用品及零用金），也因此父母和哥哥曾反對我的升學師大，哥哥和我的教書薪水，得償還家裡向鄰居借來的債款。訂婚時，家母為我賣了一隻牛犢作為訂婚聘金，三年之後再賣一隻牛犢完聘結婚。

結婚後內人因為居住我們鄉下老家語言不同的家裡，與父母嫂嫂很難溝通，哥哥和我白天都上班，許多話要等我傍晚下班後始能弄懂；再者，我結婚四個月後，應聘師大助教，回校服務（已經連續三年接獲聘書，這是第三次了），父母與家兄再次反對我的前往應聘任教，說是教書在鄉下教與都市教都一樣，父母更誤以為我結了婚，由於媳婦的不滿鄉下生活，慫恿我到台北大都市去享受，丟棄父母不管，使我進退兩難；到任之後，又有些親友指責：「為何讓父母傷心流淚？你可以回來先安頓父母，等父母理解後再回去履職」，於是與內人商議，任職一年、生下女兒乂廑之後，請辭師大教職，回鄉下與父母同住，任教美濃初中，並徵得父母有條件的同意到美濃街上租屋開設毛線編織班（條件是租屋自己賺錢去付，教書薪水悉數歸家還債），招收鄉下女子，教她們機器編織、賣她們編織機、賣毛線替顧客編織毛衣。如此，經過五年，賺了一些錢，還完了家裡的債務，回鄉下給家人蓋瓦屋並牽引500公尺長的電線，接引電力到家，從此我們不再住茅屋，也有了現代化的電器設備，並在美濃街上買得樓房店面一棟，不再租屋營業。

▲ （1961／3／30 結婚時與親友合照。前排新郎左鄰依序是
父、母、哥哥添松及媒者鍾先生；新娘右鄰是岳父、岳母）

婚後育有：乂兮、乂廑、乂鳴 三姐弟 ▲

九、 教中學與初次出國

五年後從美濃初中轉往高雄市五福國中，一直在中學教了十、七八年的音樂（包括旗山高中、美濃初中及五福國中）。教書的最後第二年，蒙教育部選派為樂隊教練兼指揮，隨四十幾位童子軍參加世界大露營，公費到北歐的挪威，在世界大露營的六個營區裡，以國旗前導，做了六場龍鼓花旗隊的營區繞場表演，當時幾乎所有參加的世界各國童子軍，都將我們的國旗和樂隊攝入了他們照相機的鏡頭．將中華民國國旗，國名 - Republic of China 介紹給了全世界所有參與的童子軍，作了一次成功的國民外交與國威的宣揚．一個星期的演奏表演結束之後，就開始連續一個月的歐洲十幾個國家重要城市的旅遊：有生以來第一次看見聞名已久的，海盜起家的國家；挪威 Norway（首都 – 奧斯陸 Oslo），全世界社會福利辦得最好的國家丹麥 Denmark（首都 - 哥本哈根 Copenhagen），諾貝爾 Nobel 的家鄉以及世界級名車 volvo 的產地：瑞典 Sweden（首都 - 斯德哥爾摩 Stockholm），曾有"不落日之國"美譽的英國 England（首都 - 倫敦 London），曾被譽為世界工業巨無霸的德國 Germany（德國承辦世界運動會的大城；慕尼黑 Munich），有浪漫花都之稱的法國 France（首都 - 巴黎 Paris），世界

名錶勞力士 Rolex，奧美加 Omega 的產地瑞士 Switzerland 的大城：(蘇黎士 Zurich)，有古羅馬 Roma 遺跡、水都威尼斯 Venice 風光、文化復興地翡冷翠 Florence 的意大利 Italy， 天主教教廷所在地梵蒂岡 Vatican ，古典音樂家貝多芬，莫札特的出生地奧地利 Austria (音樂之都維也納 Vienna)⋯ 等等各國各地的優美景色，民情風俗，生活環境，他們的藝術、音樂、宗教、文化等的古老文明，大大開啟了我的眼界，大大震撼了我的思維， 給了我莫大的衝擊．心想，歐洲的藝術，音樂，文明和人工整理的優美居住環境，起碼要超越台灣五百年！

十、 計畫移民

從歐洲旅遊回來，整個腦子裡縈繞著的都是歐洲十幾個國家旅遊所見的影子，所經歷的美景美地，美好的印象，挪威奧斯陸從機場到營地沿途的優美景色，丹麥，瑞典七月的海灘，瑞士阿爾卑斯山巔的雪景，沿路住家窗台上五顏六色的鮮花，巴黎街頭高水準的藝術雕像，維也納居民閒坐公園，邊聽露天交響樂團的演奏，邊跳維也納華茲舞，邊喝紅白葡萄酒的閒情逸致景象，比起台灣現實的居住環境，生活品質，藝術層次，真有天壤之別！

腦中盤算著，是該改換環境了，孩子們需要那種環境，而且現在去還能適應那種環境，若延後出國，就較難適應了，以自己目前的經濟能力，可以全家移民，出國之後以自己一技之長，應該可以養活全家，移民之後一定會比長久居住台灣好．腦子裡就這樣只想著移民外國，憧憬能擠身在歐洲的某一處，尤其是維也納，能分沾一些歐洲的文明氣息，也能與他們一樣享受歐洲式寧靜悠閒的生活！

當時台灣的公教人員，除非國家選派，是不允許私自出國的，移民外國的申請更是免談，經過多處曾經出國人員的探聽，得知必須要有國外的正式聘書，經過國家認可的，才能申請出國，並且必須辭去公教職務． 可是哪兒找來國外的聘書呢？目前為

止，沒有外國的親朋，所有親戚朋友中，沒有居住外國的，就是居住在外國，也沒有書信聯繫，沒有一條線索可以取得國外的聘書．

多方努力的結果，還是一籌莫展，希望就將成為泡影，即將放棄出國申請的時候，一位長久居住美國的同鄉林同學，忽然回國來訪，要我替他選購小提琴帶回美國給孩子們，交談中我透露了："正想全家移民出國，但是聘書難找，恐怕希望將成泡影"．沒想到他竟滿口答允，這一回去即求友人開一聘書寄來。這一張國外的聘書，也及時寄達，趕上了出國手續的申辦．也就在這幾天，內兄的一位陳姓友人從阿根廷回來，得知我們全家有意移民歐洲的維也納，他建議說不如到阿根廷去，因為阿根廷的音樂水準高，有國家歌劇院，有多所高水準的音樂學院，有如維也納，居民多半是歐洲的移民，生活指數卻比歐洲低，我們移民生活容易起始，阿國物廣人稀，氣候又好，是溫帶地，不下雪也不炎熱，沒有颱風，沒有地震，民情風俗都很適合我們居住，並出示阿根廷國家歌劇院 Teatro Colon 的照片和一些住宅建築的照片給我們看，這一看，我心想 "有郭家劇院的國家"，"有多所高水準的音樂學院"，"沒有颱風地震的地方"，這正是我想要的地方啊！

說到地震、颱風，就使我寒悚；記得十六、七歲就讀師範學校時，一次在步行回家的路上，忽然整個人莫名其妙地橫倒地上，路邊水溝的水還濺到身上來，原來是一陣強力地震把我震倒地上；次日在報上看見花蓮某一所小學正在操場升旗，這一地震震斷了正在升旗的旗桿，打死了排隊升旗的十幾個學生。在師大四樓教室上課，一次強烈地震來，天搖地動，門窗格格作響，同學們倉皇不知所措躲到桌下的情景。更有多次被強烈颱風襲擊的經驗：小時後居住茅草房子，颱風吹翻屋頂，大雨淋濕了我們的床被和家人，屋頂還被吹翻壓垮後別人稻田上的一大片正在吐穗的稻子。教小學時，又一次貝斯颱風吹垮了我住的宿舍，屋頂吹翻，屋內的書本、床被、鍋子餐具全被吹掉了，害我無處住宿，在衛生室住了很長的一段時間。還有那一次吹垮我鋼琴工廠的強力颱風，眼見屋頂掀翻，屋瓦平飛，電桿折斷，拔樹，倒牆，那些可怕的記憶，使我對地震與颱風有獨特的恐懼感．於是決定了南美阿根廷之行。

正在辦理出國手續的時候，強力颱風來了，颱風中心掠過我的鋼琴工廠，掀開了工廠屋頂，扭曲了鋼筋力霸的廠房，正在製造的兩百架鋼琴淋雨全毀，兩個月沒有生產，

四處謠言盛傳我已破產，銀行和債主紛紛來討債，我只好出售臨街的三樓店面，以準備攜帶出國的款項，償還了公司合股工廠的債款，再修復工廠廠房恢復運作，然後全家出國 。

十一、 颱風毀廠帶來的教訓

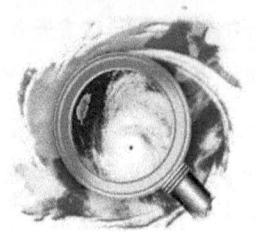

從小到大，經歷過無數次颱風的大大小小災害，每一次颱風過境，一定有大小程度不同的災害；家母曾經告訴我，當我出生還未滿月的時候，我家的茅草房屋，就曾遭遇空前的災害，整個屋頂被吹翻，落到屋後人家的稻田中，壓垮一大片正在吐穗的稻子，正在坐月子的媽與剛出生的孩子，淋雨透夜，床被盡濕，衣被家具碗筷，全被吹失一空；屋頂壓垮的稻田的損失及拆除壓在人家田中屋頂的花費所築起的債務，足足賠了二十幾年才賠完，這是我第一次遭受颱風的災劫吧！

又一次在小學教書的時候，自己所住的宿舍也為一次強烈颱風－貝絲颱風侵襲，整個屋頂被吹落，宿舍裏的書本、衣物、用具、餐具全被吹失，整棟宿舍剩下殘垣破壁，人也成了落湯雞，閃躲到學校的醫務室避難，並在那醫務室裡住過一段相當長不方便的寄居歲月。

最後一次，強烈的賽落馬颱風，這颱風眼正經過我的鋼琴工廠，十幾分鐘電鑽似的颱風眼，鑽倒了八寸厚的磚牆，扭曲了力霸鋼筋所建造的工廠，掀開了廠頂屋瓦，傾盆大雨倒入正在生產的兩百部鋼琴中，頓時全廠遭受浩劫，所有成品半成品、材料、零件全被大雨淋濕而銷毀，所幸沒有工作人員傷亡，公司一切運作陷入大混亂中，癱瘓了好幾個月；經過清理、整修，才恢復生產，我們一家因為在颱風前就申請移民出國，就在發完最後一次員工薪水的次日出國了，這場颱風終究使我徹底破了產 。

這一場萬劫不復的災劫，使我意識到這是上帝所施予的管訓：前因是三個孩子幼小時後，只送他們上教會的主日學，而我們大人卻沒有到教會去，有一個主日，孩子們正在更衣準備送主日學時，忽然迸出一句：「人家的父母都一起去教會，我們的父母都沒去！」因為這句使我扎心的話，就與內人酌商：「是否我們在事業鼎盛時，找個有紀念性的日子開始上教會？內人有同感，於是我們夫婦在一個母親節日開始上教會慕道。 上帝非常眷顧憐愛，我們的店務、我的教書生涯、生財事業都蒙眷愛賜福，名利雙收 。乃有設廠造琴的意念萌芽，設廠最初的意願是利用老家舊居一片廢棄的豬舍改設為鋼琴廠房，帶動居住舊居家兄的副業，兄弟倆合作設廠經營鋼琴生產及買賣；廠已設起，高壓電已架設，機器、木料、鋼琴零件、工作人員都已齊備，開始運作時，親友們認為這是有前途的事業，要求加入為股東，增資加大生產，更因為股份多至十股，股東多為不懂樂器而且居住他鄉的(非原始在地的)公教人員，資金少、意見多，以致這鄉下舊居的原廠，以偏僻太小為由遭到否決，並棄廠增資買廠邊廠，又因為這些花費太大，股東無法足夠增資，迫使內人以店產抵押向銀行及朋友貸款，開始生產時，又逢我們夫婦禮拜天的關店上教會，遭到股東的不滿攻擊：「禮拜天公教人員才有時間來買琴，你們卻關店！」 內人則說：「這店是我的，並非公司的，為何我不能自主、不能關門？」的確，公司沒有租借此店，是我們夫婦私有的，不屬公司的，沒有設廠前一直到設廠後都是自己經營的。

又因為廠裏鋼琴的新型設計、製作，由於股東對鋼琴不內行，不能參與設計，也有不滿意見：「為何不製作大眾傳統的鋼琴，而做些標新立異、外觀不同又不雅的琴？」(是我，因為設計將傳統直立鋼琴的鍵盤蓋及譜架、琴臂(arm)，改變為與平型鋼琴 Grand Piano 完全一樣的樣子，使彈這種琴的人有彈奏平型鋼琴的感受，比賽或演奏時沒有心裡障礙)，也因為這些鋼琴的設計、製作、銷售，我日以繼夜的操勞，曾經中斷教會的崇拜，就在這股東意見紛歧，搞得大家不愉快的時候，強烈颱風來了！

而我們 1977 年 10 月初，全家抵達阿根廷，第一次踏入阿京中華基督教會當天，竟是阿根廷春天的"母親節"！因此，我必須說：這是上帝在懲罰我，提醒我：「曾否記得，你們曾向我許諾，從母親節那一天開始到教會來事奉我？」上帝才以毀棄工廠，來改變我對祂的事奉環境：「不要在這裡搞了！到我給你指示的地方去，重新展開你的事業與事奉吧！」 就像聖經創世紀十二章開頭所記 ：「耶和華對亞伯蘭說，你要

離開本地，本族，父家，往我所指示你的地方去，我必叫你成為大國，我必賜福給你，叫你的名為大，你也要叫別人得福。」一樣。莫非上帝在我出生時降下風災，就是叫我一生都要儆醒颱風所帶來的種種教訓，尤其對事奉上帝的教訓：「我要以颱風教訓你，一生一世事奉我！」

十二、 飛離台灣、踏上征途（首度移民）

1977年10月2日下午6：30我們一家五口從高雄的小港機場出發，開始了移民國外的航程，傍晚抵達台北，夜宿中和的四姨家．當時台灣的國際機場是台北的松山機場，所有飛往國外的旅客必須從松山機場起飛 。

次日（10月3日）我們在松山機場搭乘下午一點五十分的班機飛往日本東京的羽田空港（Haneda airport），夜宿東京的晴海 Hotel 。

（當時的東京羽田國際機場）

翌日（10月4日）到橫濱（Yokohama）的 Silk hotel 阿根廷領事館（Consulado Argentino）申請簽證．（從台灣前往阿根廷 Argentina 的旅客，必須到日本橫濱的阿根廷領事館簽證，始能進入阿根廷）．夜宿 silk hotel 。

次日（10月5日）下午再往阿根廷領事館取得簽證．之後，因為飛往阿根廷的班機還須等待三天，我們就搭乘新幹線子彈火車前往大阪（Osaka）旅遊，約三小時抵達．

住宿大阪陳姓友人的東河俱樂部。

再次日（10月6日）暢遊大阪的 SONY塔和 Daimaru百貨公司，翌日（10月7日）早晨9:30仍乘新幹線子彈火車回東京，下午6:30搭乘 Canada Pacific航空公司 Boing 747 班機飛向南美洲的阿根廷。

從東京飛行七個多小時抵達加拿大（Canada）的溫哥華（Vancouver），停留五個小時遊覽溫哥華市區公園，而後換飛機再飛九個多小時抵達祕魯（Peru）的首都利馬（Lima），停留兩個小時，再換飛機飛行兩個多小時，過境智利（Chile）的首都聖地牙哥（Santiago）。

（過境智利（Chile）的首都聖地牙哥（Santiago） ▲ 三個孩子在飛機上）

只停機加油，乘客未下飛機，續飛一個多小時，飛越安迪司山脈，才到阿根廷的 Ezeiza國際機場。這是一次長程飛行，也是從北半球到南半球，從東半球到西半球，整整半個地球的飛行（從台灣直線穿過地球中心，直通到另一端地球表面，那兒正是阿根廷。）

十三、抵達阿根廷

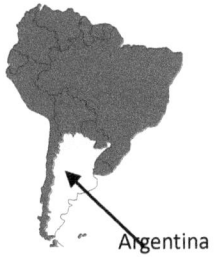

1977年10月8日下午2：30到達阿根廷的 Ezeiza 機場，小兒子乂鳴在飛機上度過了十二歲生日，一路上，三個孩子快活像出國旅行，我們夫妻倆卻是前途未卜，心事重重。 抵達阿根廷當時，

（1977年10月8日妻小在阿根廷 EZEIZA 國際機場的大門前） ▲

整個 EZEIZA 機場的建築物正在拆除改建翻修（只剩下出入境室尚未拆除），準備迎接翌年（1978）在阿根廷首都 Buenos Aires 舉行的世界足球賽。眼見一片凌亂廢墟似的機場，第一個感覺就是"似乎很落後的國家"，來到這人地生疏，舉目無親的地方，又帶著妻小和全副家當六個大皮箱，就連今夜停腳的地方都不知在哪裡，真有淒涼落寞的感覺！一時悲從中來，心中感嘆："天涯茫茫何處是歸巢！？"

幸好內兄的陳姓友人事先為我們聯絡過他在阿根廷的摯友 - 黃兄，並給了我他的電話號碼與三枚電話幣，要我到達機場時就打電話與他聯絡，他會來接機並接待我們到他家去。於是我在機場開始以陳姓友人相贈的三枚阿根廷的電話幣，試打這位陳姓友人約來接機的陌生朋友，第一枚電話幣投入撥號之後，吃角子老虎似的電話機竟然吃掉了這第一枚電話幣，沒有接通，再投入第二枚電話幣撥號，對方傳來了慈祥婦人的聲音，是黃太太：「喔，你們到了？黃先生聽錯時間了！他把下午"一點"聽成"七點"了，他說你們七點才到，因此他到農地去工作了，他要六點才回來，農地在好幾十公里遠，又沒有電話可以聯絡，只有等他回來再去接你們了，安心在那兒等吧，他一回來就叫他去！」。我們只有待在機場等了，整個機場就只有我們一家人及一堆行李在那僅存未拆的建築物角落，真像是逃難的一家！六點了！已經乾等多時，機場都開燈了！就再以最後一枚電話幣確定看看，接機的黃兄是否已經出發？ 感謝

主！黃太太告知黃先生已經出發了，正在前往機場的路上！直到傍晚七點多才接到這位從未謀面的同鄉黃兄，他很熱誠地接待我們，頓時我們的不安與疑慮也就鬆綁下來了。 黃先生來到，裝上所有我們的行李及全家五口人，在夜幕低垂、沿途沒有住家的高速公路上走了一段時間，才進入市區，在萬家燈火的街道中穿梭，原來阿根廷不像我們想像中的落後，相反的，高樓大廈，堅固的磚頭古典建築，寬敞的馬路，閃爍的霓虹燈招牌，這麼大而整齊的都市！黃先生載我們轉了好多彎，走了約一個小時的路才到他的家，是位於首都 Buenos Aires 市高大而寬敞的二樓磚房住宅 。

進到屋子裡很是熱鬧，已有四家人同住，包括剛從鄰國烏拉圭搬回來的一家，加上我們總共五家人，除了屋主黃先生的姊姊秀梅在台灣就因為與內人同一醫院生孩子熟識之外， 全都是陌生的同鄉人，交談之後，大家才相互認識，我們也趁此機會探問烏拉圭（Uruguay）這國家的情況，因為出國之前，我們對南美洲完全陌生，本想從阿根廷再進一站，到烏拉圭去的，經過剛搬回來的一家敘述：烏拉圭國家小，土地貧瘠，人民生活條件較差，他們曾在那裡住過一段時間，不容易生存，才搬回阿根廷來的．我們這才打消了再前進烏拉圭的念頭．這一夜我們睡在黃家的二樓木質地板上，因為兩天長程飛行的勞頓，睡得非常香甜，一覺到天明。第二天 (10月9日) 黃家帶我們到華僑會館參加 "華僑各界慶祝雙十國慶大會"，在會場巧遇內人姊姊的結拜哥哥 - 五兄（他們一家已住阿根廷多年，是老僑之一），他又曾是我任教國中的家長會長，兩三年前曾回台碰過面，並曾口頭邀我來阿根廷，我們的出現，使他非常驚愕，他說沒有想到我們全家會這麼快就來到阿根廷來了，他表示必須搬到他家去住，不可住在別人家裡，因為他與我有家長及親戚雙重關係，不是外人．他於是騰出女兒的房間，開車來黃家接我們到他坐落在首都北郊 Olivos 區一棟別墅型的家去住．我們這一家倦鳥才得以暫時棲息 。

然而，五兄只住這棟別墅樓上的三個房間，樓下不屬於他，有另一家人居住，樓上這三間臥房原本只夠他們一家五口居住，我們佔住他女兒的一個房間，使他們感到不便，內人與我總覺得不是長久之計，乃準備在那附近租屋暫時居住，第五天我們就搬離五兄的家，住進距離五兄家不遠的，租來的公寓樓上 。

十四、 步入教會，全家信上帝，受洗歸主

10月16日禮拜天，五兄帶我們到阿京中華基督教會聚會，一進門就看見門口的招待為進門的弟兄姊妹們插花－紅色康乃馨與白色康乃馨（母親健在者插紅花，母親去世者插白花）原來這一天是南半球春天的－母親節。這第一次踏進阿根廷的華人基督教會，又適逢母親節，給了我莫大的震撼，因為在台灣曾與內人約好在母親節日，開始進入基督教會慕道，並於母親節開始上教會，之後，由於上帝的恩典與慈愛祝福，工作順利、事業蒸蒸日上，名利雙收，但是又因為事業忙碌、股東的阻礙，未能持續上教會，所從事的工廠與事業乃不蒙上帝的喜悅，催逼我們遷徙他處，重新開始事奉祂，乃以強烈颱風摧毀工廠，使我頻臨破產；這第一次來到異地的教會母親節，就是上帝在提醒我們：「今天正是你們約好來教會的日子－母親節，但願你們別忘記持續來教會事奉我」！從此，我們一家再也不敢缺席教會的主日崇拜。

幾年之內，全家五口人分別接受洗禮，成了上帝的信徒－基督徒。

住定之後，最重要的就是為三個孩子找學校，讓孩子們能開始上學，我們先找公立中學，可是因為沒有永久居留權，公立中學不接受，找私立中學又因為學費太貴讀不起，語言也完全不懂，乃決定先送三個孩子到小學六年級寄讀旁聽，等語言略懂，找到合適中學，再進中學就讀；然後到書店買了一本小學程度的西班牙語進階讀本，以我學得的義大利語基礎，開始教三個孩子學西班牙語，從發音，單字，句子到短文，令孩子們背誦，默寫，每天測驗，比較成績獎賞；雖然發音不盡相同，但拉丁語系的語文相近，足足六個月的惡補操練，一邊在小學旁聽寄讀，三個孩子的西班牙語基礎就這樣奠定了。

這段時間，自己除了勤練西班牙語，就是趕辦孩子們的入學證件，曾在台灣讀過學校的成績單翻譯、公證、並連續找過幾所公立中學和師範學校，都因為證件不全，沒有居留證，不能入學；好不容易辦好了所有入學所需證件，找到一所新成立的公立中

學，乃託會說西班牙語的五兄的女兒，帶著公證好的成績單與兩個念中學的孩子，申請入學，這所新成立中學的主辦人因為初次接觸外國學生，不知沒有居留權的移民學生不能就讀，只看見成績優良的成績單，就准許兩個孩子入學了，小兒子因為必須就讀小學七年級，仍留小學就讀 。

十五、居留權、住屋、收入三件要事

住定之後，首先給我最大的壓力就是經濟問題，過去有固定每月薪水和米糧的配給，雖然不多，但一直沒有像目前只有支出沒有收入的恐慌情境 。既然決定住下來，居留權的取得，正常維持生活的收入與永久居留所必需的住屋三件大事的獲得刻不容緩；從搬離五兄的家，開始租屋居住，孩子們又正當發育期，食量驚人，全家吃住所花的錢非常可觀，以前在台灣領薪水、有公糧可吃、有自己的住屋，不知斷炊、花錢租屋的可怕性；如今每天、每個月的花費是無底洞，帶來的錢不多，總有一天要花完，尤其租屋居住花費太大，必須要有自己的房屋居住，才可以停止無底洞的花費，哪怕是破房子，必需設法買得；我們就開始注意附近掛牌出售的房屋 。地段好的、整理好的立刻可以搬進居住的房子買不起，對於當地的房地產又完全陌生，語言也完全不懂，如何去買房子？

終於在搬出五兄家、開始租屋四十天之後，在五兄家附近的 Olivos 區，找到一間臨街轉角的一棟平房，沒有窗戶玻璃、鐵門破損、屋內空洞、外牆及整棟房子的外觀還算完好的店面兼住家，價錢也不致超過預算太多，可以列入考慮；就毅然借貸（除自己身上所帶的，還借了四叔與親家的十五萬 peso）（這位親家與四叔，是五兄的親戚，親家的女兒是五兄姐姐的媳婦，四叔是親家的四弟），投下訂金買下來了 。經過一個半個月的產權登記手續與自力修整，翌年(1978)二
月六日搬入 Jose Ingenieros 1590 的店面兼住家，三月一日起就停止了租屋，不再填那無底洞似的房租了 。廚房自己整修，灶檯、餐桌、坐凳自己買磚、水泥、砂灰自砌，並以水果箱及甘蔗板為睡床及書桌，破玻璃窗以塑膠布遮圍擋風，一切生活設備從

簡，所幸浴室廁所齊全，水、電、瓦斯經過申請，

▲（在阿根廷第一次買得的 Jose Ingenieros 1590 Olivos Buenos Aires 省破舊空殼店面兼住家和一字排開站在店前的全家五口）

（兩個兒子乂兮與乂鳴站在破舊屋前）▲

乂廑與乂鳴在鄰居屋前 ▲

在對面鄰居屋前 ▲

著校服在自己破舊屋前 ▲

也恢復供應了，自來水管、水龍頭完好，雖然破舊，經過修整洗刷，仍可使用；廚房中的瓦斯管路也仍然完整，我買了最簡便的餐館職業用瓦斯爐接到瓦斯管上，每天的煮食燒水就不成問題了，地板還算平坦完好，不必刻意整修；又以空心磚隔成六間臥室，給四叔一家六口及親家一家八口(共四對夫妻、六個孩子)來居住，解決了三家的住宿問題。

三家人和睦共聚一堂，我們自嘲為"人民公社"，同進同出，熱鬧非凡。

因為買這破屋已經花費殆盡，內人開始替人手織毛衣換得微薄收入，我也偶而有教會弟兄家以及他們介紹鄉親朋友家的鋼琴調音收入，得以勉強糊口和孩子們的文具開銷；由於五兄想找四叔與我合作做事，不贊成我們向外找工作，我也因為剛到，語言不通，無法以自己的專長覓得工作，內人則想加入韓國人編織毛衣的行列，以勞力換取微薄收入，都因五兄的反對而作罷；當時五兄有一間尚未營業的小店面在附近，一定要三家合股開外賣店，以我和四叔兩家的勞力，從現居處煮炒食物，送到店裡賣，並要我們開始粉刷他的店面，買車準備運送蔬菜以及外賣的送菜；後來因為不切實際（規定必須在同一店中設立廚房煮炒，不能從遠處煮炒再送店賣，因該店沒有廚房），五兄乃改變心意，執著經營雜貨店，要我們出力裝潢、裝貨架、進貨、開始營業、站店，開張兩天之後，因為我們兩家沒有居留權，不能工作而關店，解散合股，因為這樣的聚散，我家白費勞力，不但一毛錢未賺，還賠了買車及設備費三千多美金。

十六、 擺菜攤賣菜

經過四嬸的竭力反對，我們脫離了五兄的合股計劃，開始各奔前程；我們家準備出售唯一值錢的小提琴與照相機，籌錢在這破爛的店面擺菜攤賣菜；只是那小提琴和照相機一直無人問津，賣不出去；有一個禮拜天，內人代織毛衣的工資及代購毛線的錢尚未收到，沒有足夠的車資全家一同上教會，只夠女兒一人的來回車費，她又必須擔任該日教會的司琴；就只女兒一人去了教會，教會長執沒看見我們去，乃問女兒為何不見全家人來？女兒不會隱瞞，告知沒有車資，長執們感到事態嚴重，會後立即前來探訪，問我有何困難？我答以正在兜售照相機與小提琴，籌錢準備擺菜攤賣菜；長執們問我需要多少資金？答以一千五百美元。 次一主日崇拜後的報告中，主持人楊弟兄上台報告：「 我們教會有一弟兄準備擺菜攤，需資金一千五百美元，是否教會弟兄以每家一百美元，成立標會幫助他？」會後楊弟兄告訴我：「 已經登記十四會，集資一千四百美元，可以立即進行了！」我即以一千美元向對面修車的鄰居阿根廷人買

得一輛舊吉普車作為運菜車，再買秤菜用的磅秤，申請賣菜執照，自釘擺菜用的木架 。 次一週日拿到這 1400 美元，等付完這些買車、磅秤、申請費用，只買得八箱的蔬菜水果，開始第一天的營業，在破舊沒有玻璃的窗口擺菜架，經過我們全家同心合意的禱告之後，由小兒子乂鳴拉開破舊鐵窗，三個孩子開始了賣菜的生涯，幾天之後生意漸漸起色，由八箱菜逐漸增多，再由教會長執們的介紹，增加派送中餐館需用的蔬菜，並派送鄉親家庭的果菜，約半年之後，開始每週 100 美元攤還這十四會的 1400 美金，翌年清償了所有借貸。店面也由菜攤進展為果菜及雜貨店，整個破舊店面也逐漸整修換新，成了很顯眼的小型超級市場 。

開始擺菜攤賣菜之前，五兄最為反對，他說：「 在這行人稀少的住宅區，開店賣菜，有鬼來買呀？不信你可以站在門口數算，每天有幾隻鬼經過這裡？」然而，我們一家除了最簡陋的菜攤，實在是無能為力了！總不能坐著等天上掉下來或等著餓死啊！(開店後我們曾統計，一日中竟有一百多人來買呢！) 我們會考量擺菜攤，除了經濟能力不足之外，那賣不出去的淘汰蔬菜還可以供自家人
吃 ；五兄會反對，一來對他這接待的人沒有面子：因為在僑界有不成文的規定：負責接待的人，有責任關心所接待一家人的生活並輔導其就業 。 他曾在僑界說過：

(女兒乂廑在簡陋的菜攤前開始賣菜)　▲　▼

「我的人與資金快來了！屆時將有作為給你們看！」也因此他被指責沒有盡到照顧我們一家的責任，二來他所計畫以四叔和我的財力與人力賺錢的合作事業失敗了、散夥了！對他的聲譽有影響 。

我不敢埋怨，因為五兄一家著實提供住屋接待過我們一段剛到陌生地的時日，他或許真誠輔導我家的就業，但他應該知道我們的窘境已經溺水及鼻，已經囊空如洗，又完全沒有收入，不能乾著急、坐等機會了（因為他曾將我所有帶在身邊的旅行支票、美金支票存入他的帳戶兌換現金，並問過我：只有這些？）；我只能說：對於接待我們的恩情，我們永誌五腑，然而，他只考慮自己立場、不顧我們的窘境、不准我們各自創業，謂：「你們若闖出事端，沒有身份又不通言語，只會增加我的麻煩！」「只顧做老大，不顧底下人生活 」的做法無法令人尊重！

我在賣菜的這一段時期，遇到過一些難忘的事：
1、第一天開那二十幾年的老吉普車到果菜集中市場去買果菜，車停在三、四條街的路邊（一條街是 100 公尺），進入果菜市場買到一箱箱的蔬菜，然後再一箱箱搬到車上，第一箱搬的是濕淋淋的生菜，連箱子二、三十公斤重，他們抬起裝滿生菜滴著水的菜箱放在我的脖子上，那冰冷的水滴從脖子流入頸背，當天的氣溫又在零下兩度，那種沁冷難耐的感覺令我沒齒難忘；第二次搬的是一包馬鈴薯，有三、四十公斤重，他們倆人抬起，叫我蹲下扛在肩上，當時那沉重的一包馬鈴薯，我確實無法承受，被壓著站立不起來，更無法背到 300 公尺遠的車上去，一向讀書教書的文弱書生,如何撐得下去此後這種賣菜生涯！？

2、在果菜市場裡看見比一般香蕉還長的香蕉，我指著香蕉，還未開口問（通常買貨的人都先問價錢，還可殺價）他說：「 Por metro！按公尺(長度)論價！」我好奇地反問「 No Por Kilo？不是論斤兩(重量)賣嗎？」 大家才開始爆笑，原來賣菜的一群人，看見我們東方人沒看過如此長的香蕉，故意說是以長度論價錢賣的。

3、我開的破吉普車是以 1000 美元向對面修車店買的，他掛有牌照在車後，我不疑有他，一天與大兒子同到果菜市場買菜，放置這部車在街上的路邊，警察發覺牌照是自己寫的，懷疑那是偷來的車，就令我將整車的果菜開往警察局去盤問，我答以剛從對面買來，不知車子的來源經過，並出示收據，警察看見收據，才說他會按此地址到修車店去追查，才放我們走，如此已經折騰兩三個小時了，家人以為我們開車出事了呢。

4、開那破舊的老爺吉普車在擁擠的公路上疾駛，還有過三次驚險的記錄呢！一次是帶動後輪的傳動軸，掉落地上鏗鏘作響，並滾到路旁去了，使車子不能再行駛，停滯在快速行駛車輛的馬路上，險象環生。
又一次在十幾道快速單行道上，我開車踩變速踏板（clutch pedal）時，踩斷了離合器的鋼線（clutch wire），一煞車，車就不能變速行駛了，停在馬路中央，害得後面的車子排長龍，按喇叭，等待改道行駛，我叫兒子搭公車回家，請對面修車的老闆來開回去。最險的一次是滿載果菜的老爺車煞車失靈，煞不住車子，我想開到路邊停靠，路邊有行人，閃過行人，又有一輛車子，閃過車子，爬上安全島，撞上電線桿，車才停止，幸好沒出事，現在那電線桿上還留著我撞車的痕跡呢。

5、我們賣菜還派送果菜到中餐館，餐館常訂購辣椒，製作辣椒醬，一公斤一包的紅辣椒，有一次豁然發現有幾個大如排球大的大辣椒，裝在透明的塑膠袋中，我跟內人說，阿根廷人會以「紅椒」冒充辣椒嗎？內人說，我們打開塑膠袋試試，原來是又辣又大的辣椒呢！

6、內人喜歡做梅乾扣肉的客家菜，但是在菜市場買不到梅乾菜，乃商請日本友人在他的農場種一畦梅乾菜（長型白菜）賣給我們，好用來自漬梅乾菜；等到梅乾菜成熟時，日本友人叫我們去採收，我開那老吉普去準備採收運回，嗳呀！怎麼會有一個女人高的梅乾菜呢？這一畦還未採收的梅乾菜得用卡車才運得回去呀！阿根廷的土地就

是這麼肥沃。

7、日本人問我，曾看過多大的高麗菜（一般像排球或籃球般大的扁球形包心菜又名橄欖菜）？我故意張開兩臂比畫雙人合抱那麼大，他搖頭說，我們種過四、五個人雙手牽著環抱的一顆大高麗菜。我們不是在老的聖經上看見過：迦南地兩人抬著的一串葡萄嗎？的確有那麼大的一串葡萄和那麼大的高麗菜呢！我還從台灣帶去的行李中檢到一粒黃豆般大的小辣椒乾，我試種在第一次買來的破屋角的土地上，其辣椒樹長得也有我的肩膀一般高，結出的辣椒卻有無名指一般大，只是沒有了辣味，變成甜椒了。

8、我與內人開車派送果菜到台灣來的友人家叫賣，順便也賣"大鼓餅"－上下兩層軟皮夾包紅豆餡的，大鼓形狀的紅豆餅，日語稱為－大鼓饅頭（たいこまんじゅう），燒烤這種大鼓餅的"銅模"是託四叔從日本帶來的；這種大鼓餅，家家都歡迎，也是每一家孩子們等待的最愛，我們的車一到門口，孩子們會大嚷：「賣菜的來了！」家長們卻立刻制止孩子們的叫嚷，說：「不可以說是賣菜的，要叫劉老師！人家是不得已，才賣菜的！」唉！真要能屈能伸才行啊！

十七、 阿根廷的日本移民

賣菜發展成雜貨店、小型超級市場之後，自己的本行－鋼琴調音工作也漸漸由点而面展開了，因為自己能說日語，出入日本人家庭，認識不少日本來的移民。從他們的談話中得知，當初他們移民阿根廷，是有計劃、有組織，政府協助辦理的移民團體。他們一團移民組織中，有醫師、教師、技工、木匠、泥水匠、商人、農民……各行各業的人集合成團體相助相成，移民去阿根廷的。他們計劃到阿根廷之後，以務農起家，因為阿根廷地大物博、土地肥沃，而且阿國首都 Buenos Aires 的地理位置與日本首都東京的緯度差不多（北緯或南緯三十幾度）氣候也差不多才對，只不過一在北半球、一在南半球而已。於是他們開始以日本耕種的方法、以日本種植的作物，購地耕農。但是第一年

因為氣候反常，農作物嚴重受損，沒有收成。第二年起他們一面研判氣候，一面慎選農作物種植，結果仍然因為氣候的異常，農作物受到嚴重霜害或雨害沒有收成。 第三年起，他們觀察當地人所種的作物與種植的時間，仍然種植他們日常食用的蔬菜瓜果，結果又因為農作物反常、變種，像包心白菜（山東白菜），即將收成時忽然開花了，或因天候反常下雨下霜，還是沒有收成。之後他們認真紀錄每天的天氣、氣溫、下雨或下霜時間，統計市場各種瓜果蔬菜的市價，慎選不抵觸霜害雨害的、與隔鄰農地種植同樣的作物 – zapallito 小南瓜(小瓠瓜)栽種，成長、結果都很正常，他們正想這次該可以豐收了，結果就在收成的前幾天連續下大雨，農地成了水潭，浸了幾天的水，結果整片的農作物被水淹沒，這一年仍然受害，沒有收成 。

他們說有一年，他們統計市場農作物的價格，算準了市場賣價最好的作物、幾年來氣候的紀錄無雨無霜時，開始大量種植蕃茄（西紅柿）(tomato)，準備扳回幾年來沒有收回的成本。蕃茄生長過程一如他們所預期的好，結實纍纍，誰知即將收成時，卻反常地，在從不下雨的時期，連續下了幾天大雨，不但蕃茄爆裂、進入農地的道路全是泥濘，無法進入採收，結果眼巴巴地讓滿園的蕃茄糜爛在田園 ，
無可奈何，好像老天爺專與他們作對，不讓他們耕農。

他們還說，九年都沒有收成，第十年改以玻璃暖房種植春天母親節暢銷的康乃馨花，以玻璃暖房種植是為避免受到霜害，在暖房裡康乃馨生長茂盛、花蕊即將綻放、一個禮拜之後就是母親節了，結果天候又反常，一夜之間猛下冰雹、乒乓球大的冰雹，砸壞了玻璃暖房及其中的所有的康乃馨，這一年的努力又泡湯了。如此，十年都沒有收成，耕農徹底失敗。也因此，移民第二代的日本人就紛紛改行開洗衣店，賣力水洗當時流行的牛仔褲，結果生意非常的好，原因是日本人接連十年耕農失收，為賺錢特別努力，比阿根廷人開設的洗衣店認真洗、洗得更乾淨，阿根廷人就喜歡日本人手洗的乾淨衣服，如此，當時阿根廷的洗衣店全是日本人的天下 - Tintoreria Japonesa（ 日本人的洗染店 ）招牌到處皆是。第三代起他們就送孩子們進入大學學法律、學醫、學工程、學商……，走入較高階層的行業，不再洗衣務農了。

日本人在阿根廷很受當地人敬重，因為他們為人務實，守法，有禮貌，尤其日本婦女，說話輕柔、鞠躬禮讓，她們從不在人面前高聲談笑，也從來沒有日本人惹事違法的報

導。我因為鋼琴調音和受聘在日本人學校，教中小學音樂課與成人的書道（毛筆書法），接觸不少日本學生家長和日本移民。當時在阿根廷首都有
兩種日本人學校，一種是日僑學校，就是長久居住阿國的日本移民子弟就讀的學校，他們以雙語（日語和阿國使用的西班牙語）教材；另一種是日本公司派往阿國作技術指導的技術師以及日本派駐阿國領事館人員的子弟就讀的學校，他們因為三、五年後必須回日本履職，子弟們所讀的課程必須能接連日本國內的課程，因此採用日本現行的學校教材施教，當然也加授西班牙語課程。

阿根廷居民多為世界各國來的移民，雖有當地的原住民－印加（Inca）民族，但多半已被同化，一般阿根廷人的祖籍有來自義大利的後裔約佔40%，來自西班牙的後裔也約佔40%，其他20%則包括歐亞等世界各地的移民。很奇怪的現象是阿根廷沒有黑人移民，我們所看見少數的黑人是領事館的人員或為商人旅客，據說黑人很難獲得移民居留權，雖然移民局也接受黑人的居留申請，但他們以拖延方式，拖淡他們的申請移民意願，都知難而退了。 台灣人則托日本人的福，幸蒙阿國移民局接納申請居留權，他們看見日本人在阿國的務實、守法，看見台灣人也與日本人無異，才接納的，的確，初到阿國的台灣人也務實守法，後來因為出過一些敗壞東方人名譽的事，阿人對台灣人的看法就次於日本人了。

十八、居留權的獲得

（阿根廷國旗）▲

（阿根廷護照）▲

我家孩子們就讀的這所新成立的中學發覺孩子們沒有居留權，要孩子們轉學他校或停止上學，我們又以孩子們的成績單，尋覓另一所更好的公立中學，學校看見他們的成績好，就接受了，如此再上學一年，學校又發現孩子們沒有居留權，又不准他們繼續就讀了。 為著孩子們能就讀公立中學，居留權的獲得更是迫在眉睫了。 起初五兄告知必須到他省實地耕作，始能獲得居留權，我們與四叔和親家等三家乃在五兄帶領下決定到鄰省：Santa Fe 省的 San Lorenzo 鎮去合資買地耕農，辦理申請居留權；準

備出售那破舊店面經營的果菜雜貨店，然後到鄰省 Santa fe 省的 Rosario 市（我們稱為 "洛城"），買屋居住並做小生意，再前往 San Lorenzo 鎮耕種那塊買來的農地，申請居留權。 那曾以 13000 美元左右便宜買來的破舊店面兼住宅，經過兩年半的經營與整修，於 1980 年 5 月賣出，最後竟賣得 73000 美元，約為當時買價的四倍，（不是賺錢也不是因為房地產漲價，而是因為阿幣與美金的兌換律不穩定）； 又以賣得的美金在 Rosario 市 " 洛城 " 買得樓下小店、樓上住家 San Luis 2170 Rosario 的房屋 64000 美元，我們想一面做小生意，一面前往那農地耕作，申請居留權。我將店面闢為小餐館兼外賣店，自力打牆鑿壁擴大廚房（因為廚房不夠申請餐館要求的面積），磚砌爐灶、貼瓷磚、安設廚具、配置瓦斯管路，增建廁所（需要男女各一間），粉刷裝潢，製作餐桌、餐椅、桌巾、餐巾，寫招牌，於 1980 年 8 月 8 日開張 ，取名「迦南飯店」 Restaurante Canaan ；因為我們看洛城為聖經中，上帝所賜給以色列十二支族，流奶與蜜的肥沃土地： "迦南地"，上帝也賜給我 Rosario 城這一美地，給我們一家居住。

▲（在 Rosario 市的住家及小餐館）　　　　▲（餐館由內人主廚）

(小餐館內的桌椅、桌巾、餐巾都是自製的) ▲ ▼

(牆壁上懸掛：迦南美地天父所賜　洛城首居福音廣傳　的中堂) ▲

此時孩子們因為沒有居留權，就讀公立中學已經出問題，乃向親家宋新發弟兄借標一個八千美元的會，透過熟人介紹，找到老僑王天元先生，交款八千美元購買居留權，到北部 Formosa 省的移民局、警察局、人口局辦理正式居留證，當時連同來回交通費、五天食宿費共約花費約一萬美元，1981 年 11 月 18 日買得全家的合法居留證。當時阿根廷的移民局不直接接受台灣人的居留申請，而必須經過某些特權階級壟斷的老華僑，以很高的美金代價，才能購得居留證，即便持有合法證件也必須經過專辦居留的，與移民局官員及熟識老僑的手；原因不外乎移民局官員透過老僑撈肥水；其他國家的移民則可直接以合法證件向移民局申請居留證。曾有幾位孩子們的老師及鋼琴界熟識的阿根廷人士就不相信不能直接到移民局申辦居留的事，都說：「我們都是直接在移民局免費取得居留證的！為何你們不能？」並帶我直闖移民局，要替我申辦居留證，

移民局官員得知我是台灣來的，立即停止作業，改口說：「噢！他不能辦！」問他們為何不能辦？則說：「去找某某華人辦！」真是貪官污吏呀！不用錢買就永遠沒有居留權，不但孩子們不能就讀公立學校，也不能工作、開店、開車........；只有乖乖花錢消災了，當時一個家庭要花一萬美金左右才可以買到居留權哪！

▲（當時買得的阿根廷居留證）

十九、 出境，再入境阿根廷

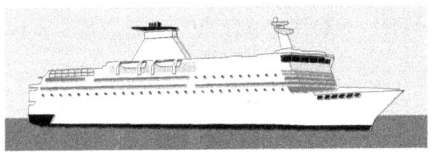

我們以買得的 Rosario 市郊 San Lorenzo 鎮的耕地，所申辦居留的案件，一直沒有下文，後來因為那土地不是申請居留的農地（必須是未開發地的農耕，才能申請居留），我們接到了移民局拒絕受理並限期出境的命令，1981年3月12日接獲十天內必須離境的驅逐出境通知，我們全家乃於3月22日搭乘長途巴士從 Santa fe 省的 Rosario 市，北上到 Santa fe 市，轉 Entre rios 省的 Parana 市到 Colon 市，在邊境海關繳還所有申請農地居留以及入境觀光的資料，正式離境。再從 Colon 市經過 Puente Internacional Grl. Jose Gervasio Artigas，以購得的阿根廷 Formosa 省的居留證，進入 Uruguay（烏拉圭）國的 Paysandu 市，再到烏拉圭的首都 Montevideo 市，路程378公里。 3月23日中午，復以購得的 Formosa 省居留證，從 Uruguay 的 Montevideo

市乘船渡過 La plata 河，進入阿根廷首都 Buenos Aires 海關，正式以 Formosa 省民居留證入境，再回到 Rosario 市，整個行程一天又六個小時完成 (全程約 1000 公里)，我們一家五口從此才成了阿根廷合法的居民。

(從 Uruguay 的 Montevideo 市乘此船渡過 La plata 河，進入阿根廷　▲)

感謝主！有了居留權後的此一時期，我們居住在 Rosario 市，常來回於 Rosario 市和首都 Buenos Aires 之間，從事鋼琴調音和整修鋼琴的工作，在 Rosario 市的幾間鋼琴行：Ricordi，Boldori，老 Boldori，Breyer，San Juan，Mipu 及 Balcarce y Urquiza 音樂學院和首都的鋼琴行 Casa Royal House, Vendoma 以及 Buenos Aires 省的家庭、鄉村、學校、音樂學院、教會、古物店都有很多的調音修琴以及買賣鋼琴的工作 (從 Rosario 的幾間鋼琴行，買中古鋼琴，運到首都賣給鄉親朋友，再整修調音)，幾乎每天都得出門做修琴調音或買賣鋼琴的工作，

Vespa Scooder　▲

我們買得義大利原裝進口的全新 Vespa Scooder 一部，作為交通工具，後來又買了

一輛中古房車 Renauld 12 採購並搬運鋼琴打弦機構和鍵盤；

在阿根廷首都中心 Nueve de Julio 大道中間草地上　▲

在首都，背景是國家劇院（Tetro Colon 歌倫歌劇院）▲

當時的夫妻倆　▲　　　▲

白天內人則在家裡開設的小外賣店所轉型的小餐館，準備晚間營業的菜色食物，傍晚全家經營餐館，直到深夜兩點。

我家的孩子們有了居留證就可以繼續就讀公立中學了，起初在首都的兩所公立中學就讀，後來由於遷居300公里遠的Rosario市，孩子們也轉學到Rosario市的中學，但兩個男孩子始終因為該市沒有華人教會，又一心想考首都的國立大學，總認為若不就讀首都的一流中學，就考不上首都的國立大學，常鬧情緒要轉學回首都就讀；終於有一天深夜，兩兄弟留書出走，說：他們兄弟將回到首都就讀高中的最後一年，明年投考國立大學，生活會打工賺錢自理等。他們兄弟倆跑回首都去了，我們本來計劃好全家經營的小型餐館，因為欠缺這兩員幫手，終將無法繼續經營，當時我很氣憤，本想從此不予理會，任其自生自滅；但經過內人的苦苦哀求，說：我們辛苦出國，不是為了孩子們的前途嗎？怎麼可以任其自生自滅呢？教會長執們也勸說：「孩子們到首都選擇好的中學就讀，再升學首都的一流大學，就像在台灣，大家都到台北選好的學校就讀一樣，有何不好？」於是經過教會長執的關說，決定讓他們兄弟暫居阿京中華基督教會看堂，乂兮就讀高三，準備翌年投考國立Buenos Aires大學的醫學院，乂鳴讀高二，幫哥哥乂兮煮食，兄弟倆有伴照料，並由教會長執約法三章監管其日常生活（約法三章：1、每天必須打掃整潔居處，不准在外住宿，亦不准攜友住宿教會。2、若犯規違法，經過學校或警局通知，則須搬出教會，不准繼續居住教會。3、每次成績單必須交給教會執事會主席楊弟兄簽名，不得隱藏，若有一科以上

成績不及格，則須搬出教會）；這一年由於首都距離 Rosario 市三百公里遠，在 Rosario 家又只有三個人必須照料餐館（只做晚餐：女兒乂廑白天上學音樂學院，我白天外出調音修琴，內人白天準備餐館的一切菜色，晚間三個人共同忙餐館），無暇也無力接濟住在首都教會的兩個男孩子，他們只有靠自己在課餘打工賺取三餐及零用，自力謀生了；我們家長只能偶而趁回首都參加教會崇拜，做些滷肉滷蛋乾菜並帶些許零錢給兩個孩子補給。他倆生活接濟不及時，常伸手向教會青年團契友借貸吃飯，等父母的接濟送達後再還，因此常餓肚子，倍嘗辛苦。

二十、女兒讀音樂，兩個兒子讀醫

過了一年，大兒子乂分高中畢業，報考國立 Buenos Aires 大學的醫學院醫科，幸蒙錄取，醫科功課繁重，第一年就有解剖學、組織學與胎兒學，西語程度尚淺的乂分，開始讀醫時負擔沉重，書本厚、功課多、考試範圍廣而難；在台灣讀完初中二年級，有兩年英文基礎之後才改習西班牙語文，之前完全沒有接觸過西語西文，因此念西語西文常要轉成中文英文去思考，不直接，念起來就慢。小兒子乂鳴因為從小學七年級就開始讀西語，沒有讀過英文，就比較直接，念起來就快得多，因此乂鳴常常是哥哥乂分的西班牙語文字典。乂分考取的第一年他們兄弟仍住教會看堂，飯食由弟弟乂鳴主廚，兄弟倆拜五拜六晚間仍然到餐館打工，並在中文報社當西文翻譯，賺取生活用費；翌年升上醫科二年級，他們同時考取的同學竟然被刷掉了一半，留級或被淘汰了。

第二年弟弟乂鳴也高中畢業了，本想投考國立 Buenos Aires 大學的法學院學法律，經過多方研判，認為僑居他國，畢業後不論當律師或走政治外交路線都不適宜，乃毅然步哥哥後塵，也考醫學院醫科；結果以高分考取，兄弟倆同讀醫、彼此相助相成。該醫學院是中南美洲西班牙語系的最高醫學院府，全中南美洲資優的學生，多集中於

此，教授們程度也相當高，非諾貝爾獎的得主，就是被提名諾貝爾獎角逐者，因此，每次考試都出奇的嚴謹，又多為口試與臨床同時進行．譬如第一年解剖學的考試，就在解剖台橫躺的屍體上出題的；又如組織學的考試，有一次乂鳴應考，教授在顯微鏡片箱中隨便摸取一個鏡片插入顯微鏡，即問那是什麼肌肉組織，有什麼問題？鏡片是倒反的還是倒放的，還沒有看清楚，肌肉又有好幾十種，毛病更是千百種，如何能快而正確地回答？若在短時間內沒有答出，就遭驅逐出場，不得通過。為了讀好解剖學還到墳場去買了一個完整的頭骨回來，每天抱著那頭骨勤讀整個頭骨的結構、孔穴、經絡，然後放置書桌上，往往使來訪的客人望而生畏。他們第二年升級時，竟有一半同學無法通過考試而遭淘汰，幾乎每年都淘汰或留級一半的學生，如此七年苦學，因此，能讀完畢業的學生，應該是身經百戰，篩而又選的精兵了。

女兒則讀阿根廷市立布依諾斯愛麗斯音樂學院 Buenos Aires Municipal Musica Conservatorio 。

在阿根廷時的全家福　▲

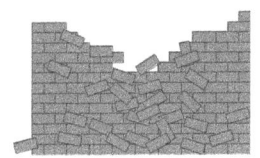

二十一、打通臨街牆壁，開設樂器行

孩子的媽從 Rosario 的餐館工作幾年下來，由於太過勞累和爐火油煙的薰烤影響，前後住院開過兩次刀，並一次嚴重的胃出血，險些送命。因此，她的體力已不能繼續主廚開餐館，三個孩子們又都已回到首都就讀（女兒义塵就讀音樂學院，兩個兒子就讀醫學院） Rosario 市的餐館兼住家就暫租給一位鄉親經營，而後以賤價兩萬八美金（十萬美元成本的房產與開發成的餐館業務）、分期付款、並教他們全家經營餐館一個月為條件，賣給洪姓鄉親繼續經營；將得到的兩萬八千美元也分期付款再買得首都 Malabia 244 號臨街的一棟陰暗古舊樓下住宅，供孩子們就近上學居住。我的鋼琴調音修琴及買賣的工作則繼續在洛城及首都兩個城市進行，而且天天在增加新的調音顧客；孩子的媽因為身體虛弱，不能再負起家庭生計了，一切賺錢養家的重任就卸到我的肩上，由我單獨擔負，好讓孩子們能專心他們的學業。

（在阿根廷首都 Malabia 244 號 開設的美音樂器行，與剛來自台灣的姊姊－孩子們的大姨，站在店門口合影留念）▲

居住一段時間之後，我將這古舊陰暗的樓下住宅臨街的一面牆壁鑿開，闢為店面，開設小樂器行。當初買這棟陰暗古舊的樓下住宅，只有一個門進入住宅，並有一高牆隔著一條進入後面住家的窄巷，因此屋內光線陰暗。也因這棟兩層樓的水泥鋼筋房屋結構堅硬，我才動腦筋將臨街的一道牆壁鑿開（這條街道，有公共汽車行駛，是一

條大街）開闢為店面 。 我獨力以鋼錘打鑿牆壁，沒有求助他人，把打碎的水泥砂礫填平凹陷的地面，抹平之後再請專人以摩石機器磨平為店中的地板 ，自己再電焊鐵門窗、裝玻璃為門面，自貼外牆壁紅色瓷磚，自寫招牌，開設「美音樂器行」 。

收購中古鋼琴、弦樂器、管樂器、打擊樂器，經過修整後再出售，也賣些新的吉他、管絃樂器、電子樂器等，業績不錯，也因為三個孩子學過很長時間的樂器，女兒乂廑學鋼琴，她專賣鍵盤樂器，乂兮學小提琴，他專營絃樂器買賣，乂鳴學小喇叭 ，他專營管樂器的買賣；他們更邊上學邊教琴，邊做他們專長的樂器買賣 ，乂廑教鋼琴，乂兮教小提琴並買得很多的中古小提琴，經過整修再賣出，並曾送幾十把整修過的小提琴賣到台灣去；乂鳴在阿根廷第一把交椅的小喇叭老師門下，他邊學、邊招收初學小喇叭的學生，並賣給初學的學生一些中古的便宜喇叭，程度高的小喇叭學生則賣他好的、新的喇叭，並取得 Bach 名牌小喇叭的阿根廷總經銷，賣出不少 Bach 牌的小喇叭，他自己也賺得一支最好的 Bach 牌小喇叭。就這樣三個孩子一邊讀大學，一邊教學生，也一邊幫看店、買賣樂器 。我又將臨街店面相鄰的一間房間，開闢為鋼琴以及其他樂器的整修間，收購中古鋼琴、樂器，經過整修之後再賣出 。

當時乂兮的小提琴獨奏會　▲

（在阿根廷首都 Malabia 244 號 開設的美音樂器行，
與剛來自台灣的姊姊－孩子們的大姨，站在店門口合影留念）▲

孩子們上音樂學院和醫學院，則搭地下鐵或公車上下學，地下鐵就在幾條街的附近，公車更近在一百公尺內的街角，非常方便，車程也只在半小時左右即能到達的距離；他們有課時跳上車就可以上學，一下課就趕回來教學生並看店，晚間孩子們則埋頭讀書到深夜，讀累了再以彈鋼琴、吹喇叭、拉小提琴來調劑身心的疲憊，以玩樂器為作息輪替。媽媽則做些煮食、以洗衣機洗衣等不很沉重的工作。

這棟陰暗的樓下舊屋，從街道深入有七個房間，第一間闢為店面、賣樂器，第二間闢為修琴間，第三間是我們老人房間，第四間最大，是兩個男孩子的房間，第五間是女兒房，房屋深處一間的地面是廚房飯廳及浴廁、半樓上是我的鋼琴低音絃的纏線房，放置一部三公尺長德國原裝進口的手動鋼絲纏線機在那兒，由兩個兒子輪流幫我轉動纏線機、由我親自纏製鋼琴的各種粗細長短不同的低音絃；從街道原來的進門處（店旁）有一間客廳，與店面及修琴間相通，放置沙發、電視在其中，是客人來訪相談和家人放鬆休閒的處所；整棟住宅裡房間足夠全家的居住並工作營業。

兩個男孩子安排住在一間最大的房間，由於阿根廷的鋼筋水泥房屋，高而寬敞且堅實，我在牆壁的半腰處，鑿壁洞插入堅實的工字鐵，鋪上厚木板為二樓地板，再加鐵樓梯，隔成兩層的樓房，弟弟睡樓上，哥哥睡樓下，並安放長桌在樓下供兄弟倆做功課。睡床的對面牆壁上掛一大黑板，供兄弟倆討論功課之用。

女兒的就讀音樂學院，則購置一部德國製 Steinway & sons 名牌、M size 的 Grand piano 在店中供她每天練琴。

上帝的眷顧真是奇妙，本以為這牢籠似的舊屋，只供居住，無法生財；現在竟能開闢為商業生財場所。更萬萬沒想到本來完全落在我一個人肩上的生活重擔（媽因為兩次手術、三次住院，身體虛弱，不能再勝任餐館工作），竟也分攤給三個孩子同擔，讓全家人又同甘共苦，共同挑起了生活的擔子，也藉此教導孩子們在困苦環境中長大，必須學有所長、亦須自食其力，並在艱苦環境的生活中，體驗到父母養育子女的艱辛；上帝就這樣將一家即將陷入困境的五口人家照顧得無微不至，供應充足，沒有缺乏。

我們一直在這一棟舊屋居住、工作、生財、讀書，直到我應聘美國密西根鋼琴公司，與內人先離開阿根廷來美國，到孩子們畢業離開阿根廷時才賣出這棟房屋。

說起這棟房屋的出售，還有一段奇蹟呢：我們夫婦離開阿根廷來美時，撇下了兩個讀醫尚未畢業的男孩子（女兒則已畢業回台），我們離開時正值阿根廷經濟蕭條、房地產掉入深谷的時期，我的應聘密西根鋼琴公司又沒有優厚的薪資，離開時更沒有留下現金或存款給兩個孩子，只吩咐他倆變賣家具與剩餘的樂器和工具貼補生活費並繳稅，再自己教琴、做些小生意，維持生計，最後到萬不得已時，將這棟不值錢的房子賣掉，繳稅並支付吃住費用，撐到完成學業；因為我的收入無法從美國匯錢回阿根廷供應他們。

但在兩年之後，兩個孩子學業完成了，房子不但沒有賣掉吃掉，房地產反而違反十幾年來一直跌落的常律，漲了兩倍，他們連同剩餘樂器、家具、工具、衣物，竟能賣得高於買價雙倍的價款，帶來美國再買屋全家居住。

二十二、 選載兩個兒子為阿根廷中華基督教會所寫的三篇報導

1、"家父信主的心路歷程"

家父丁衡原名添珍 Ten Jen，從信主受洗之後改名丁衡，因為他是客家人在阿根廷受洗，他的英文譯名 Ten Jen 以西班牙語發音，正是客家話的丁衡。

家父在我們姐弟還在讀幼稚園時，每個主日都要我們穿著整齊，送我們姐弟三個到聚會所去上主日學（因為家父的同學在聚會所聚會，每一主日清早會來帶我們姐弟與她的兒子同去）；據家父說，有一天為我們姐弟換衣服準備送去主日學時，聽到我們的埋怨：「人家的爸媽都到教會去，我們的爸媽卻沒有去！」家父一時扎心，就與家母研商：「是否我們也在事業鼎盛、名利雙收時，開始上教會？」家母當然沒有反對，因為在這之前，我們一家五口曾經到媽的三姨丈家作客，他是非常虔誠的基督徒，在思想犯的監獄裡三撕聖經後信主的（撕過三次聖經），這位丈公與我們姐弟三個玩耍之後，要家父母送我們姐弟到教會去，交給上帝掌管，他說：「你們這三個孩子聰明，父母、老師都無法教導他們一輩子，他們也不聽信你們一輩子，只有上帝能，能帶領她們、教導他們一輩子，交給上帝的教會，他們一定可以一輩子受教得益、走在正路上！」家父家母就這樣決定，從一個母親節開始，上教會慕道、信主、受洗、服事，到現在已經滿了二十五年！

剛開始上的教會就在台灣高雄家轉角後面不遠的文化教會，聚會人數不多，由陳東璧牧師牧會，他常為我們一家禱告，記得當家父由教育部選派到歐洲去的前夕，陳牧師為我們一家禱告了很長的時間，求主保守家父旅途平安，看顧我們一家在主裡成長，孩子們的學業、大人的事業有主的祝福……，我們每個主日都到這教會去參加主日學和主日崇拜，感謝主！家父在中學的教書、年年領獎，家裡開的店也蒙神祝福，一帆風順。

家父在我們幼小時，一方面教書，一方面經營鋼琴工廠與鋼琴經銷生意，不但在教

書的學校每年都領獎，生意也在家母的同心照料下蒸蒸日上，從一無所有的鄉下窮教員，賺得大都市的洋房、店面、汽車、工廠與事業。 他先在自己的老家與唯一的哥哥共同設廠，從日本進口零件製作鋼琴，後來他的親朋好友看見鋼琴事業前途樂觀，要求參加股份，成了十個股東、資本卻十分薄弱的公司（股東多為公教人員，沒有雄厚資本），並由股東眾決，遷廠到家父琴店座落的都市近郊，向銀行及民間貸款、買一舊自行車廠改建擴廠，並廢了他兄弟倆慘澹經營的舊廠（投資在舊廠設備的錢，血本無歸）；當時家父尚未信主，正踏上教會開始慕道。據家父說，從這一群股東的合股到廢廠、遷廠，都不蒙上帝喜悅；遷廠不久，股東們不滿家母禮拜天關店上教會，使公教人員無法利用假日來看鋼琴、買鋼琴，與股東們開始有了摩擦，其實這一間店是家父母私有的，一直由家母經營看店，並不是公司的店，公司也沒有聘請家母看店，只不過是工廠生產的琴，放在店裡展示銷售而已（是公私不分的後果）。 工廠也因為頻頻改進鋼琴的構造設計，家父常在工廠熬夜，股東們因外行，沒有人可以幫忙這類的設計工作，反而有許多的閒話困擾家父，與股東們腳步無法一致，致使家父禮拜天必須坐鎮工廠，無法到教會去敬拜主。 最後，這一間工廠為強烈颱風吹垮，掀開屋頂，吹倒圍牆，正在製作的兩百架鋼琴外殼、零件、木板、成品及半成品都被淋雨灌水全毀。 三個多月工廠無法運作，四處謠傳鋼琴公司倒閉了，貸款的銀行和民間債主一起討債；之前家父就準備帶我們一家移民出國，此時正在辦理出國手續（家父提醒家母說，必須把所有債款還清，不能觸犯票據法，才能順利辦好出國手續），家父母乃忍痛賤賣了辛苦賺得的洋房、汽車，倒貼公司債務、貸款、發放員工薪水、修廠、直到恢復生產，然後出國 。

到達阿根廷的第一個主日，正是南美洲春天的母親節，一踏進阿京中華基督教會門口，康乃馨花與母親節日的氣氛，強烈震撼著家父，他說：「上帝正在問我 "第一次到阿根廷教會來，記不記得今天又是母親節？" 因為我們是決定從母親節開始上教會的，卻因為上帝開始祝福，業務開始忙碌的時候，到教會的敬拜卻沒能持之以恆，沒有遵循神的旨意，沒有先求神的國和神的義，只憑己意合股建廠，才有遭神譴責，毀廠破產的事發生 」。

自此以後，家父開始努力追求，讀經、禱告、聚會、服事、禮拜天從不敢再缺席，直到他三個孩子都受洗、有好見證之後，才接受耶穌基督為他個人的救主，在阿京中華

基督教會受洗歸主 。

　　家父還說，由於台灣的傳統信仰，起初他是反對基督教的，他不懂為何基督徒被那本「聖經」迷得那麼深，但若要反對他們的信仰，得懂聖經，才能駁倒他們的信仰理論，於是他開始認真研讀聖經；他從教會講台的聽道、查經小組的查經、私下的讀經、漸漸他發現聖經原來是一本這麼好的教科書！（家父是學教育的）真可惜！學校為何不採用作為教科書？反而禁止在學校使用聖經！從此他不但不反對聖經，反而與所有基督徒一樣對聖經著迷，遵循聖經教訓，成為基督徒了。

　　家父信主二十幾年來，一直在教會有很好的事奉，擔任執事、教主日學、帶詩班、站講台……，更在工作中不論得時與不得時都在傳福音，播種福音的種子，帶了很多人信主進入教會 。 並蒙主的祝福眷顧，一直有健康的身體與穩固的鋼琴調音工作（我們姐弟三個都是家父以鋼琴餵養長大的），家父在阿根廷居留十二年期間，從國立、市立、三所省立、幾所私立音樂學院、七家鋼琴行、國家歌劇院、學校、教會和私人家庭的調音顧客多達兩千多個；主後1900年還從阿根廷應聘美國的密西根鋼琴公司，到美國繼續他的鋼琴調音工作，至今七十歲了，身體仍然硬朗，每天開車到顧客家、以聽力調音、以體力修琴，活躍於美國的鋼琴界 。 工作之餘，更以二十幾年長久時間寫他的母語"客家語文暨見證上帝的著作：客家語文有聲字典（出版過三本字典）、客家語文有聲課本一百課 、 客家語文文法 、 聽聲看圖學客話 、 客家語文辭海，以及他見證神的六十年回憶錄 – 窯匠之泥、回憶錄續集 – 半百琴緣（與鋼琴結緣五十年）等書，每天早晚埋頭電腦前，不停地寫作，也以他的著作向客家人傳福音（像字典和辭海中的" 神 "解釋為天地萬物的創造者，宇宙的主宰。" 人 "解釋為管理上帝所創造的萬物，並治理上帝所創造的大地者 。 課本中有"感謝上帝創造陽光、空氣、水免費給人享用"，"將有生命的動植物賜給人做食物，因為上帝看人貴重"，"人的生與死都由神決定、人無法自主"等的課文 ）。感謝主的恩典！願主繼續使用他，眷顧他！

作者：劉乂兮 5/25/2004

2、 主恩 – 浩大深遠，主話 – 改造生命

身為外科醫師的他 – 乂鳴：我的弟弟，只要有機會，就會與人分享神在他身上的作為有多奇妙？！...

他小學畢業後，隨父母及兄姊舉家移民阿根廷，原來只是個好玩、調皮搗蛋的小孩，但被朋友帶進教會、認識並單純接受耶穌基督之後，他的生命就發生了極大的轉變。

「45魔術數字」是乂鳴最津津樂道的見證；話說在台灣唸小學的時期，由於父母事業忙碌，對成長中的兒女就疏於管教，他雖有點小聰明，但貪玩的劣根性難改，功課每天都寫不完，每天幾乎都得挨老師打，考試平均在班上60位同學中名列第45，竟然還沾沾自喜，認為在完全沒唸的情況下還能贏15個，還算蠻聰明的嘛！

參加「阿京中華基督教會」青少年團契是他改變的轉捩點，弘兆哥與淑琇姊夫婦是當時團契的輔導，他們非常用心於培養這群年輕人對真理渴慕之心，要他們每天讀聖經並寫心得日記，不知為何，原來「聰明」的他竟然「傻傻的」聽從了，聖經前後讀了三十幾遍，日記也寫了廿五年，真的是每天讀每天寫，一年365天風雨無阻，對於這項金氏世界紀錄，他感到無限驕傲。聖經裡上帝的話語具有使人向上的影響力，每天花至少2小時讀經、禱告、寫日記的第一個結果是讓乂鳴像隻被馴服的野獸，乖乖的坐在椅子上，在靈修完畢後竟然自動自發的唸起書來，求知的慾望和追求真理的心平行成長，而學校的成績也理所當然的突飛猛進，以至於在醫學院入學考試1萬多名考生之激烈競爭中脫穎而出，放榜那天特別算了算到底有幾個人分數比他高，結果 bingo! 好神奇，不多不少，剛好44個，他又是第45名！如今對於望子成龍、望女成鳳的父母，他總是希望他們不要太逼小孩唸書，永遠要他們考第一，何苦來哉！考第45名不也一樣能夠出人頭地嗎？！

在阿京中華教會信主至今已經廿五年，當年那顆小小福音的芥菜種子，有了百倍的收成，主的恩典從四分之一世紀以來從未減少，豐豐富富、每時每刻伴隨在他的生命當中，不是這麼有限篇幅所能夠訴說詳盡的！

由於父親是音樂老師，乂鳴從小就喜歡玩樂器，17歲時就和哥哥乂分及鄭斐倫、廖斐仁兩兄弟組成「亞當合唱團」，甚至開過演唱會。沒想到回到台灣後，上帝竟然有奇妙

的安排，賞賜給他一個樂團，叫做「五年級樂團」，於 2000 年 10 月間成立，團員年齡都不小，平均都在民國 50 年代出生，所以取名「五年級」，從事福音音樂創作，首張創作專輯將於今年發行。乂鳴擔任團長之外，在樂團中彈貝斯吉他、吹薩克斯風和小喇叭，神也給他作曲作詞的恩賜。

為什麼提到樂團而不是醫生生涯呢？其實這是他追求人生最大意義的過程中，主所為他開拓的一條奇妙的路。樂團成立至今，主在「五年級」背後明顯推動，讓它走得很順利，除了在台灣教會界迅速打出名氣之外，他們的音樂甚至被流行音樂界感到驚訝與震撼，演出的機會除了教會外還包括社區活動中心、學校、公園、美術館露天舞台、醫院、部隊、甚至監獄⋯「五年級」的異象是有朝一日到廟口傳福音。乂鳴相信上帝的計劃是使用他的下半生做專業的音樂事奉，作華人世界福音音樂的改革先鋒，讓未信主的華人聽到具有精緻編曲和清新歌詞的音樂，企圖從流行音樂市場奪回年輕人的心，進一步聽福音、信真理。

至於行醫，他並沒有什麼大計劃，只希望能在 45 歲之前退休，專心從事製作音樂和推廣樂團事奉的工作，不過能不能如願，要看神是否有此安排，意思是說：路不一定會這麼走，一切都看主的引領，走祂所安排的路，永遠是最美的！

2004 年 6 月底　劉乂兮　誌於台北

3、 三姊弟 - 乂廑、乂兮、乂鳴的現況

至於乂兮，由於繁忙，只能報告他的近況。 從 6 年多前回台以來，就與乂鳴在台南市立醫院工作一年多，之後又在中壢壢新醫院短暫停留，醫師執照考試通過後轉往彰化基督教醫院，擔任婦產科住院醫師，今年住院醫師訓練結束，目前是主治醫師，受雇於台北市一家私人診所，住台北市士林區，生活、工作都安定，與佳燕育有 2 子，恩宇快 6 歲了，恩兆 3 歲 4 個月，家燕在家帶小孩，並將於明年 2 月產下第 3 胎。

乂兮對講道有濃厚興趣與心得，目前在家帶領教會小組，並常在教會站講台；近期將參加乂鳴所組的「五年級樂團」。事業方面，也許將來和乂鳴合開診所。他在股票投資

上也頗有心得，除了自己懂得獲利之外，也輔助乂鳴做股票買賣的決擇。

乂鳴和伶玲有1女，名叫乃綺〔Nikki〕，3歲7個月，伶玲也將於這幾天（七月初）在美國生產第二胎，並已取名乃寧〔Nina〕，我們一家人除家父仍留美國密西根，與姊乂廬住新店碧潭。除了醫師收入，乂鳴還與樂團團員共組公司，經營體育用品批發、零售及網上銷售、訂購，並聘請乂廬擔任零售部經理。另外也擁有個人Yahoo精品拍賣網站。

我們三姊弟乂廬、乂兮、乂鳴二十幾年前在阿京中華基督教會蒙恩得救，在靈命上受到高素質的栽培，如今在教會中都扮演支柱的角色，在阿根廷所受過的苦難與磨練，如今都成了上帝的精兵！上帝所賞賜的寶貴資產，真是受用不盡。每逢和朋友分享，總是把這段充滿汗水、血淚的辛酸史述說再述說，把主浩大的恩典數算再數算。雖然離開阿根廷已經13年，和朋友開玩笑時也表示現在常使用的阿根廷產品，只剩下一本阿國護照了，然而在那邊所獲得的主的恩典，卻永遠帶著，一輩子也用不完！如果沒有阿京中華基督教會，就沒有劉家現今的盛況，劉家每位成員，永遠都不會忘記這個教會所不吝給予的愛心，謝謝主，當時在地極之處為我們預備這麼樣一個溫暖的屬靈的家，願主繼續賜福這間教會，把得救的人數天天加在你們中間！

主內弟兄 劉乂鳴 2004 年 6 月 28 日於台北縣新店耕莘醫院

★ 關於初到教會時因經濟問題導致三餐不繼而受到教會16個家庭濟助才渡過難關的往事，將來有機會再撰文交代。

二十三、 為好友建造中式涼亭

一位同鄉友人，胡兄夫婦及三個女兒，買了一間不小的二樓臨街店面，準備開設中型超級市場；但是正準備開始籌備時，卻發現附近不遠處，也正在籌設大型超級市場，

他們夫婦頓時陷入絕望邊緣，認為那大型超級市場一旦開始營業，這些中小型超級市場，就一概被打倒關門；他們這間店本來就為開設超級市場買下來的，現在卻不能照原來計畫行了，這間店面該如何是好？如果照原計劃開設超級市場，勢必無法與那大超級市場相抗衡，終必關門大吉，若不開超級市場，又能做什麼呢？改經營餐館嗎？夫婦都不內行，也從來沒有打算過，當時華僑界就流行超級市場及飯店餐館兩種行業。

內人與我看見他們夫婦倆正在一籌莫展、邊臨絕望之際，就去鼓勵他們：「既然不能開設超級市場，索性就改變計畫，經營餐館，我夫妻倆經營過餐館，將傾全力支援你們」，給他們夫妻倆分析利弊，認為我們台灣人開設餐館，比開設超級市場內行，而且餐館工作單純，超級市場在阿根廷這一過度通貨膨脹的國家，每天貨品的更改價錢，就吃不銷，略遲了改價時間，貨就要被搶光搬光，賣光之後以此價錢已買不回來，就等於虧本了，超級市場的批貨，更是勞心勞力的艱難差事；還有阿根廷人有不少中低階層的人到市場買貨時，喜歡偷雞摸狗、順手牽羊，防不勝防，被偷的比賣出去的還多。而餐館的經營要單純許多，至少吃的東西我們較內行，平時我們煮的吃的就是那些東西。

決定改為經營餐館之後，我就幫他們設計廚房，丈量餐廳面積，親自買木料動手做了50張松杉木板的餐桌，胡兄還希望餐館鄰街的門面，要以中式的涼亭來裝飾，於是帶我參觀幾家中國餐館的門面，他中意某人餐館以鐵皮剪成的象徵性涼亭的樣子，我卻不贊成那不夠真實的簡陋涼亭，我說若要以涼亭為門面，就建正式的涼亭，於是帶他去看了中共大使館庭園中的正式涼亭，建議他在門口建築兩座涼亭雨棚，在鄰街走廊的兩道門上，因為他這餐館店面有兩道門，於是我畫了設計圖供他全家參考，大家卻在半信半疑情況下發問：「怎能在大街上建涼亭？」因為我看過阿根廷人開設的餐館、大飯店、觀光旅館，鄰街的入口處，都有遮雨篷走道的固定建築，讓顧客在下雨時，由雨篷下進入餐館旅館，我回答說：「等我到市政府去問，有關店面建築雨篷走道的規定後，再來決定」於是我去了市政府主管營業建築的部門，詳細問了餐館建築雨篷走道的規定：

1、雨棚可用鐵材建築，2、雨棚鐵柱直徑不能大於15公分，（因為我設計以圓筒鐵管為柱，悍鐵為頂），3、鐵柱種在走廊上，必需離街道30公分遠，4、篷頂可以悍鐵蓋瓦．

（因為我設計蓋琉璃瓦），5、篷頂天花板的高度必需離地面 1.5 公尺以上，這五個條件不牴觸我建涼亭的計畫，我就開始詳細將建築計畫秉告老闆胡兄，說來也真大膽，我從來沒有幹過建築，只憑自己想像，憑自己改建過自己的餐館、曾經打通臨街牆壁，改建自己住家為店面，焊接過店窗店門的電悍經驗而已。 我就與胡兄去買材料開始了大膽的建築工程：挖地洞灌以水泥，種植四根 12 公分直徑的鐵管為兩座涼亭的亭柱，採購 3 吋角鋼，鋸開一邊拗彎，作成涼亭彎翹的屋頂，鑿開鋼筋水泥牆壁直到鋼筋出現，將這角鋼與牆壁內的鋼筋焊接牢固，另一端拗彎的角鋼再與亭柱悍牢，每一焊接的牢靠，都得到胡老闆滿意點頭為止，一邊又去尋找琉璃瓦，可是尋遍首都，買不到琉璃瓦，只找到一般的屋瓦，就要求瓦窯在一般的屋瓦表面上加金黃色的釉，燒成琉璃瓦。 焊接好兩座涼亭的屋頂鐵架，屋梁、屋椽，再蓋琉璃瓦，完成涼亭屋頂．再焊接天花板承鐵，以松杉木板釘製天花板，漆上透明亮光漆，四根鮮紅色涼亭柱子，藍底白字的亭圍，所有的中西文字都是自己貼以紙膠帶為字框，噴漆所寫的字．有"稻鄉亭"和"RESTAURANTE CHINO"等字．兩座涼亭之間的牆壁上，再加一道牆壁屋頂，仍蓋以琉璃瓦連接，一氣呵成，從街道上看上去，的確顯眼，金黃色琉璃瓦屋頂，鮮紅色柱子，藍底白字的涼亭亭圍，頗有古色古香的中式涼亭韻味，其實只是兩座從屋頂尖端切開，兩根亭柱的半座涼亭而已（如照片，這是涼亭建好五、六年後所照的相，因亭圍木板沒有保養，才有脫漆及掉落現象）。

開幕之前，我又將餐館需要用到的、有關營業的日常用西班牙語錄製成兩捲錄音帶，交與胡兄一家使用，內人也在廚房帶著胡太太在廚房作業一段時間；開幕那天我們全家五口都出動參與，我與老闆胡兄站櫃檯，並招呼顧客，內人與胡太太站廚房，三個孩子帶著他家三個女兒端盤子招呼客人 。

後來，這家"稻鄉亭"餐館，在阿根廷的中式餐館中，頗負盛名，顧客鼎沸，據說計程車司機，只要有顧客問起「哪裡可有好餐館？」他們就毫不考慮的，直接開到兩座涼亭的餐館來．最後，胡兄夫婦以高價出售，移民加拿大了。這兩座中式涼亭，就是我替胡兄的餐館興建的

(1991年2月15日，舊曆年舞獅團來祝賀時所拍攝)
(站在前排的五位就是胡兄、胡嫂及三個女兒一家人 ▲ ▼)

二十四、信實的上帝

孩子們完成學業也來到美國之後，我寫過一篇見證稿「信實的上帝」述說上帝成就在我家的恩典，不妨也誌下，分享給讀者：

(一)、聖經的教訓：
1、(馬太福音六：31-33)所以，不要憂慮說，吃什麼，喝什麼．這都是外邦人所

求的．你們需用的這一切東西，你們的天父是知道的．你們要先求祂的國和祂的義，這些東西都要加給你們了。

2、（哈該書一：3-6）那時耶和華的話臨到先知哈該說，這殿仍然荒涼，你們自己還住天花板的房屋麼？現在萬軍之耶和華如此說，你們要省察自己的行為．你們撒的種多，收的卻少．你們吃，卻不得飽，喝，卻不得足，穿衣服，卻不得暖．得工錢的，將金錢裝在破漏的囊中。

這兩段聖經教訓我的重點是：先求祂的國和祂的義。 先求祂的國，就是以上帝的事為先，使祂的國度能早日降臨，你的日常生活，神會為你安頓。 先求祂的義，就是凡是遵行祂的旨意，照聖經教訓去走，不偏行己路。

(二)、我們全家所遵行的：

1、 旅居阿根廷的最後幾年，全家投入教會的事奉行列：
    a、 全家五口參與教會各種事工的事奉。
b、 每禮拜五晚間開放家庭聚會，招聚慕道友來聚會，傳講福音，引領三、四十位受洗，歸入教會。

2、 我們夫妻先來到美國，頭兩年的事奉：
    a、 每主日在底特律華人宣道會，教主日學慕道班，內人邀請慕道友參加。
b、 每週五傍晚擔任宣道會福音團契講員並帶領詩歌，內人邀請慕道友參加並做餐點招待契友。
c、 每週六傍晚擔任台語教會的台語查經聚會講員，內人邀請慕道友參加並做餐點招待。
    d、 男生四重唱，擔任第一男高音，經常在主日崇拜獻詩。

以上幾項事工，除了每天上班八小時及下班後再到一兩家去鋼琴調音，幾乎所有休閒時間都在準備講章、教材，沒有出外逛街、旅遊、訪友，沒有看電視。

由於兩間教會的事工：主日學、團契聚會、查經聚會、四重唱，每天上班前、下班後必須爭取時間查聖經、寫講章、找資料、練唱……真是沒有時間憂慮吃喝穿著以及住宿的問題，所有休閒時間都用來靈修、禱告與上帝交通，求神的旨意；這就是上帝要我先求祂的國和祂的義吧！

（男生四重唱在教會獻詩）

（在各家庭團契中帶領唱詩，女兒乂盧司琴）▲

（在各家庭團契中帶領唱詩）▲

（在教會帶領唱詩班獻詩）▲▼

(三)、成就在我家的恩典：兩年之後我們回頭看，上帝真實的加給我家七項恩典。

1、生活不缺乏：

內人和我雖在美國租屋居住，又為辦居留必須繳付大筆費用，但生活所需從不缺乏。孩子們留居阿根廷，沒留錢給他們、沒有寄錢給他們，也沒有生財事業留給他們經營，只留下一間可居住的舊屋，一些賣剩的樂器，破舊的家具，一些平日應用的工具，並曾吩咐孩子們變賣這一切能賣的去貼補生活所需，最後到萬不得已時，賣掉那舊屋，吃飯繳稅，挨到畢業。但是足足兩年時間，房產並沒有變賣，孩子們也沒有缺乏，他們教琴、買賣自己在行的樂器、賣屬靈書籍、賣工具、家具，並有教會弟兄姊妹們的額外照顧（教會的長輩們知道他們兄弟倆父母不在阿根廷，常煮豐盛食物給他們兄弟吃，並時刻關注他們的生活狀況），主就如此供應我們全家無缺。

（初來美國時期的租屋，小兒子來訪時攝）▲

2、孩子們完成學業：

乂今從阿根廷首都的國立大學醫學院醫科畢業。接著乂鳴也完成了同校同系的學業，雙雙畢業了。

3、兩個兒子雙獲未婚妻：

义兮和佳燕訂婚，义鳴和伶玲訂婚。上帝賞賜兩個醫科畢業的兒子並賞賜兩個信主的媳婦；都賞賜雙倍。

4、房屋意外漲價賣出：

本來準備給孩子們貼補家用的舊屋，不但沒有賣掉吃掉，兩年來蕭條十幾年的阿國經濟突然復甦，房地產劇漲，孩子們將那棟古舊房屋、一部 Steinway & sons Grand piano，一部義大利機車 Vespa scooter，連同賣剩的樂器與家具，賣得了當時買屋雙倍的價錢；上帝又賞賜雙倍的錢財給孩子們帶來美國買屋全家居住。

5、孩子們順利簽准來美：

小兒子义鳴、义兮的未婚妻佳燕和义鳴的未婚妻伶玲三個人的來美簽證，在當時幾乎是不可能獲准的，原因是阿國以學生簽證來美讀書的，沒有一個人回去阿根廷，當時美國駐阿根廷大使館已經停發來美的學生簽證；而且在阿根廷的華人家庭，一向不准全家來美，每一戶通常要留一人當人質，等有家人從美回阿，才准其簽證來美。我們一家五口已經四口簽准來美，只剩义鳴未簽。义鳴在簽證前，要媽與我發動兩間教會，為他們的簽證獲准，向上帝禱告求討。結果幸蒙應允，三個孩子都順利簽准來到美國了。

兩個兒子(穿白上衣的)在烤肉饗友　▲

6、賜給足夠收入穩定的工作還賜居留權：

弟兄我已近退休年齡，沒有美國的學校文憑，竟蒙美國密西根鋼琴公司的聘請，有穩定而且收入不錯的工作，這一穩定的工作還能正式申請居留。有不少人從外國花錢請律師辦美國的居留證，不但錢花得多，還有辦不成居留的。在美國又有不少工作人員被裁

員,多少人失業,弟兄不但工作穩定,還年年加薪,自己的鋼琴調音顧客也天天在增加。

7、賜給全家七口居住的舒適住屋:

我們全家因為錢財不足又無財源,都不敢奢想能在短期內買得屬於自己的住屋,但由於上帝的施恩使阿國經濟及時復甦、房產漲價,賣掉了本該吃掉的舊屋,又能順利帶來美國,買得比阿國居住還好、還舒適、還寬敞的房屋。

如此,我們細數上帝的恩典;假若我一來美國就只管賺錢、追求美國的豪華富足享受,拒絕做上帝的工,恐怕真要像先知哈該宣告的「種多得少、吃不飽穿不暖、錢裝在破漏的袋子裡了」,感謝主,祂沒有給我能賺很多錢、有足夠金錢及時間享受的能力,祂給了我一個不得休息的磨練工作,更給了我兩個教會必須事奉,使我服事主不得懈怠稍停,叫我在工作之餘,必須愛惜時間,做好準備事奉神的工作。就這樣驅使我「先求神的國和神的義」,祂的應許也才能順利成就在我們身上。我們所信的上帝是如此信實的上帝,祂所默示的聖經記載,句句信實。我不是故意做神的工,去試探神的話是否信實,而是神用奇妙不可測度的方法賞賜給祂的信徒,賞賜給照祂的話去行的忠實信徒禮物獎品。感謝主賜下何等大的恩典!我是什麼人?竟能蒙神如此恩待?願將這神所賜加倍的賞賜見證於世,願我們周圍的朋友也同來享受上帝信實的愛,因為神愛信祂的人;也願將這一信息:「先求神的國和神的義,這一切所需,祂都會加給我們」再次傳達給大家遵守,不要一昧尋求自己物質的享受而忽略了上帝的事工,願神祝福大家。

二十五、 應聘美國密西根鋼琴公司 (再度移民)

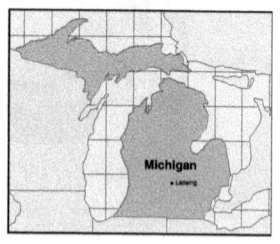

1989年暑假,內妹麗雅(內人的妹妹)從美國邀請我們夫妻來美渡假:在一個月的假期中,除了遊覽各地風光,還為她的鄰居、朋友及教會弟兄家調音、修琴,其中一位教會姐妹請求幫她選購一部中古的 Grand piano,她們帶我前往 Michigan Piano Company

（密西根鋼琴公司） 去選購。我在將近百部尚未整理調修的中古鋼琴中挑選質好且價廉的鋼琴。揀挑選購當中，密西根鋼琴公司的老闆 Dan 和經理 David 極注意我的挑選，他們探聽內妹有關我的來歷：「這位似乎對鋼琴並不陌生，挑選方法獨到，與眾不同……．」內妹告訴他們：「他一直在從事鋼琴調音、修理、製作，已三、四十年，現在是阿根廷國家劇院、國立、市立、省立音樂學院、歌劇學院、聲樂學院……的專任調音師，是我的姐夫，從阿根廷來美渡假。」老闆又問：「他願不願意來美工作？若我們聘請他？」內妹答以：「若你們正式聘請他，或許他會考慮！」（內妹早就希望我們全家能移民美國）。因為我的英語還不靈光，統由內妹回答。之後，內妹也選了一部中古的 Baby Grand Piano，鋼琴運到內妹家之後，我以十二天的時間整修，外殼的 Refinish、重整 Action 和鍵盤，調音；做好了，內妹又請老闆 Dan 來看整好的琴，老闆看見試彈後告訴內妹：「我們決定聘請你姐夫來密西根鋼琴公司任職，不知他意下如何？」我只好答應考慮幾天。回阿根廷的前夕，我答應了他們的聘請。Dan 要我回阿之後，儘快結束那邊的事業，及早來美履職。

回阿之後，以三、四個月時間準備再度移民的必要文件及行裝，處理十二年來鋼琴工作的工具、機器、零件等瑣碎雜事。鋼琴工作的特別工具有好幾箱，這些工具不但樣樣適用，而且必需繼續使用，可是因為太沉重、太多，不能攜帶來美，短期內又難以賣出，買的人更是有限。龐大的低音絃纏線機和沉重的打擊槌壓氈機，更是阿根廷目前唯一的鋼琴界至寶（是德國原裝進口的、阿根廷 Breyer 鋼琴製造廠關門時賣出來的），一時找不到買主。鋼琴零件堆積如山，要想樣樣都賣錢，那是奢想，就連送人都找不到對象。還有一部音色特別美的 Steinway & sons L size 的 Grand Piano（買給女兒的）帶不走，（運往美國要 5000 美元運費），一時也賣不掉。

1998 年 11 月 28 日晚上，阿根廷教會的弟兄姊妹在綠屋餐廳，歡送我們夫婦離阿赴美，到會歡送者近百人，大家曾當場以餐廳的新桌巾簽名送我留念。次日(29)二嫂母女和表姊的女兒美智也在同一餐廳歡送我們，真有依依不捨之情籠罩著整個會場。

隔天 11 月 30 日，終於撇下了三個學業未完成的孩子與那些機器、工具、零件、鋼琴、住屋，帶著簡單調音工具、移民文件、行裝，與內人一起離開了阿根廷，結束了十二年旅居阿根廷的生活和工作，應聘美國密西根鋼琴公司，再度從阿根廷移民美國；離別孩子們的當時，看見孩子們那迷惘失落的無奈表情，加諸乂鳴臨別激動出自內心的對未來

茫然的禱告辭，真是心如刀割、痛澈肺腑！那正是我五十六足歲那一年。

美國密西根州的 Michigan Piano Company （密西根鋼琴公司） ▲

1989 年 11 月 30 日夜間 11 時 55 分,我們搭乘阿根廷航空公司班機,從阿根廷 Ezeiza 國際機場,以十個小時的飛行時間,經過了八千五百公里的航程,直飛紐約（New york），於 12 月 1 日清晨七點一刻,抵達紐約的甘迺迪機場；一下飛機,第一個感覺就是出奇的冷,因為我們剛從炎熱的南半球,來到寒冷的北半球。由於旅行社機票安排的時間不當,停留十個小時後,下午五點五十分才又搭機飛往底特律（Detroit）。 當晚妻妹麗雅接待我們住在她家,特別佈置了一間清新優雅的臥房,第一個夜晚睡得甜熟,消除了遠程旅途的勞累。翌晨睜開眼睛,看見窗外白茫茫的一片,這是我初次看見的雪景，原來那是今年的初雪呢！

來到美國的第三天是禮拜天,妻妹載我們到台語長老教會聚會,仍由三個月之前我們去聚會時主講的許勝弘牧師主理 。 禮拜完後回程時,路過 19 mile 路與 Mound 路交界處,看見了一輛銀色轎車停在路旁,貼著 for sale 出售字樣,經過電話詢問,開價 1800 美元,再經過討價還價,次日以 1600 美元,買下了這部五年新、跑了 77000 哩的 Plymouth 雙門轎車。

（1989 年末，來美第一次買得的 plymouth 中古車，背景是冬季枯樹白雪覆蓋草地的雪景）▲

（初來美國時居住內妹麗雅的家一段時日）▲

1989 年 12 月 1 日開始了不同國度、不同語言、不同生活方式的上班生活。住定之後，以一個月的時間熟悉美國的交通以及下雪的道路。

新年年假一過，鋼琴公司老闆 Dan 打電話來約我上班，1990 年 1 月 3 日，我就開始到密西根鋼琴公司上班，每天開這部車，邊聽音樂、邊欣賞沿途的雪景，專任鋼琴調音和整修鋼琴的工作。

上班的第一天，上午八點十分開車上班，九時開始工作，將擺設在展示場將近百部的大小鋼琴都重新調音、整修，使每部琴都有準確的音，隨時被彈都能展現其最高功能，為顧客喜悅。中午半個小時午餐，餐後沒有休息，繼續調音，直到傍晚六時下班，這第一天八個半小時的上班，調修好十三部琴，耳朵和雙手都累了，才拖著疲憊的身軀開車回家，這是我第一次經歷的、沒有休息的、最長的工作天！

每天如此不停的調音、整修，整整三個禮拜，才整好所有停放在展示場、準備出售的大小鋼琴，有全新進口的、有美國國產的鋼琴，有一百年上下的古琴，有全長九呎的 Full size Grand Piano、有 ¾ size Grand Piano、有 ½ size Grand Piano、有 ¼ size Grand Piano、有 Baby Grand Piano、有高及肩頸的（48 inch 以上）Upright Vertical Piano、有高及胸部（44－48 inch）的 Studio Piano、有高度在腹部的（39－43 inch）Consol Piano、也有不及腰部（35 - 38 inch）高度的 Spinet Piano，各式各樣不同廠牌、不同年代、不同外觀、不同顏色、不同音色、不同大小的鋼琴。

（密西根鋼琴公司的展示店裡有上百部各式各樣各種廠牌的鋼琴）

因為密西根鋼琴公司所走的路線是 Used Piano（中古琴）買賣路線，收購使用過的

舊鋼琴，經過整修之後再出售，每天運進來琴，幾乎都是不完整的，例如：缺腿的、缺蓋的、斷絃的、打絃系統損毀的、外殼踫傷的、鍵盤出問題的、黑白鍵需要換新 Key Top 的、整個外殼需要 Refinish 的、Pedal 踩斷的……層出不窮；而且沒有一部琴的音是準確的，更有將近一半運進來的鋼琴是降半音的，必需花費兩、三倍調音時間去 Pitch rise 。我的工作就是不斷的整修這些缺陷、調準這些走音的琴，使每一部鋼琴完整沒有缺陷；不但內裏完整、音律準確，鍵盤、踏瓣、外殼也完美無缺。這些中古鋼琴，為何都走音走得離譜？有過半的琴降半音？原因不外是買主從買進鋼琴，幾乎就沒有正常調過音，甚至一次都沒有調過；一旦請調音師來調音，一些懶惰或投機的調音師就索性推鬆調律釘、放鬆琴弦、調低為降半音了。因為降低半音的調音時間短，幾乎是升高調音的一半，半小時就可以調好；更不怕拉斷絃。反之，若要以標準音調音，調音師必須小心拉絃升高，一不小心，絃就被拉斷，並且需要一次又一次的升高，時間要花費兩、三倍調音時間 。

上班一個月之後，我又開始接受外派，到顧客家中去調音、修琴；初到環境陌生、語言陌生、天候陌生的美國，要在雪地裏開車到顧客家中工作，剛開始時是很大的挑戰；首先我必需瞭解顧客的地址、街道、居住何市，先在地圖上作業，再按址開車，尋找高速公路、主要街道、鄉村小道、門牌號碼，往往要開幾十 Miles 路才能抵達。再則，要以英語與顧客交談，這是我最弱的一環，剛從西班牙語轉換為英語，加上本來就不曾好好學過英語，往往詞不達意、比畫半天才能與顧客溝通，所幸從一開始接觸鋼琴，不論零件、術語，我就使用原文英語，因此，還能說得清楚，也幸虧鋼琴調音或修理，只要勤工作，做好份內的鋼琴工作，不必多說話。在我的工作經驗印象中，上門到美國人家調修鋼琴，他們開門時的表情難免錯愕，甚至可以說是有些種族歧視：「進來的怎麼會是東方人？（有些美國上層階級的人家，從來沒有他們所謂的有色人種踏入過）」但是，當我工作完畢、即將離去時，他們的表情又是另外一種了：「 Good Job！ 您的大名是？來美國多久了？從事這行鋼琴工作多久了？可否要您一張名片？下次可再請你來調音？」因為他們滿意我的工作果效，才想下次再請我來或想介紹給他們的親戚。他們還會打電話到公司來，向老闆、經理褒獎你調音修琴工作的優越成效呢！不但如此，下次他們就直接指名要你去調音了。公司外派到顧客家的調音，若顧客有意直接找你下次來調音，那是不能接受的，因為這顧客是公司的顧客，我們不能將公司的顧客據為己有，這是商業道德問題。因此，我會說：「您是我們公司的顧客，您不能直接叫我，但可以

向公司指名要人,指名您要的調音師前來調音,若您的親戚朋友有需要,則可直接叫我。」到後來,有不少公司的顧客,直接向公司指名要這東方人來調音了 。 有一次,公司的另一位調音師到美國人家去調音,使用 Electronic Tuner, 連續拉斷了三根低音絃,被琴主下令逐出了門,回到公司後,老闆就派我去接替他那換絃、調音的工作,當我按鈴十幾分鐘沒人開門,再按門鈴時,主人怒目探視(琴主以為那拉斷絃的調音師又來了,才不開門吧!) 看見我拿著三根低音絃,不是剛才那位,才勉強開門,表情難奈。我小心地換好了被拉斷的低音絃,重新調音,琴主看見我的工作成效異於前者,怒氣已經消散大半了,等我調完試彈的時候,他走近前來,伸手與我握手 :「 Very Good job ! What is your name ? May I have your business card ? 」 我還是請他向公司指名調音人選,而沒有給他名片;後來這部鋼琴一直都指名「that oriental piano tuner 那東方人調音師」去調音,不要別人。公司賣出鋼琴之後,通常會派調音師上門調音,公司派出的調音師,若沒有做好,遇見顧客 complain 時,往往就派我去收拾殘局,結果常常是客主盡歡,因此常被顧客指名下次的調音,並介紹給他的親朋,由點而面,再由這些親友的點擴散成面,一傳十,十傳百,顧客越來越多,達到了四位數字以上。我從來沒有登報廣告,所有顧客都從他們的親朋好友、鄰居、老師介紹來的 。

禮拜一到禮拜六的上班,在一般機關、學校、商店、工廠是上午四個小時。下午四個小時。我卻是從上午九時到夜間十時,長達十三個小時:每天傍晚六時下班之後,再到私人顧客家中調修一至兩部鋼琴。公司九個小時的上班,除了中午半小時午餐,沒有另外安排的休息時間,因此,從上午八時開車上班,到夜晚十時回到家,足足十四小時鋼琴公司與鋼琴家庭的工作。美國密西根州的底特律(Detroit) 是製造汽車的車城,美國三大汽車廠 Ford、 General Motor、 Chrysler 都設立在此。汽車生產多,為促銷自己產製的汽車,街道上沒有公車行駛,也沒有地下鐵,我們到顧客家中調音、上下班都得自己開車,每天平均要開車一百英哩(Mile), 往往調一部鋼琴要開七、八十英哩的來回路程,花費兩三個小時。夏季白天長,有十五個小時的白晝,十四個小時的工作時間還不成問題,冬季下午五時天就黑了,要工作十四小時,往往得忙到半夜,或必須減少一家的私人顧客調音,提早在八時以前回到家,加諸下雪路滑,傍晚視野較窄,開車險象環生,曾有幾次車子在雪路上打轉、滑到對面車道才停止下來的危險記錄 。

妻妹也開始為我辦理居留權的申請事,到處探聽專辦移民的華人律師,這些專辦移民的

華人律師多半集中在加州和紐約,底特律不多,要有把握能辦好居留的,華人律師誰都不敢保證,所幸我們找到一位台灣來的簡慶惠律師,她因為所持的律師執照是他州的,暫時在美國人律師事務所工作,她的老闆猶太人律師有肯定的把握,能辦妥我的綠卡,只是費用比誰都高,要三千到三千五,妻妹與許牧師研商分析,認為只要能辦成,貴一點是值得的,而且她就在附近,一切文件的往來較快,於是我的申辦居留事,就在元月二十四日起,全權委託簡律師的老闆律師辦了。辦理程序是先辦工作證,有了工作證之後再辦綠卡(就是永久居留證),由鋼琴公司出具一切需要的證明,律師費用則要我自己付。

初來密西根鋼琴公司,店中擺滿大小鋼琴 ▲

二十六、 全家再度移民

三年之內孩子們陸續來到,全家再度在美國相聚。

1989年底我們夫婦先來到了美國,孩子們中,乂兮首先在1991年9月4日來到,乂鳴和伶玲在一個月之後的10月來到,次年1992年5月佳燕也來到了,6月乂廑最後一個來到,全家七口於是在三年之內都到齊了。

孩子們的到來,我們夫妻倆特別興奮,一直懸掛在心中分散的孩子們,終於又團圓了。為了獎勵孩子們學有所成,我倆商量如何給予實質的獎賞?當初乂兮考取醫學院時,曾

面許給予美國旅行盤費的獎賞，但是這一諾言因為一直困窘，沒有兌現。因此，我提議每個孩子給一輛新的汽車，作為畢業獎品，因為他們好不容易都畢業了，在這裡又因為沒有公車和地下鐵，必須用到汽車代步，媽也同意了我的決定。於是正式向孩子們宣布了給汽車一輛獎賞的消息，並要他們自己去挑選自己喜歡的車，結果乂今挑選了一輛日本 TOYOTA 的紅色新型 PASEO 跑車，乂鳴挑選了日本 MAZDA 紅色新型 MX3 跑車，乂廣最後來到時則挑選一輛 FORD 綠色箱型旅行車 Escort；佳燕和伶玲的新車則由她們的父母買給。一時一家七口有了六輛新車（我自己開 TOYOTA 深藍色小型 Terser），晚上停車時，必須停放在車庫門前的 Drive way，從車庫中一直排列到門前的馬路。我每個月卻必須獨力支付相當可觀的新車分期付款、汽車保險和汽油錢，因為孩子們都還沒有收入，但我特別感謝主！賜我健康、平安，有足夠收入的固定工作、能長久維持這些龐大的支出。

全家的再度移民而且增加人口、每人不同的路途不同方向的移民，不比第一次全家五口到阿根廷的移民單純，人多了長大了、意見多了、計畫多了，事也就多了。身為火車頭的家長，當然也就拖得更沉更重了。我們常比喻移民如同移植樹木，五棵在亞熱帶台灣生長的樹，兩棵較大三棵幼苗，挖掘起來搬到南美洲溫帶地的阿根廷去種植，灌溉施肥十四年後，再將它們挖掘起來搬到北美洲寒帶地、美國的密西根州與加拿大交界的底特律去種植，剛在阿根廷適應地土不久的幾棵樹是長大了不少，我們又多挖掘兩棵同樣從台灣移植來的的半大小樹，一同種植在這寒帶地裡，不只樹木本身難於適應，園丁也要改變照顧的方法。更何況搬來的是「人」！語言文化、生活環境的改變，個人奔走路途、努力方向的改變，現實環境、需要的改變，種種因素促使我們這一家第二度的移民，倍加艱苦困難。所幸，有上帝的保守眷顧，在同一教會裡事奉、聚會，有眾多弟兄姊妹的關愛扶持，一直在和諧正常的生活環境中長大，有神豐富的供應沒有缺乏，有同一純正的信仰沒有磨擦，每天和樂進取、健康平安地的生活著。

（這是給乂鳴的畢業獎品 MAZDA MX3 新跑車，與伶玲一起歡喜有車的模樣）
▲

（女兒乂廑初來美國時） ▲

次媳伶玲大學畢業之日與姊乂廬合影 ▲
▼ 爸參加伶玲的畢業典禮

孩子們從阿根廷來到美國之後,所帶來的阿根廷賣屋款,在 1991 年 10 月 8 日乂鳴生日那一天我們經過全家公決,決定買 23759 Columbus Warren 45000 美元的房屋。一個月之後於 1991 年 11 月 19 日全家搬入 23759 Columbus Warren 的新家。

23759 Columbus Warren 的新家   ▲

一家七口搬入新家團聚之後,上學的、上班的,開始都忙起來了。也因為上學的多、上班賺錢的少,支出的多、能收入的少,每個月的開銷直線上升; 眼看著每天都有必須支付的帳單,擺滿載牆上,內人麗溫提出了唯一補救的途徑,那就是承租外賣店,由她重操飲食業,自己掌廚,五個孩子輪流看店、送菜,自家人賣勞力打自己的工,以貼補全家開銷的不足。這是我們家在「青黃不接」時期慣用的一招。目前只有她沒有上學、上班,也只有她身懷煮食的絕技,而且她的工作證剛剛發下來,已經允許工作。外賣店開張之後,全家的飯食就可由外賣店負責,不必從我的薪水支付,即使開店不賺錢也可

以賺得全家有飯吃。孩子們在自己的店裡打工也自由些,可以利用時間讀自己的書。於是開始尋找合適的外賣店,也開始去了解美國外賣店的經營方式,收集菜單,計畫如何經營。店大的我們人手不夠,黑人區不敢要,離家太遠的,來回太費時,合適的價錢太高,最後在小商區裡找到一家廣東人開的小外賣店,向佳燕及伶玲在台灣的父母商借,湊足三萬八頂下來了。

(在密西根州 Warren 區買得全家居住七、八年的的二樓房屋)▲▼

(在密西根州 Warren 區買得全家居住七、八年的的二樓房屋 ▲
以及一字排列的六輛車子:伶玲的 Ford escort,乂鳴的 Mazda MX3,乂兮的 Toyuta paseo,乂廑的 Ford escord 旅行車,我的 Toyota tercel,還有佳燕的一輛在伶玲的車前)

75

二十七、 經營阿美快餐店

接下這間外賣店我們改名為「阿美」快餐，因為我們是從阿根廷來美國的「阿美族」（我們常這樣自稱），開張的頭一段日子因為要應付原店的老顧客，就沿著舊菜單出菜，但是口味與原廚師不同，所做的菜不論用料、味道、火候都不同，常有顧客抱怨，要求換菜或退錢，站櫃檯的孩子們也因為剛來美不久，言語詞不達意，送菜的開車經驗不足，地段又不熟，所送出去的菜常遭退菜或因時間沒有趕上被拒收或白吃，這是美國 pizza 業留下的惡例，說是趕不上時間送達，就免費奉送；更因為當地多為辦公機關，中午只有半小時的午餐時間，上班的顧客中午一擁而上，店裡人手不足、工作經驗不足，失落不少顧客。因此不論掌廚的、站店的、送菜的每天都覺得身心疲乏，日子難挨。顧客也因為菜色與過去吃慣的口味不同、站店接待的不論電話或當面點菜都沒有過去順暢，生意因此一落千丈，每個月的收入不足支付租店開銷；孩子們乃與媽研商，開發美國人口味的菜單，

並以分發廣告和贈券招攬新的顧客、擴張生意，這一方法開始有了奏效。一段日子之後，顧客因為沒有繼續收到廣告贈券，生意又淡了下來，孩子們又發另一種贈券到另一區分發廣告，如此，全靠廣告贈券做生意，真是疲於應付，印發廣告的費用高、花費設計的時間多，還摸不定顧客的心理；我們全家就在每個主日傍晚圍坐一起開家庭聚會、向上帝禱告哭訴，支取工作的勇氣與神所賞賜的力量，再繼續向前奮鬥，不氣餒；也因此全家更形團結、更有默契，如此經過了反反覆覆、時好時壞的兩年三年。後來孩子們又和媽研議變換花樣，將外賣店開闢為有堂吃的小餐館，因為那一地區的顧客不喜歡外賣，不習慣帶回家吃，喜歡在餐館坐下來吃，決定之後，我就將那大櫃檯的板子拆下，做了七張四個座位的餐桌，再

放大通往廚房的通道合併為餐廳，放置二十八個座位，餐桌上放置但藍色餐巾並以厚玻

璃壓著，買新的座椅，以白色壓克力板裝潢四面牆壁，懸掛字畫，並以「阿美小吃」命名。如此就兼有了美國人與東方人的顧客，廚房也就不必只在餐忙期間窮忙外賣、餐閒時門可羅雀，也可以方松腳步等顧客坐下來之後一道菜一道菜慢慢地出菜了。只是掌廚的媽增加了很多的工作：除了外賣的東西必須照常準備，還要準備各種湯炒米麵、雞鴨魚肉、涼熱小吃、鹹甜點心，日夜不停地工作，許

（阿美族聚集在阿美餐廳 ▲）

多餐點必須事先做好，每天都累得像牛一樣，不得休息。五個孩子也功課忙、上班忙、餐館裡外忙，輪到幫餐館的，一大早就得起床，開車載媽到餐館，打掃裡裡外外，幫做廚房，站店送菜，偷閒做功課，準備考試。我雖然沒有參與餐館的固定工作，但是每週兩次的青菜市場與肉迆市大採購，廚房設備、各類器具的修理、下班後到餐館幫忙送菜等也使我忙上加忙。我們一家就為著在美國立足卯足了勁，整整忙這「阿美小吃」忙了五年，直到1997年7月15日結束了餐館的營業，結束是因為佳燕研究所畢業，有了工作、伶玲 Wayne state 大學畢業，也有了工作，乂兮、乂鳴考過了美國醫師執照，因為沒有居留權不能工作，準備回台灣工作，乂廑也從OCC畢業，已經沒有人可以幫忙媽的餐館。這一餐館乃以廉價賣出，湊足了還清佳燕和伶玲媽的借款。

(參加長媳佳燕的 碩士班 畢業典禮) ▲

二十八、 長子的婚禮

乂兮與佳燕在阿根廷的阿京中華基督教會認識,在同一教會、同一團契一起聚會,已有十幾年長久時間,彼此已經相當熟識,尤其在阿根廷最後的幾年,直到訂婚來美之後,住在同一屋簷之下的幾年時間裡,相互間已經培養出相當的默契。

再從 1991 年 8 月 23 日在阿根廷訂婚,到 1996 年 2 月 10 日結婚,也已經過四年半了,一直因為等待居留權申請的配額未到,不敢結婚,也因為等待已久的居留權申請配額即將臨到,若就這麼結婚,將喪失第二優先的居留權申請,而必須變更為第三優先,將等待更長久的時間。但若不結婚,兩人都已三十多歲了,乂兮已經三十三歲佳燕也三十一歲了,即將步入中年。

（乂兮與佳燕結婚時的全家福）　▲

佳燕是乂兮弟弟乂鳴小學的同班同學，到阿根廷同一教會聚會一段時日之後，在一次閒談時才認出來的。他們在團契交談之間偶然談起就讀小學時候的情景，佳燕說：「我小學一年級是在高雄市大同國小讀的，級任導師是：蔡老師……」，乂鳴說：「我也讀大同國小，級任導師也是蔡老師……」，佳燕又說：「我還記得與我同坐的男生，他名字的中間一個字很奇怪。」 乂鳴也說：「當時與我同坐的女生，個子很小，」 忽然佳燕記起來了，說 :「他的名字中間一個字是一個叉叉…….啊！就是你嘛！」就這樣兩個同坐的小學一年級同學，二、三十年後竟在異國相遇，在一起聚會將近十年，還成了嫂嫂與小叔！

在阿經中華基督教會的青年團契裡有二、三十個年輕契友，他們都是遠從台灣去的移民，他們每個禮拜一起參與唱詩班、一起讀經禱告、一起讀書研究學校西班牙語文的功課、一起運動打球，一起出外烤肉郊遊，長達十年左右。

佳燕因為生日正好在乂兮與乂鳴之間（ 乂兮 9/24，佳燕 10/6，乂鳴 10/8）每年他兄弟一起慶祝的生日，媽媽都會多準備一份生日蛋糕邀請佳燕一起到家裡來同慶生日。只是將近十年之久，一直與他倆兄弟都沒有特別進一步的感請，直到大學的最後兩年，都因為沒有父母在身邊，與乂兮的感情才突破，由於相互照顧，萌生愛情，最後在大學畢業時訂了婚。

佳燕有四個姊妹,佳燕排行老大,都在阿根廷,父母則已從阿根廷回台居住,四個姊妹的書都讀得很好,考進一流的學校,在校成績都名列前茅;佳燕大學讀的是國立阿根廷首都大學很難讀畢業的建築系,畢業後到美國再進底特律大學的研究所,獲得電腦科學碩士學位。

乂分與佳燕的婚禮是在美國底特律華人宣道會舉行的,由陳有華牧師證婚,由從瑞士來的、當年在阿根廷同一教會團契的好友,葛道寧為伴郎,及紐約來的、當年在阿根廷同一教會團契的好友,宋凌蘭為伴娘。

他倆於1996年2月10日遵照聖經教訓:「人要離開父母,與妻子聯合,二人成為一體(創二:24)」結為夫妻。

二十九、 兩個學醫兒子的坎坷路途

兩個畢業於阿根廷國立首都大學醫科的兒子,他倆的畢業證書、畢業資格,移民到了美國,似乎派不上用場了,就好像沒有讀過醫科一樣,完全不能在醫院工作。而必須通過美國醫師資格的考試:一次醫學英文、一次基礎醫學、一次臨床醫學三次的考試,始能進入醫院工作,成為合格的醫生。

他們兄弟倆在阿根廷醫學院所讀的是西班牙文的書籍，所說的是西班牙語，而在美國所有的考試卻是使用英文、英語命題。

兩個兒子從台灣到阿根廷的時候，乂仐十四歲初二剛念完，乂鳴十二歲國小才畢業，在阿根廷從小學、中學、大學已經讀了十四年的西班牙語文，說了十四年的西班牙語，而且完全沒有接觸英文、英語，乂鳴甚至完全沒有念過英文，他們的英文程度淺而又淺，要應付美國醫學院七、八年讀完的醫科資格考試，可想而知是相當艱難的。

他倆於是先到免費的英文語言班 aduld school : Englishi as a second language 讀了基礎英語一段時期，並進入專為「外國醫學院畢業生參加美國醫師執照考試」設立的密集教育中心 Kaplan 去進修。將過去所讀十四年的西班牙語文，完全轉變為英語英文，尤其最後七年所讀西班牙文的醫學。兄弟倆三、四年日以繼夜的學聽、學寫，讀那又厚又多的課本、講義、做那繁複的模擬考題；開車時，只聽英語廣播的新聞、氣象和路況報告、球賽實況、Talk show 等可以訓練聽力的節目，打開電視機也只聽只看英語的球賽及新聞節目，從不浪費時間在無謂的節目與玩樂中，還得幫媽的餐廳看店、接電話訂菜、開車送菜。

好不容易才一次又一次的過關斬將、也一段一段：part one , part two , part three 考過了美國的醫師執照，乂鳴還考過六百三十幾分的英文托福考試成績呢！如此終於通過了美國醫師的審定執照考試，可以開始到醫院當住院醫師了。

然而，一個大難題面臨了！那就是第二次移民美國的永久居留權問題，也與第一次在阿根廷沒有居留權不能就讀公立中學一樣，沒有美國的永久居留權，就是取得了醫師執照，還是不得進入美國的醫院工作。

因為他倆的居留權申請是依靠我的子女依親移民條例申請的（美國永久居民的十八歲以上子女，列為二等親屬的第二優先次序，必須依序排隊等待配額；十八歲以內的子女，則可與父母同時獲得居留權），而此一配額少之又少，等待排隊須七、八年，才能等到。而且美國當時的醫生又恰好達到了飽滿期，所有醫院都不缺醫生；過去在醫院缺

醫生時期,就是沒有居留權的醫生,醫院都會幫忙辦理居留權的申請或立即給予居留權,將醫生留下來在醫院工作;有許多老一輩從外國來的醫生,甚至不必經過嚴格的醫師執照審定考試,只要持有外國醫學院畢業資格者,即可獲准加入醫院工作,老一輩的外國醫生有許多就是在這樣缺乏醫生的時期進來,得到居留權並獲得工作機會的。

孩子們考過美國醫師執照的時候,有許多優秀的外國醫生來到美國,就是因為居留權問題或沒有考過美國的醫師審定資格考試,不能成為美國的正式醫生而淪為病理研究員的,為了糊口、等待居留權,改做病理研究工作的,做些殺兔子、殺老鼠、殺狗從事病理研究的工作。

他們兄弟倆,也同樣做過這類的病理研究員一段時期。
正在走投無路、進退兩難的時候,他們說:「不如考慮回台灣去發展!」

一天在媽的餐館與宇生(陳牧師之子,也念美國的醫學院)談論想回台灣去工作,並談起「彰化基督教醫院的黃院長是從底特律回去的,或可請教他回台灣的可行性」;此時,正有一位女性顧客在坐,她聽見彰化基督教醫院黃院長,便接聲說:「他是我的親家,我這兒有他台灣的電話!」孩子接過電話,一回到家,就立刻撥電話到台灣的彰化基督教醫院,接電話的又正好是黃昭聲院長,兒子自我介紹、說明來意之後,黃院長因為得悉他兄弟倆有美國的醫師執照並獲悉是我的兒子(他是我同一教會的弟兄也是我的鋼琴調音顧客),甚表歡迎他兄弟倆能回台工作,於是孩子們才又走上回台灣 - 第三度的移民之路。

三十、 孩子們第三度移民

1997 年 11 月 20 日,乂兮與乂鳴兄弟倆回台灣,準備在台灣發展他們醫生之路。

他倆從彰化基督教醫院黃院長電話聯絡中,得悉持有美國醫師執照者,可以在台灣醫院

工作,於是他倆就興沖沖地回台灣去了;

經過與彰化基督教醫院正式接洽,才知道資訊有誤,仍然需要持有台灣的醫師執照才能就職,黃院長因為沒有直接接觸醫院的人事行政,不詳這一法令,才會如此歡迎孩子們回台;不過不影響他兄弟倆回台發展的決心,他們認為要考台灣的醫師執照,應該不是很大的問題,雖然已經出國將近二十年,中文程度不但不比當年低落,反而因為在教會、在家一直都使用中文聖經、台語、華語,中文程度應在日正當中才對。

於是兄弟倆到台南去,住在小媳婦伶玲媽的娘家,特地為他倆安排讀書、準備考台灣醫師執照的家,註腳在台南。開始了西班牙文、英文之外的另一語文 – 中文 – 的醫學國考的準備,十幾年來學過的一切西班牙文、英文的醫學用語、病理、藥學名詞又得重新學起,所幸台灣的醫學界還是注重原文:英文與拉丁文,考試命題多少不離原文,對他倆有助益。

他倆埋頭用功之餘,出外散心時,走在路上,不經意地發現市立台南醫院就在眼前,好奇心驅使他們兄弟倆進去參觀了,並經過與醫院裏的醫師、院長洽談,院長知道他兄弟倆都有美國的醫師執照,要他倆馬上就可來上班;他兄弟倆就這樣開始了在台灣的醫生之路。

這時他倆有一段 e-mail,報導當時的情況:「我們從 12/16 開始在台南市立醫院上班,哥在婦產科,我在外科,醫院不大,平常我們兄弟倆可以見面談話,一起吃飯,醫院供應免費三餐,但通常我們晚餐回家吃。我們騎腳踏車上下班,才十分鐘路程,明年元月一日後將會搬入醫院宿舍住⋯⋯。 鳴 12/22」

如此,他倆一邊工作一邊準備台灣醫師執照的考試。

一段時間之後,因為乂鳴的未婚妻伶玲在回台,並在桃園觀音鄉的、供應台灣麥當勞肉類的食品供應公司找到了工作,必須居住桃園,乂鳴與乂兮兄弟倆就應聘桃園的敏盛醫院,繼續一邊工作一邊準備醫師國考,乂兮還擔任過中壢的壢新醫院的婦產科醫師。

他們兄弟俩考過台灣的醫師國考，乂今才到彰化的基督教醫院為婦產科醫師，乂鳴才到台北的馬偕醫院為外科醫師。

女兒乂厘也回台灣去一家貿易公司工作了。

從此，孩子們又踏上第三度移民之路，回到出生地－台灣，開始了他們的工作。

三十一、 入籍考試成為美國公民

一般到美國的移民，取得美國永久居留權（綠卡）五年之後，可以申請入籍為美國公民，當時我們申請入籍者，必須通過筆試與口試（筆試包括聽寫 write the dictated English sentences，再以 30 分鐘筆答 20 題有關美國歷史、政府組織、美國憲法等問題。筆試及格後，再由移民局官員口問美國歷史、政府組織、美國憲法等的口試）。 口試及格者才能宣誓加入為美國籍、成為美國公民。

1996 年 5 月我們夫婦就開始申請參加入籍考試 ACT 美國 Citizenship Test，移民局寄來應辦事項通知和一本考試應該準備的美國歷史、政府組織、美國憲法等的問題講義。 我們勤讀講義一年，一邊自己讀（鋼琴公司的老闆和經理知道我在準備入籍考試，就天天考我），一邊教內人讀、背，給內人惡補，然後去印指模卡（Fingerprint card），再連同綠卡影印本、照片及費用每人$95 支票等一併寄移民局。才接獲通知於 6/25/1997 參加筆試，結果我們雙雙考過了筆試。

口試時，內人因聽不懂女黑人移民官的英語 1998 年 7 月 14 日的口試失敗；我則於 7 月 28 日口試通過，並於 1998 年 8 月 5 日宣誓入籍為美國公民。

美國會如此嚴格執行入籍者的筆試與口試，是因為要成為美國公民，不懂美國人使用的語言文字，著實不配成為美國公民。不論居住美國境內的日常用語用字或出國旅遊進出海關的問話、應付在國外發生的臨時狀況，不會說也不會寫，如何與美國公民身分相

稱？

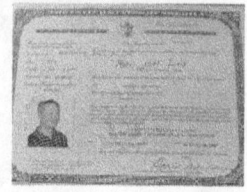

▲ （入籍後發給的美國公民證）

（出國前申請的美國護照）▲

三十二、 次子的婚禮

乂鳴與伶玲早在 1989 年底旅居阿根廷時，就由哥哥乂兮介紹認識，當時伶玲在阿根廷基督長老教會聚會，乂兮去她們團契分享福音見證時，看見了當時正在國立首都大學就讀醫學院的新生－伶玲，回家後就向乂鳴推薦，再介紹他倆相識。

他們倆結識一段時間之後，在乂鳴畢業準備赴美之前的 1991 年 9 月 12 日在阿根廷長老教會訂婚，10 月倆一起來到美國，與我們一家同住在一個屋簷下，與乂塵、佳燕三個女生同住一個房間；然後伶玲進 Wayne state 大學就讀營養管理，也輪流幫媽的餐館站櫃檯、接電話、幫廚房、開車送菜⋯⋯直到大學畢業。

伶玲 1998 年 5 月 5 日從美國韋恩大學 Wayne State University 畢業，5 月 8 日回台，就業於專門供應麥當勞食品的公司，直到現在。

伶玲的的爸爸江明道先生，媽媽劉翠雲女士十幾年前就帶著三個子女移民阿根廷，沒住多久即留下三個孩子在阿根廷，夫婦倆回台創設家族塑膠工廠，然後又在泰國建設塑膠工廠分廠，玲的媽因為丈夫及兒女散居四國（丈夫在泰國、大女兒晶晶在義大利、次女伶玲在美國、兒子仲華在阿根廷）常在這四國之間來回飛行。

乂鳴與伶玲訂婚已七年，遲遲沒有結婚是因為排隊等待美國的居留權。
他們若在獲得居留權之前結婚，將會喪失未婚子女的第二優先權，被變更為已婚子女的第三優先，時間要等待更久。

他們回到台灣工作之後，因為台灣的工作已漸趨穩定，也喜歡住台灣，即使拿不到美國的居留權也無所謂了，再等下去，人都要等老了，乃毅然決定結婚不等了！

於是 1998 年 12 月 28 日乂鳴與伶玲在台中結婚了 。

▲ （1998 年 12 月 28 日乂鳴與伶玲結婚時的全家福）

▲ （乂鳴與伶玲相識後，
在阿根廷首都 MALABIA 244 開設樂器行的老家客廳 1990．11．30 的合照）

結婚之後，他們住在桃園縣大園鄉，就近伶玲上班的食品公司，也靠近乂鳴上班的桃園壢新醫院。後來乂鳴轉到台北馬偕醫院上班，他們又搬家到台北市歸綏街租屋居住，伶玲就搭公車再轉公司交通車上下班。而後乂鳴升為主治醫師了，又轉到台北縣新店市的耕莘醫院去當外科加護病房的主治醫師了，他們於是買了一棟公寓在新店碧潭邊，伶玲就又搭捷運再轉公司的交通車上下班，每天因為路遠，接駁交通費時，每天早出晚歸，倍盡辛苦。

三十三、 女兒與次子次媳獲得綠卡

三個子女的美國居留權申請，起初是以我的永久居留身份（綠卡）申請的，已經排隊

等候多時，直到我 1998 年 8 月 5 日入籍為美國公民，他們的居留申請改變為美國「公民」的直系子女申請配額，時間就快多了。

女兒義廑和次子義鳴的美國居留申請，因為是美國公民的未婚子女（第二優先）配額時間已到，獲准辦理為永久居民（綠卡），（義鳴是在我成為美國公民之後才結婚的，因此仍享有 - 未婚子女 - 的第二優先權利。伶玲也因為已與義鳴結婚，就自然成了直系兒女的配偶，享有同時配額的權利）。

義兮一家則因為在我成為美國公民之前就結了婚，所以，喪失了第二優先的權利，變更為第三優先 – 已婚子女，這次不能與義廑和義鳴同時辦理，而必須再等待第三優先的配額時間。

女兒義廑和次子義鳴、次媳伶玲的永久居留權申請是從台灣辦的，一切入境美國的手續必須經過「美國在台辦事處」辦理，辦好之後再依據時限（六個月內）入境美國，並在入關移民局發給綠卡（先發給永久居留許可證明，一個月後移民局才將正式綠卡寄到住處）的。

三十四、 第三代

目前為止，已有五位第三代孫： 兩男三女，義兮與佳燕育有兩子恩宇和恩兆，一女恩朵；義鳴與伶玲育有兩女乃綺和乃寧 。

次子乂鳴、長媳佳燕 和 五個孫子們 ▲

乂鳴、佳燕、乂廑 與五個孫子們在新店橋下 ▲

乂鳴和他的兩千金 – 乃綺、乃寧 ▲

义麐、佳燕 和五個孫子們 ▲

恩兆、恩宇、乃寧、乃綺 ▲

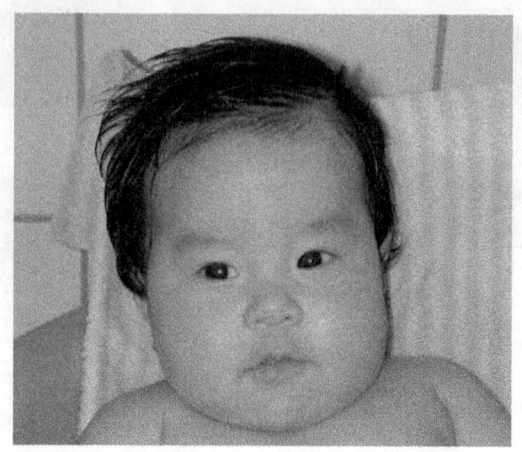

恩朵週歲時 ▲

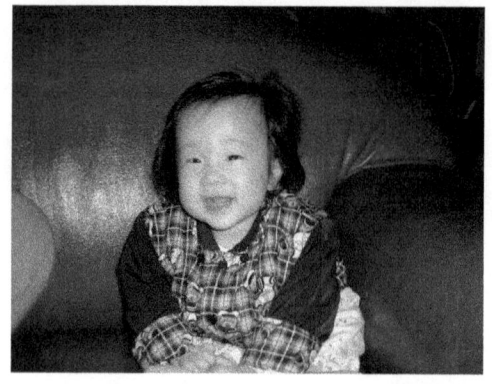

乃寧（Nina） 8個月時 ▲

NIKKI（乃綺） ▲

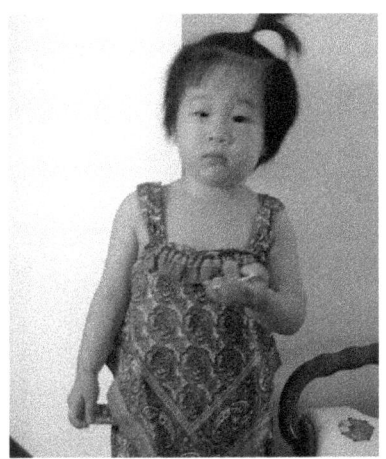

NINA（乃寧） ▲

乃綺（Nikki）▲

乃綺與姑姑乂廬　▲

三十五、 愛妻的去世

相伴四十年的愛妻 － 麗溫，從 1997 年 7 月阿美餐館結束之後，就時常感到腰背間痠痛不適，常約請廣東女拳頭師傅 － 梁開堯到家來指壓推拿甚至針灸，也常到家庭醫師陳英三診所去接受診斷治療，也到過陳醫師指定的大醫院掃描診斷。直到 1999 年 8 月中，

因為尾椎骨疼痛臥床，經過醫院 Bone scan 發現尾椎骨磨損嚴重，陳醫師怕有不好的東西，囑咐住院檢查，但老伴不願在此住院，並有意回台到孩子們的醫院去就醫，於是在此臥床兩個月之後，於 1999 年 10 月 16 日回台（出國 22 年之後），10 月 21 日開始住院就醫。

1999 年
10 月 21 日：住進乂鳴工作的馬偕醫院，由內科王朝弘醫師診療。
10 月 25 日：檢查直腸、骨科醫師來會診。
10 月 26 日：腹部超音波檢查，全身掃描，並辦好了台灣的身分證。
10 月 28 日：掃描複檢。
10 月 29 日：婦科醫師會診。
10 月 30 日：頭部 X 光復檢，辦好全民健康保險。出院，住桃園乂兮家。

11 月 3 日：因懷疑十五年前開刀手術的甲狀腺癌作祟，要以放射碘治療，馬偕醫院沒有放射隔離房，乃轉住台大醫院。
11 月 6 日：核磁共振掃描。
11 月 8 日：核磁共振在掃描。
11 月 10 日：斷層掃描。（我因為送老伴回台的機票只有一個月期間，留下老伴，隻身回美）。
11 月 11 日：切片斷層掃描。
11 月 15 日：轉入放射房，吃下兩顆放射碘，開始隔離。
11 月 16 日：切片檢查結果詭異，樣本只看到血細胞沒看到癌細胞。主治醫師謂：癌細胞已侵蝕到骨髓，把正常的造血細胞吞噬無存，若此放射碘無效，那就是癌症末期了。
11 月 17 日：離開隔離病房，由救護車送至淡水馬偕護理之家，晚間有拐筋現象。
11 月 18 日：拐筋嚴重，不能動彈，切片報告無癌細胞，醫師認為是嚴重骨質疏鬆症。
　　　　　　醫師通知：既然沒有癌細胞，可能就是壓迫性骨折，可開藥雌性激素吃，並打針加上鈣的補充，就可恢復坐立。
11 月 22 日：以救護車送回臺大醫院全身掃描、門診、打針、吃藥。出院送回桃園乂兮家。

2000 年

1月21日：反胃，但吐不出來，又不能進食，疑似胃出血，住進桃園桃新醫院，抽血檢驗發現血小板和紅血素減少，可能造血系統有問題或內出血，輸入血漿和血小板。

1月24日：從桃新醫院出院送回乂兮家。

2月2日：我回台，第一眼看見老伴消瘦落肉、衰弱無力、疼痛、擁抱哭泣。

2月3日：勸動老伴住院開刀治療。

2月4日：舊曆除夕。老伴將所有貴重物品當壓歲錢發給每一親人，似乎知道自己有不詳預感。

2月5日：舊曆新年。

2月7日：聯絡台大醫院，決定次日住進醫院。

七天從住院到安息

2月8日：女兒與我以救護車沿途鳴響警報器，直送台大醫院，住進C棟13樓8號病房0801床。中餐及晚餐都因痛未進食，整夜疼痛呻吟。

2月9日：抽血、吊點滴補營養劑，因長久未進食，虛弱，嚴重貧血，以針劑止痛，已可入睡。

2月10日：加注營養劑、血小板和血漿，餵以四分之一杯養樂多和牛奶。作骨髓穿刺抽取骨髓檢驗，慘痛。頭部和全身掃描。疼痛、自言自語：「我不要了！受不了了！我要走了！」。

2月11日：翻身困難，雙腿不能屈伸，全身疼痛不能觸摸。作核磁共振時痛得嚎啕大哭、發燒、注射拔針時噴出血來，注射處腫如雞蛋大，燒退後，一邊呻吟流淚，一邊開始交代她自己的後事，並說她還剩兩天。半夜三點、四點、五點多次催我打電話叫孩子們來，並發現她臉部浮腫如彌勒佛。

2月12日：清晨即電話叫孩子們來，又發燒了，中午時分孩子們到，護士打止痛劑，兩位牧師也來按手禱告，老伴竟然睡著了。夜間又痛楚難耐呻吟整夜未眠。

2月13日：天未大亮，老伴要我端水給她漱口洗臉，然後餵她三分之一杯養樂多牛奶，沒吃其他食物，這是幾個月來吃得最多的一次。餐後問孩子們會否帶孫子恩

宇來?(昨天我叫佳燕因為醫院感冒患者多,不要帶恩宇來),我答以:「今天禮拜天义兮不上班,會帶恩宇來。近中午時分孩子們和孫子都來了,老伴似乎忘了疼痛,與大家話家常,度過最愉快的一日。深夜又疼痛呻吟徹夜未眠。

2月14日:清早給她漱洗之後,問她喝不喝養樂多牛奶?她搖頭,問她喝稀飯?仍搖頭,疼痛加劇了,直喊:「痛!我受不了!我不要了!我要走了!」輾轉難耐,要我為她捶腿、捶胸、捶頭、拉腿、收腿.......都不舒服。中午時分,表姊表弟來訪,她握他們的手,只流淚哭泣未說話。下午四時左右,大姐的滿子肇澤來訪,老伴隨即激動異常,緊握肇澤的手,開始頭、額、脖子、手都在冒冷汗、並說出極不相關一句話;「趕快去買兩公斤蔥.....」接著又說出不易聽懂的似乎是;「來不及了......去作某事.....」等交代事情的喃喃語句,我因為聽不懂,問她一句:「是不是 saving account?」她卻以生氣口吻,很吃力地說出勉強聽懂的最後一句話:「不跟你講了!」我才意識到她在胡言亂語了,立刻打電話叫义廛、义兮、义鳴都來。她一直喃喃自語說些完全聽不懂的話,孩子到來叫她,她睜開右眼左右搜索並答以:「哈!」义鳴隨即認定媽是「腦充血,而且是左腦」,她繼續低語不停,只是痛楚完全沒有了,摸她的手,抬高她的腳,她不再喊痛,這時,後來到的孩子們、媳婦、親人叫她,她都沒有反應了,我們才叫醫生護士來,也因為她兩天前交代後事時說過「彌留狀態時,她不要急救」,又因為看她很安祥,孩子們也認為已經太遲,同意不施行急救了。醫生吩咐將老伴推到樓下作腦部斷層掃描,為她翻身時發現她已失禁尿床(失禁表示生命已經無效),掃描完,我們推回病房,她仍呼吸正常,醫生接一 monitor 在她胸口,心跳顯示在130左右,這時已經夜裡九點多了。十點半,义廛鳴咽地高喊:「媽!媽!爸來!」我跳過去,女兒哭著說:「媽忽然喘了一口大氣,就停止不再呼吸了!」monitor 顯示心跳次數在下降 129、117、105、96.........72、57....0 醫生來檢查瞳孔,印下 monitor 的顯示曲線,即宣告「死亡」。女兒和我為她煥衣服,然後通知護理站。護理人員決定停屍太平間,明天再辦醫院手續。看著安睡的老伴,被裹以白布被單,推入冰冷的推屍車上,推向太平間,一股莫名的心酸,歷時湧上心頭,我跟著推到電梯口就被擋在門外,電梯門一關,不禁哭了!

愛妻的遺體被推走之後，女兒與我收拾衣物用具，裝滿六個塑膠袋，父女倆茫然失落地走出八號病房，搭計程車回到女兒的住處，父女邊談邊哭，被抑壓的傷痛，這時才整個傾瀉出來，女兒邊哭邊傾吐：「本來滿懷希望得醫治的媽，好不容易勸動了媽肯接受開刀住院，進住醫院才七天，還未查出病因，就將媽寶貴的生命奪走了！讓我失去了一個至親的媽！她一生勞苦，正要開始享福的時候，就這麼沒有福氣自己一個人走了！媽回到台灣來四個月裡，一直躺在病床上，沒有帶她出去吃過一頓她喜歡的菜，沒有陪她去看望過一家媽的親人，每天在病床上與自己的病痛纏鬥，在病床上漱洗、疏解，在病床上寂寞、疼痛、呻吟、飢餓、哭泣，日夜煎熬！我怎能捨得！？」

我更是不忍、不捨老伴的走！萬萬沒有想到這次老遠的回來看她，本想勸他接受住院開刀即可痊癒的，卻成了陪伴她疼痛、陪伴她走最後一程，為她料理後事的人！難怪她一見我面就說：「差一點看不見你了！」我後悔為了自己的事業，在她最痛苦的這段時間，沒有留下來陪伴她，讓她一個人默默地承擔這麼劇烈的痛苦，受這麼難堪的折磨！

愛妻的去世病因，遲遲無法查明，為此，醫院希望遺屬能捐出遺體解剖查驗。

2月15日：孩子們與我都認為這一查驗對媽的兄弟姊妹以及子孫的遺傳防範，進而為罹患同樣病症的人群提供正確迅速的醫治有助益，乃毅然同意捐出媽的遺體。
2月17日：乂鳴應邀參與病理小組的解剖，取樣肝、肺、腸、胃、舌、喉、腦、骨…等一切懷疑部位，俾便查驗。
2月18日：在台大醫院太平間告別禮拜，遺體火葬。
2月26日：在桃園迦南教會舉行追思禮拜。

故人略歷

劉蔡麗溫姊妹生於 1939 年 1 月 8 日，初中畢業後因家境不許，輟學改習毛線編織並考升為編織講師，教授毛線機器編織、經營編織機、毛線編織、毛線買賣等生意以協助維持家計。24 歲與劉添珍弟兄結婚，婚後育有一女兩男，克勤克儉，相夫教子，培育子女 36 年期間，隨夫兩度移民阿根廷及美國，在不同國度謀生，經營餐館，親自掌廚，主持業務，超越婦職與母職。主後 1983 年接受耶穌基督為救主，受洗成為虔誠基督徒，在教會以主賜饍食烹飪及毛線編織恩賜熱心侍奉，引人歸主。兒女甫與學成就業，即臥床不起，其蠟燭一般燃燒自己照亮別人與南瓜藤一般俟南瓜成熟即枯乾自己的犧牲精神令人感佩，更令兒女有「子欲奉養親不在」的無奈遺憾。

追思禮拜

2 月 26 日下午一點半我們全家抵達桃園迦南教會，進門就看見豎立在通道兩旁的花環與花籃：有阿根廷阿京中華基督教會全體弟兄姊妹的一對花環，阿京中華基督教會宋新榮長老夫婦的一對花環，美國底特律華人宣道會全體弟兄姊妹的一對花環，美國底特律華人宣道會常青團契全體弟兄姊妹的一對花環，美國底特律華人宣道會陳師母全家的一對花環，台北復興堂全體弟兄姊妹的一對花環，姻親江明道與劉翠雲伉儷的一對花環，桃園草漯教會全體弟兄姊妹的十字架花架，女兒乂壅的一對花環，長子乂兮夫婦的一對花環，次子乂鳴夫婦的一對花環，卓凡與婉娩夫婦的一對花環及嘉彬與麗秋夫婦的一對花環等，白花綠葉以及懸掛正面十字架兩旁的白牆藍字「故劉蔡麗溫姊妹安息禮拜」襯托出一片肅穆莊嚴的追思禮拜禮堂氣息。到場的親人長輩有麗溫的三舅三妗和麗溫的大哥麗龍，平輩的婉娩卓凡夫婦，麗秋嘉彬夫婦，幸免美綢夫婦，奕能莉莉夫婦，大弟夫婦，小弟夫婦，晚輩有筆成，筆隆全家，孟熹夫婦和宜欣等。美國教會回來的賴伯伯夫婦(明嘉之父)，鄭伯伯夫婦(文皓之父)，劉豐裕弟兄譚靜琳姊妹夫婦和三個孩子，阿根廷教會回來的林明山弟兄(何明珠姊妹之夫)及兒子林恩祺，覃遵玲姊妹，乂鳴桃園草漯教會的

兄弟姊妹，义廛台北復興堂教會的柳健台牧師和師母及同工姊妹，乂兮乂鳴過去在台南東門聖教會的兩位弟兄：賴哥和林蔚松弟兄以及迦南教會的弟兄姊妹。兩點整，司會許福昌長老宣告「基督徒劉蔡麗溫姊妹追思禮拜開始、奏樂、遺像暨骨灰罈進入禮堂」主理牧師團、兩個教會詩班以及全體與會親友兄弟姊妹都肅立起敬，由义鳴手戴白手套捧著媽的遺像先行、义兮手戴白手套抱著媽的骨灰罈隨後，在司琴邱英薰姊妹悲戚的鋼琴聲中進場，司會隨即以詩篇二十三篇：「耶和華是我的牧者，我不致缺乏……我且住在耶和華的殿中直到永遠」宣召，會眾唱詩第27首：上帝是人千古保障，接著由草漯教會黃道福牧師禱告，讀經啟示錄十四：13「我聽見從天上有聲音說：你要寫下，從今以後在主裡死的人有福了！聖靈說；是的，他們息了自己的勞苦，作工的果效也隨著他們」。接著迦南教會的李仁育牧師講道：「在主裡睡了的人有福了」，謂一般人以享有豐富、高位、長壽而死為有福，麗溫姊妹這些都沒有，但在主裡睡了，這才有福，因為息了世上的勞苦，已經與耶穌基督同在天上享受榮華富貴了。再唱詩第351首：「有一地比白日更榮華」，之後，由义鳴宣講「故人略歷」並見證媽的去世沒有使她太過悲傷的四點確據，從聖經的話引證分享，十分感人：為什麼我不悲傷？本以為並未罹患癌症的母親，突然在血小板濃度極端下降的情況下腦出血死亡，雖覺突然，但一切都有上帝的美意，十多天以來，我發現自己並沒有想像中的悲傷，因為一、母親不再疼痛：「上帝要擦去他們一切的眼淚，不再有死亡，也不再有悲哀、哭號、疼痛，因為以前的事都過去了。(啟示錄廿一：4)」這一兩個月來，母親的疼痛不斷加劇，常常痛到呻吟流淚，照顧的人能做的不過幫她按摩搓揉，但似乎沒有作用，最後幾天甚至整夜呻吟哭泣得不到片刻紓解，疼痛帶來的悲哀與眼淚如今上帝藉著死亡，釋放了母親的痛苦，她的靈魂已經與主永遠在一起，不再有第二次的死亡傷害她了。二、母親不再勞苦：「從今以後在主裡死的人有福了！……聖靈說：是的，他們息了自己的勞苦、作工的果效也隨著他們。(啟十四：13)」，母親在世的日子又苦又短，從我懂事起，他就任勞任怨，到阿根廷及美國二十多年移民歲月中，為了生活、為了養育我們，前後開過果菜店、雜貨店、外賣店和餐館，每天不停地工作；如今她安息了！本來接她回來台灣醫好病後，讓她含飴弄孫、享幾年清福，然而上帝顯然有不同的意念和計畫，把她接去安置在祂的更美好的樂園中，讓她成為家中首先嚐到上帝所賞賜福氣的人。母親一輩子的勞苦作工有非常美好且深遠的果效，她所養育的兒女將來若有什麼成就，功勞將歸給媽媽這麼多年來的犧牲和栽培。另外它的婚姻與家庭見證也將成為後代美好的遺產。三、母親不再朽壞：「弟兄們，我告訴你們說，血肉之體不能承受神的國，必朽壞的不能承受不朽壞的。」

「因為號筒要響，死人要復活成為不朽壞的....」「這必朽壞的既變成不朽壞的，這必死的既變成不死的，那時經上所記『死被得勝吞滅』的話就應驗了(林前十五：50, 52, 54)」。母親臨終交代將她的遺體火化，我們也認為火化很合乎基督徒的信仰，因為身體是會朽壞衰敗的，而且血肉之體不能承受神的國。如今媽已成為不朽壞的,她的靈魂也成為不死的,因為死已被耶穌基督十字架上流出的寶血得勝併吞了,因此我非但不絕望悲傷,還要慶祝,因為媽媽現在已經在上帝的國度永永遠遠享受祂的豐富了。四、母親只是暫時離開：「論到睡了的人,我們不願意弟兄們不知道,恐怕你們憂傷,像那些沒有指望的人一樣。我們若信耶穌死而復活了,那已經在耶穌裡睡了的人,上帝也必將她與耶穌一同帶來(帖前四：13, 14)。」母親的死對主而言只是睡了,只是暫時離開我們,只是先一步上帝將她與耶穌一起帶走,將來我們也要死,死後將再度和母親團聚,這就是我不悲傷的主要原因。和所愛的人生離死別,尤其是死亡的永別是人生最悲哀的事,但當死亡只是睡了,只是暫時的離別,將來還要再見面時,就不會那麼痛苦了。如今在我的心中還有微微的難過,乃因對母親的思念,特別在夜裡身體疲倦時,偶而會因她走得太快而憂傷,但在早晨來臨時,就會再次向神獻上感恩,因有祂的照顧,我們再放心不過。親愛的媽,安息吧！我們永遠懷念你！將來天家再會了！此時會眾再唱詩第346首,麗溫生前最喜歡的詩歌：「天父必看顧你」之後,分別由迦南教會的聯合詩班和草漯教會的詩班各唱一首慰歌：「有時咱經過美麗的河漧」「因為認識你」安慰我們遺族,我們全家起立答謝。之後,遺族哀謝,由我上台：感謝上帝在地上設立迦南教會,讓我們這一家海外遊子、客旅之家有聚會崇拜的地方,感謝迦南教會、草漯教會的弟兄姊妹參加一位素不相識、微不足道小信徒的追思禮拜,使我們感受到基督為首同為肢體的溫暖。麗溫姊妹信主十七年來,未曾間斷主日崇拜,四個月前首次回台,卻因為臥病,無法上教會。也感謝至親好友遠道而來參加追思禮拜,特致謝意。這次的喪葬事宜是照著麗溫姊妹的遺囑,一切從簡、不驚動親友、不鋪張的原則,她囑咐子女不可崇尚世界的喪葬鋪張,她在生時,子女媳婦對她的孝行,已使她滿足,不必在她的喪葬事上鋪張浪費,作給別人看,不可在安息禮拜上高舉她,只耶穌基督配得高舉,高舉人是神不喜悅的。今天迦南教會為一個素不相識、微不足道的小姊妹所作的一切,相信上帝必定紀念,因為「做在祂最微小信徒身上的,也就是做在耶穌基督身上了。」最後我領遺族全家站立,向全體與會的親友和弟兄姊妹致最敬禮結束。追思禮拜簡單隆重,倍感追思懷念的深遠意義。會畢,我們全家又排列樓下門口,恭敬送客,鞠躬握手稱謝,擁抱嗚咽啜泣,也頻頻獲得安慰節哀的囑咐；當我見到婉娩與卓凡從樓上下來時,心中擁出的莫名哀

痛，使我說不出一個字，想到老伴從第一次準備住進台大醫院起，婉娩就為她安排住院、安排主治醫師的事奔走、忙碌，而且天天與卓凡來探望這位表姊，安排到台大醫院來探病的親戚，集合在樓下餐廳聚餐，使二十幾年未見面的親人，趁此機會見面敘舊。第二次準備再住院，婉娩又在年假不上班的時日，更在她自己也為母親的重病心力憔悴時，特別趕到醫院來張羅麗溫的住院事宜，直到她安息了，又為她的死亡證明，遺體解剖、喪葬後事奔走，現在老伴走了，面對婉娩，只有默默的感激、內疚、不捨、心痛！我們繼續擁抱親長，痛哭流涕，尤以麗溫的大哥痛失親妹妹，嚎啕大哭，擁抱最久，感人最深。又與長久不曾謀面的親友在門口相談甚久，直到教會人去樓空，我們全家才與遠道來的親人回到乂夸的住處，結束了追思禮拜。

一年之後，給孩子們的 E-Mail

Hijos: 去年今天（2/2/00）我回到了台灣，第一眼看見媽媽時，媽流著眼淚對我說：「差一點看不到你了！」，我撫摸著她瘦縮的小腿，不忍又不捨地抱著她！那使我痛激肺腑的第一面、第一句話，深刻烙在我的腦海中！一年後的今天，仍然使我劇烈傷痛！茫然！媽消失了！就這麼永遠消失了！沒有留下身影、聲音！多少時候我在空無一人的房中叫喊「媽」，就是沒有回應！沒有人影！一年了！本想二月十四日要趕回去與你們一起追憶、一起痛哭的，奈何公寓未搬，不能如願。只能一個人在此默默地沉思，回憶有媽同甘共苦的時日，回憶媽在病痛折磨時的痛楚，還有那最後幾天夜裏的疼痛哀號神情以及痛苦的最後一句話：「不跟你講了！」，與那嚥下最後一口氣的剎那！………… 爸 2/2/01 夜

▲ （剛來美國時1990年，一起在底特律台灣教會調音時）

愛妻走後一年

Hijos：媽媽離開我們已經整整一年！今天雖是眾人歡樂的情人節，卻是我家最悲痛的日子！一年來，經過了傷痛、生離死別的傷痛！孤獨，四十年來從未有過的孤獨！慢慢地熬過去了，從傷痛孤獨中走出來了！然而，媽媽的聲影永遠無法從我的記憶中磨滅，四十年畢竟不是短暫的幾秒鐘，何況我們苦樂與共，一同攜手走過不同國度的苦難日子，現在想好好陪她走走看看談談甚至吵吵，卻是空無虛渺！約在一年半之前，準備賣出老房子前，媽就從胡均保弟兄打聽到這老人公寓舒適便宜，並託他代取申請表，她希望房子賣出後能雙雙住入，安享天年，沒料到現在享受到她所安排舒適住處的，卻只我一人！若不是媽刻意事先安排，今天我根本就無法享受到！雖然我確信媽在天父那裏喜樂平安，仍不免時常勾起她最後幾日的痛苦呼喊聲容！但願媽在那兒永遠喜樂平安！　爸
2/14/01 10:00AM

（初來美國租屋居住時 1991年 ▲）

一年後的母親節

孩子們：今天是母親節，每逢佳節倍思親，特別思念你們的母親，往年的母親節有你們圍繞著媽媽，或有 e-mail 的母親節祝賀，今年卻感覺到特別寂寞孤單！回憶三、四十年來與媽同渡的母親節，雖沒有豐富的物質禮物，每年都苦哈哈地過著，但究竟與媽媽面對面，有媽的歡笑聲，也有媽的抱怨聲，一同面向希望、苦樂與共的渡過來了。今天教

會與台灣同鄉會聯合舉辦母親節特別禮拜,看見教會中的母親們個個滿臉溫馨、兒孫圍繞,我一個人坐在靠窗的邊座,以往旁邊的座位卻少了一個更應該滿臉溫馨、更應該滿足無憾的老伴!回到公寓來,更是寂靜!思念!我知道媽已脫去疼痛苦楚,在主那裏快樂無比,思念的腦子就是一幕幕的記錄重播,把我拉回到舊日的回憶裏!

佳燕和伶玲:母親節快樂!雖然為人母親辛苦多於快樂,有長期養育兒女的重擔挑著,但那是上帝托付的責任,願你們從中充分享受身為母親的喜樂!上帝祝福你們! 爸
5/13/01

三年後:

Hijos: 這是使人痛楚的情人節日,人人都在高高興興地迎接、歡樂,我們卻仍在媽逝世的傷痛中沉緬!人家成雙結對在享受情人節日的愉樂,我卻在思念、失落中傷感!三年了,一千零九十五個日子過去了,媽逝世前的痛楚表情、哀號的呻吟聲與最後的幾句話仍在我的腦海中徘徊蕩漾!四十年共同生活的點滴、同甘共苦的每一件事,更是記憶猶新,只是人去樓空了,怎不叫人傷感?但願你們也記取媽的遺志,好自為之! 爸
2/14/03 清早

為懷念愛妻 – 麗溫 寫「南瓜藤」一書

主後 2000 年 2 月 14 日、情人節日,家內姐妹 – 愛妻麗溫,回台灣就醫不治,蒙主恩召;思念之餘,將她的一生寫成了一本命名為:「南瓜藤」 的愛妻紀念集。因為她的

 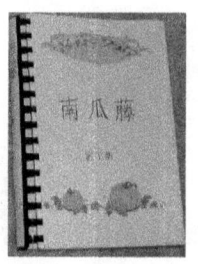

一生就如南瓜藤,在結果實之前,藤葉青翠茁壯,俟果實成熟時,藤葉就鞠躬盡瘁在果

實旁邊枯萎了！

序言

走過南瓜田，發現一個個碩大如臀的南瓜靜坐田中，整塊瓜田已經沒有一絲綠意；仔細查看每一顆南瓜，那供應養分的瓜蒂仍然結連在瓜藤上，而南瓜藤卻都已乾燥枯萎了！

前不久走過這片瓜田，一片綠野平疇，正是藤葉茂盛，開花結果的時節；不但瓜葉青綠，葉莖、瓜藤全都是綠油油地生氣蓬勃。在葉莖支撐的大葉子底下，小南瓜毛茸茸地躺在瓜藤旁邊，如同小雞安祥地睡在母雞的翅膀底下。

我好奇小南瓜如何長成？就常來觀看南瓜的長成，看見那些小南瓜長得很快，兩個禮

拜不到，瓜皮上的茸毛已經不見，且有壘球一般大了；藤葉仍然青綠茂盛，使勁供給小南瓜充分的營養，南瓜慢慢地由綠轉白，由白轉黃，越長越大。正當南瓜長成、壯碩飽實的時候，瓜葉、瓜莖開始轉黃凋落，瓜藤也在輸送完她的最後一滴汁液、完成供養任務時，枯萎乾燥，長眠瓜旁了！

愛妻－麗溫－孩子們的母親，就如同南瓜藤；從她與我攜手成家，四十年歲月哩，為兒女夫婿奔波效命；正值兒女長大成人、完成養育呵護責任，可以坐享俸祿時際，卻耗盡了她的所有，一病不起、閉目長眠了！

三十六、 賣出住屋－搬家－住入友家的地下室

2001年1月10日那廉價買來、全家七口居住的Warren區的住屋，經過整整九年（1991年11月19日搬入），終於賣出並將鑰匙交出去了。

這棟兩層樓四個臥房的住屋，不但全家七口第二度移民時在此歇腳、起步、茁壯、成功，在此歡樂過、悲傷過、奮鬥過、完成過學業、忙碌過餐館工作，第三代－乃綺（乂鳴、伶玲的長女）出生時（2000年11月15日出生）， 戚母－伶玲的媽也陪伶玲坐月子在這裡住過一個半月，還是全家唯一在美國買得的房產呢！如今，它已鞠躬盡瘁，完成了它的任務，交棒了！

這是給孩子們報導交屋與搬家的E-Mail：
Hijos y nietos（孩子們與孫子們）：昨天搬了兩車滿滿的東西到理經兄的Garage，端英姊交給我一個Garage門的遙控器，我可以不必叫他們開門，即可搬進去，昨夜睡在乂廬的床上，因為我的床拆了，棉被也運走了，只得將洗烘的兩件薄床毯當棉被，睡不好，半夜還覺得冷呢！今早起床後打電話準備留話在原來的電話號碼之後，可是電話已被切斷，本來約 Jack下午兩點連絡交鑰匙的，也無法連絡了，只好又開始一邊裝車一邊清掃，預備上午就開著裝好的車去交鑰匙，好不容易到十一時二十分， 清掃裝車完畢，

擠得頭上的後照鏡與右邊後照鏡完全看不見了，只靠左後照鏡，開到 Van Dyke 房產介紹所，十二時交了鑰匙，十二時半開到十八 mile 路與 Dequindre 麥當勞吃中餐，再開到理經兄家放好所有的東西已經兩點了。又開始用理經兄的電話打我的 Voice mail 在保留的原號碼之後錄我的 voice，但是試了很久不成，只好再找電信局詢問，經過一番折騰，理經兄端英姊也都分別來試，最後端英姊和我集思廣益，兩個臭皮匠試成了，現在只要有人打原號找我，會聽到我的留話：Please call new phone number 810-939-8356 ，再打到理經兄家來。晚餐開始搭伙，今晚有我們四家的查經打乒乓，我又戰了他們四位，洗澡才來與你們打 e-mail。好了十一點多了，我要睡了！ 祝主佑平安 ！

爸 1/10/01 11:13PM

三十七、 住進老人公寓

整整在理經兄端瑛姊家的地下室住了一個月，感謝他們夫婦在我無處可去的這段日子，收留這「孤單老人」，讓我有巢可歇，每天並有豐盛的菜餚供應（在他們家搭伙），使我又享受到了家庭的溫暖，他倆都比我年長，真像是自己的親哥親嫂呢！

早在老伴兒還在世時，她就託居住老人公寓的胡鈞保弟兄索取老人公寓的租屋申請表、在舊屋尚未賣出之前，就提出申請、坐落在 Troy 區 John R 路 14 Mile 半的 Oakland Park Tower II 的老人公寓（Senior Apartment），排了七個月的隊，總算排到了。

這是給孩子們的 E-Mail，告訴他們公寓已通知搬入：

Hijos： 感謝主！老人公寓經理 Anna 今天上午已經通知我 2/9/2001 拜五即可搬入居住。今天因為整天出外工作（ 10:00am – 3:30pm 在公司，下午到 Troy 調兩部，傍晚再到小包家調一部琴並簽名報稅 ） 8：30PM 回到理經兄家，他們夫妻才將接到 Anna 通知的內容和兩個調音電話交給我，通知說：「2/9 10:00am 繳 $198 支票或 Money Order

保證金，簽租約後即可住入，每月租金 $119）。我昨夜和今早曾禱告主，求主感動 Anna 能在今天通知我搬入公寓的日期，真是感謝主，祂垂聽仰望祂的人的禱告！等我 2/9 接到 Anna 後，再詳細告訴你們正確的租金金額與房間住址 。

爸 2/6/01 九時

Hijos： 今天終於簽好了租約、拿到了公寓的鑰匙，（ 每月 $119 房租，一天才四元，包水電、暖氣，太便宜了 ）看到了新厝，是位於第十樓（ 上面還有一樓，共有 11 樓高 ）的第二家： 21002 號（ 最邊角的一間，對面是一號，頭一個 2 是第二棟 towerII 的代號 1002 是十樓 2 號房 ），幾乎全新：地毯換新、牆壁漆新、窗簾全新、廚房浴室看起來也是新的，寬敞的兩間（比胡弟兄的兩間都大），視野很好，沒有被高樓或樹木遮擋，居高臨下，一望無際，舒服極了，有足夠的櫃子放我的箱子、行李，明天開始搬入，今天因為還有工人在換浴室的鏡子、裝燈，尚未完全完成（本來就約好明天簽約搬入的）。感謝主，為我預備這麼好的地方，完全出乎意料之外的好。

乂鳴的 Trumpet cup mude 查詢結果，說已經沒有生產，也沒有收你的費，才寄其他的 mude 給你（有三個），是否如此 ， 你 check 一下。

明天等申請好了電話，再一起將地址等示於你們。祝大家平安！

爸 2/8/01 7:00PM

2001 年 2 月 9 日搬入老人公寓

Hijos：到禮拜天下午五時，終於搬好了家，連續三天，從理經兄的車庫、教會的講台、教會的圖書室，再從理經兄的地下室，除了將帶回去的 car seat 一大箱、乃綺的 car seat 底座和乂鳴的 sax case、MIDI ieterface 等沒有搬 （19 日回台時，理經兄送我到機場時裝帶回台） 外，其他的完全搬進來了，是自己一個人裝運的（沒有求助一個人，自己裝車），有我睡的大床、兩個書架、兩個書桌（ 以上是放在車頂上，以棉被墊著，並以綁鋼琴的布皮帶穩住 ）、音響全套、四個大皮箱等較大的東西，其餘的全是紙箱、塑膠袋、塑膠籃、汽水箱等，不知搬了幾車？五點半在公寓煮了第一餐晚餐吃（香米飯佐以胡弟兄夫婦送的魚乾悶肉及雪裏紅，因為實在又累又餓，吃得好飽足，飯後放熱水在浴缸裏，先浸後淋，太舒服了，好幾年沒有用浴缸浸浴了，因為是新浴缸，牆壁與地面是新瓷磚，很乾淨。接著就是插上電腦，打 e-mail，先重新設定附近的 local 電話，將

過去（810）頭的 ，改為（248）頭的電話。我的新電話是（248）733-9403 ， 地址是 930 John R Rd. Troy,　MI　48083 Oakland park Towers II Apart Number 21002 。感謝主！所給與我的是我一直希望的，而且是超過我祈求的 ：向南、最高層之下的一層（最高層夏天太熱，下一層涼爽不熱）、視野廣闊沒有阻擋，還是最東端的第一間呢，現在我就在這臥房中打電腦，安靜得很，沒有一點噪音，對面與左鄰也完全沒有聲音。明天我要用整天的時間，將所有東西擺定位，清除地面上擺滿的箱子、書籍、衣物、碗盤、器具 .... 好了！就報導到這兒 。 爸 2/11/01　8:30PM

Hijos:　昨天起就陸續接到你們的五通 e-mail ：乂廑一、乂兮、乂鳴各二,知道了你們的近況，也彌補了許多思念你們的空虛。房子交完之後，的確有很大的失落感,在這舊屋裏有太多的回憶，太多的感情，原來七個人居住留下的點點滴滴，現在又多了乃綺誕生並居住七個禮拜的溫馨美景，尤其媽留下的難忘身影與每件有關媽的物品，使我難捨、錯愕也茫然！然而，房子的賣出也的確為我解決了最大的難題，否則龐大的維持費（房屋保險、 city tax、 county tax,屋頂換瓦、門窗換新、地板下陷、暖冷氣爐的汰新、全面更換水管、定期通地下廢水管）、消耗（瓦斯:今年冬天每月$150 以上、水電）、打掃、鏟雪、剪草、牽掛擔心（火災、被偷、被搶），我一個人真不知要如何應付？現在屋子賣出去了，我真有「無事一身輕」的感覺。本來擔心的收拾清理和搬家問題，真如乂鳴所說，天父要伶玲和戚母來協助清理，使我輕易完成了賣屋、交屋與搬家的繁冗工作。jack 已經通知我 ：鑰匙交好了，也就是說房屋已經完全交到買主手中而且交由買主去維護了，所以我也卸下了交屋的重任，再不必擔心它了，剩下來的尾款 $13000 就是買主耍賴、不付（其實契約中清楚載明，買主犯不著耍賴、因小失大），也感謝神了，當時我們買 45000，　空地得款 11000,現在得款 55000， 又平安豐富供給我們八員住了九年多，是否還是要感謝主？我們真要感謝我們的主十年來賜給這 23759 columbus Warren 的房屋，供應豐足、保守看顧，使我們八員居住這房屋 ，滿了神的恩典！
乃綺的回台，經過長時間的高空飛行，我還沒有得知她的適應情形以及回台後的反應如何？伶玲的工作是與否,不必擔心，天父有他的美意,重擔就卸給祂來背負吧！美濃阿伯那邊有沒有寄我的回憶錄和字典給他們？若無,這次回去一定要帶回去給阿伯。乂鳴買 alto saxphone，這 alto sax. 是降 E 調 ，我在師範時吹過一陣子， tener sax 是降 B 調 ,低沉許多， soprano sax 我忘了是降 B 還是 C 調,是直管的,有他特別的音色,Jupiter 牌是台製的,不知音色如何？記得在阿時我們有一支 Flute（ 開樂器行時被偷了）和林

恩祺之父帶來的 Baritone 都是 jupiter 牌的。你喜歡就好，我倒喜歡 soprano sax。恩宇現在正是可愛的時候，每天都有新的出頭（表現），模仿力強，理解力與記憶力也在逐漸增強中，要好好帶他，我也真想他。我每出去調音看見與恩宇、乃綺相仿年齡的孩子，我會特別觀察他們的長相、言行舉止，但總覺得沒有恩宇、乃綺的長相好，也沒有他們聰明，說真的，或許是自己的孩子孫子總比別人的好吧。關心佳燕和恩兆的近況。好！明天再繼續談吧！求天父保守分散在台灣以及美國的家人都健康平安！

爸 1/16/01　　20:00

這一棟老人公寓（Senior Apartment）位於密西根州、底特律北邊 Troy 市 John R 路十四哩半 930 號的 Oakland park towers II，是兩棟並排十一層高樓的第二棟。是特別為老人設計、專出租供六十五歲以上年齡的老人所居住的公寓，從 john R 路北側，進入寬敞的入口 Drive way，左手邊有三處停車場，第一處寬敞的停車場是第一棟公寓的停車場，第二處停車場在兩棟公寓的中間，是兩棟公寓共用的前門停車場，較小；第三處寬敞的停車場在第二棟公寓的東邊，就是第二棟公寓專用的停車場，不論住戶或訪客的車，都停在這裡。

這一棟公寓共有三百多住戶，有單臥房與雙臥房兩款；每一戶住屋裡有廚房、浴廁、臥房、客廳，一應俱全，採光、通風良好，安靜舒適，爐灶採用四眼電爐以及電烤爐，並有抽油煙機可以抽風排到樓頂屋外，浴室與廁所同間，裡頭有抽風機與電熱曬膚機，當你洗完澡覺得了冷濕時，可以開啟曬膚機曬暖皮膚；二十四小時熱水供應。還有特別為高齡或有病老人設計的緊急拉繩（emergency cord），裝在浴廁之間及臥室床頭的牆壁上，此一緊急拉繩直通911緊急求救系統以及救火救護系統，遇有身體不適或火災等臨時情況，一拉緊急拉繩，急救人員立即趕到救援。

公寓的公共設施有門禁呼叫對講機、電梯、管理辦公室、會議廳、信箱室，圖書室、休閒室、下棋間、餐廳、理髮廳、每一層樓的洗衣間、垃圾投遞孔……等。

門禁的呼叫對講機，必須經過戶主答應按鈕或特定的鑰匙才能啟開大門，垃圾投遞孔，直通樓下垃圾收集櫃，每天都有專車來傾倒處理垃圾；每一樓的洗衣間則投幣 75cent 洗一槽衣服，75cent 烘乾一槽衣服；餐廳不是每餐供應所有住戶，而是必須事先登記，然後自費取食或由專人送至住戶供應。公寓裡的福利還有每週幾次的專車接送住戶前往超級市場、藥房的採買車，只要登記即可免費享用。公寓的大會議廳裡還有大型電視機及小直立型鋼琴一部，供住戶隨時欣賞歌舞表演、球類比賽的電視節目，或有禮拜聚

會，唱歌樂器的音樂欣賞會，可在此會議廳舉行。

住在此一公寓的住戶，用水用電都包括在每月的固定租金之中，不必另付水費電費。因此，夏天的冷氣機就常常整天開放，涼爽宜人；洗澡水也常常放滿在浸池中，享受舒適的浸浴。還有每個月一次的 Focos Hope 由各大廠商免費供應罐頭食品、麵條、豆類、米、乳酪、罐裝牛奶，袋裝奶粉、馬鈴薯粉、燕麥粉、罐裝水果，果汁飲料......等給登記的住戶，每戶一箱；夠一戶一個月的食用。也辦每個月的慶生會，給住在公寓裡的老人倍感溫馨。

這座公寓位於 Troy 區的商業中心地帶，不論購買日常用品、食品，出入超級市場、藥房、百貨公司交通都方便；還很安靜，沒有機器或交通器具的吵雜聲，環境優雅，很適合老人的居住，傍晚還可以在公寓的四周公園似的寬敞綠地上散步溜達。我住十樓，清早可在床上看到日出的美景，深夜也可以在床上看皎潔的月亮，國慶夜也可在窗外看見美國與加拿大釋放的煙火，真是美不勝收哩！

三十八、 老人移民

我們一些使用漢字漢語的老人移民，不論台僑、港僑、華僑 ....離開自己生長的故鄉，移民到文字語言完全不同的國度，生活在所謂的異國文化之中，確實就像目瞽、耳聾和啞吧，既盲且聾又啞。住在上班上學的兒女孫兒輩中，不只與忙碌的子孫沒有時間交談，語言甚至難於溝通，就連自己消遣的樂趣也無以發揮，看電視，看不懂聽不懂，打電玩，也不懂，用電腦，也不會，下決心學語言，記憶力已經不行。要學好語言與孫兒輩交談，著實不是一兩年就可以學成；子孫們上班上學之後，簡直就像被關在鳥籠裡，報紙看不懂，電視新聞也一知半解，想找同鄉聊聊、上街又不會開車，就連步行在街上的街名、商店招牌都看不懂，買東西也不會說話 。因此大半老人移民都覺得居住在異國文化中十分無聊、寂寞，沒有自己從小生長的家鄉方便、自由、可愛。

我看見報紙上有這麼一則小品，標題為「 唐人街老人 」：有一些華裔老人幾乎三天

兩頭，甚至每天去唐人街（中國城），他們去的目的既非辦事，也不是為了購物，而是去尋求心靈的慰藉。許多華裔老人移民，雖然已經久居有日，依然無法適應西方社會的生活，他們不諳洋文，與洋人格格不入，覺得苦悶、徬徨，唯有在唐人街，看到漢字招牌，華人面孔，聽到鄉音，吃些唐人小吃，才覺得踏實、舒坦、親切、自在。你若問他們，既然如此，為何不歸去？然而他們都有難言的苦衷與無奈，於是唐人街成了他們的避風港與精神寄託。他們申請老人長期巴士優待票，經常往返倒也經濟方便。有些鰥寡老人，子女上班，在家閒得發慌，便到唐人街打發時間，上茶樓飲茶吃點心，與其他老人談天閒逛，再買一份中文報紙，日子快過！總之，唐人街的老人，凸顯了僑居海外華裔老人的無奈、寂寞與悲涼！

也因此，一些移民的子女，在週末犧牲假期，送孩子們上自己的母語學校、帶孩子們上自己母語的教會、使用母語聖經，聽母語講道與自己的同鄉交談。在家使用母語溝通、寒暑假帶孩子回鄉，參與短期母語學校的語言學習，儘量保持自己的語言，使與祖父母同住或俟祖父母來同住時，可與祖父母暢談，使老人移民不覺語言的阻礙、減輕其生活壓力。其實，孩子們學習自己的母語，遠比祖父母學習移民語言要簡易很多，只要為父母的能持之以恆，堅持孩子們此一母語學習、母語維持的信念，不出幾年，孩子們的母語不但可與祖父母輩的老人移民溝通無阻，還可增進母語能力，將來有朝一日，更可派上用場。

其實，老人移民時間充裕，若下決心學習移民國的語言，不出幾年，照樣可以學好，現今語言的視聽教材很多，利用卡帶、電視錄影帶、電腦光碟的教材彼彼皆是。每天若利用一兩個小時時間，利用逛唐人街的時間，持之以恆，就可以學得很多，老人的記憶力其實沒有退化多少，人若肯學習、肯化腦筋，照樣可以學得很好、記得很多。

三十九、移民與語言文字

移民與語言文字的關係太大了，從你踏上異國的國土，眼睛所見、耳中所聞的都與你過去居住所在地的所見所聞完全不同了。那麼，從此之後，每時每刻與外界所要接觸的、「聽、說、看」三個感官所承受的，將不可能與過去那麼自然、那麼完全。因此，在

移民之先，首要的出國準備，就是學習移民國的語言文字；語言文字不是短期間可以學好的，尤其是語言的學習，必須與當地人的發音相同，必須是當地人教出來的，始能適用於當地；例如，英國人講的英語和澳大利亞人講的英語與美國人講的英語都有差異，你若從日本人學的英語，到美國移民，或許就無法通用。當然，事先多學些移民國的語言、多讀些移民國的文字，尤其是多讀、多記單字，一旦遇到必須說話的時候，哪怕只說一個單字，對方即可了解你說的是什麼了；多學多讀是有助益的，不論發音腔調如何，使用習慣如何，總比完全陌生要強許多。我們初到一個國家，我們這張臉孔的人，與他們問路、問事或交談，就是說話結結巴巴，他們也不會介意的，因為他們知道我們是「外國人」，但若連一個單字都不會，又如何能問、能交談呢？對於他們的語言，我們不可能說得與當地人完全一樣，但是，至少用詞要能表達心意，哪怕是文法錯誤的單字串聯，只要能使對方聽懂，目的就達到了；記得剛到阿根廷時，一些先我們到達的同鄉，熱心接待我們這些新僑，看他們幫我們買東西與阿根廷人比手畫腳的交談，詞不達意的陳辭，還教我們一些怪字怪詞呢！舉幾個他們教我們的簡例如下：你們要上「廁所」，就說「放尿」（台語的 bang`ngio），他們都聽懂，其實「廁所」的西班牙語是 BAÑO 與台語的「放尿」語音相近；先生，就說「水牛」，其實西班牙語是 SEÑOR 與普通話的「水牛」語音相似；太太，就說「水牛拉」，其實西班牙語是 SEÑORA；小姐，就說「水牛力大」，其實西班牙語是 SEÑORITA ；「謝謝」，就說台語的「鵝仔摔死（台語 nge a`ciag`ci`)」，其實西班牙語是 GRACIAS ；問人「你好嗎？」 就說台語的「狗毛有時長有時短（台語 gao mo wu si dng wu si de`)」，其實西班牙語是 COMO ESTÁ USTED？；「好」，就說「免（台語)」，其實西班牙語是 BIÉN 」…… 用自己的語言去說移民國的語言，真是啼笑皆非呀！

還說有一次，他們叫計程車準備到機場，因為不會說西班牙語的「機場」，就比雙手伸開如翅膀，上下搖擺，表示搭乘飛機，計程車司機點頭表示知悉，叫他們上車，就開車疾馳而去，而後停在賣鳥的鳥店門前，他們才知道表錯了意思，再改變手勢，雙手伸開不動，加上低頭前衝，口中再加發動馬達的響聲，司機這才弄清楚是「到機場去」！

又有一次，一位婦人去買牛奶，不知牛奶怎麼說，又到處找不到牛奶，就雙手放在頭角上伸出食指，表示牛頭的角，再以雙手擠壓自己的乳房，表示是「牛的奶」店員

這才明白是來買牛奶的。

我自己剛到阿國不久，家裡的電燈炮壞了，想到電器行去買燈炮，於是查我帶去的西班牙語字典，在字典中發現電燈泡叫做 Lámpara，心想怎麼會發音與台語的睪丸同音呢？我怎麼能啟齒呢？到了店裡，我真的就這麼說了，店員阿根廷人立即幫我改正發音，說 Accent(重音)在前，不是在後，是 Lámpara，不是 Lampára。

我太太說，其實西班牙語有些與台語很像，像火車 Tren，就是台語的「多輪」嘛！車子 coche，就是台語的「古車」嘛！西班牙語「茶」té 也是台語的「茶」嘛！

日本話有些似乎是從西班牙語來的，像：「鍋子」なべ，其實是西班牙語的 Nave,是不漏水的船底。「笠、傘」かさ，是有兩邊傾斜屋頂的房屋 Casa。「肚子、腹」はら，是西班牙語的 Jarra，裝水的圓水壺，養金魚的小魚缸。澆花洒水的「噴水壺」じょろ，是西班牙語的流淚者 Lloro 它的原形動詞是 Llorar………。

來到美國，也聽說了一些台灣人學英語的趣事：話說，曾有一台灣老太婆，批評美國人是不開化的野蠻人 - 番仔，他們將「牛」caw 說成「狗（台語）」，將「馬」horse 說成「虎（台語）」，將「狗」dog 又說成「鹿（台語）」，番人才弄不清楚牛馬狗；還說，一次她上廁所，忘了關門，一位美國人匆忙來開了她的門，還用台語說我：「也不鎖咧！ I am sorry！」

聽說一位不太懂普通話的 ABC 工讀生在餐廳打工當服務生，在一次收盤子時，不小心打破了碗盤，老闆娘就來關心這位工讀生，問他：「碗打了？」他立即從口袋中取出一美元放在盤子上，準備賠償打破的碗盤，原來他將普通話的「碗打了？」聽成英語的 one dollar！

我們移民的第二代或第三代孩子們，到了一個新的國度，作為父母的只擔心他們的語言趕不上當地同年齡的同學，於是就一昧地只注重新的語言學習，在家裡也遷就他們，以新的語言、不用自己原來的語言交談，甚至禁止孩子們碰觸自己原來的語文，避免浪費學習新語言的時間，週末假日更不讓他們上自己的母語學校、母語教會，日子一久，孩子們就將母語忘得一乾二淨了，假日帶他們回鄉省親，也無法與祖父母和

親人交談了；幾年之後，才想到該讓他們回鄉重溫母語，學習母語，但這就要事倍功半了；

我認識一位從台灣到阿根廷去的友人，他帶著國小畢業的女兒，到達阿根廷之後，開始禁止女兒看中文書籍，要他專注於新語文的學習，但是女兒在課餘偷偷看中文故事書、小說消遣；幾年後，這位爸爸看見一篇中文好文章，於是剪下來，要她的媽媽唸給女兒聽，女兒卻說：「我早已看過了！不必念了！」原來那篇文章放在她的桌上，她好奇就順手拿來看完了；這位父親於是舒坦地嘆了一口氣說：「幸好中文沒有全丟！」並奇怪為何女兒還看懂中文？女兒才透露她一直偷偷在繼續學中文，後來這位女兒還回台灣念完了大學呢。

我還有一位鋼琴調音的顧客，一次我去調音時，看見她正在教兩位在美國出生的子女學習中文，而且程度已經很高，我好奇問她：「教他們多久了？」她回答：「七、八年了吧！」為保持自己的語文，一個媽媽付出了長久時間與精神的代價，後來這兩位孩子的中文程度比一般中文學校的孩子都好。

其實，要保持自己的母語，並不困難，只要自然，每天在家仍舊使用原來的母語交談，父母與孩子們說話用母語，孩子們若聽不懂，就趁機教他們，也要求孩子們以母語回答，若回答錯了，父母也趁機改正，即使孩子們回答移民國的語言，也可趁機教他們母語，日子一久，孩子們的母語也就自然而然地保住了。

我們此一臉孔的人，在移民國的人看來是「外國人」、「東方人」，他們認為我們都會自己的母語才對，不會說自己的母語，他們才覺得奇怪；丟棄自己的語言多可惜呀！在阿根廷的小學、中學裡，他們都定有各國的紀念日，在那特定的紀念日裡，該國的學生必須以自己的語文表演節目慶祝。例如：台灣日那天，台灣來的學生要上台表演自己的文化節目，並拿出自己的文化作品給全校師生看，無形中各國的節日表現還有比賽性質，因此，大家都熱烈參加，努力將自己國家最好的作品呈現出來，也因此，各國的學生都努力學好自己的母語母文，準備在表演之日，能大顯身手。

我們都知道多懂一種語言，就能與多一群人交往，將來有朝一日，必須用到這一語文

的時候，才不會後悔當初沒有好好學習，沒有好好保留自己的語言。記得我們居留阿根廷時，在阿京基督教會，曾有青少年團契的小弟兄們提出要使用西班牙語的聖經和聖詩，上主日學要使用西班牙語，該案提到執事會來，要求通過，我當時是參與決策的一員，我就有相反的看法：孩子們每天在學校、在家使用西班牙語文，在街上店裡也使用西班牙語文，與朋友玩耍郊遊也使用西班牙語，唯有這一「中華基督教會」使用中文聖經聖詩、使用自己的語言，我倒不贊成孩子們改用西班牙語文，最後執事會贊同我的意見，維持原案，仍用中文聖經聖詩；十年之後，我們看見了成果，阿京中華基督教會的小弟兄們，不論在台灣出生或是在阿根廷出生的長大了，都能說流利的母語，能看中文聖經聖詩，中文程度不但保持，還有晉升的現象。以我自己的小兒子為例：他十二歲小學畢業從台灣到阿根廷去，一直在該教會的主日學、主日崇拜、團契活動，沒有上中文學校，在阿根廷受西班牙語文教育十四年後，到美國改習英文、考過美國醫師執照，六年後再回台灣，參加中文的醫師國考，他順利考過了，因為他的中文不但沒有丟棄或停留在小學畢業階段，反而晉升到大學畢業程度，這只有一個理由，就是每天繼續使用母語、使用中文；如此是否影響了他西班牙文和英文的學習？沒有，三種語文照樣學得很好，現在他三國語文都有上乘的適應能力。

四十、 移民與信仰

我們常聽到一句話：「人為萬物之靈」， 這多半是指「人」的智慧高於一切動物說的。其實應該說：「神所創造的萬物中，只有人有靈」， 這一「靈」是指與靈界神鬼相通的本性或管道，所有的飛禽走獸爬蟲游魚等動物，都不會求神拜鬼，只有人會敬拜神鬼、求問神鬼，也畏懼神鬼，不論大神、小神、真神、假神、人定的神、不知名的神或大鬼、小鬼……，有句俗話說：「人痛呼娘，人窮呼神」，人在病痛呻吟時、疼痛難耐時，會呼叫親娘－媽！人在窮途末路、走投無路、無能為力時，會呼求神；而神沒有賦予動物這方面的本能。

聖經創世紀二章七節說：「耶和華上帝用地上的塵土造人，將生氣吹在他的鼻孔裏，他

就成了有靈的活人」，只在造人時，吹靈氣在人的鼻孔裏，造動物時沒有吹靈氣在動物鼻孔裡。

人是屬神的，人的身體是按照神的形象造的（創一：26）：頭在身體的最上端，雙腳站在地上，頂天立地，頂天就是與神相通的，屬天、屬神的，站在地上與神相通；人的頭腦是神特別創造給人去管理神所創造的萬物、治理神所創造的大地用的（創一：26），所以人的智慧比一切動物都較高，否則，人如何能管理神所創造的萬物，如何治理這地？不是反要被動物管了？神造人的雙手萬能，神沒有給動物造手，猿猴看來似乎有手可以拿食物，但那是前腳，而不是手，走起路來還是四隻腳，前腳後腳交互著走；因此，人的手可以做神乎其技的百般事物，動物不能。動物無論是走獸飛禽爬蟲游魚都是屬地的，牠們在地上走、地上爬、空中飛、水中游，眼睛所注視的都是地上水中的東西、食物，沒有像人的抬頭挺胸擺手闊步，放眼天下、思想宇宙萬物古往今來等等的事物。

人普遍都有「神」的觀念，雖然都沒有真正看見過神（因為神是靈，人的肉眼看不見），但都敬畏神，不論是蠻荒地沒有文明的野蠻人或者是走在頂尖科技界的現代人，都知道神的存在；野蠻人最初看見野獸吃人，看見野獸的力量大於人，就敬拜野獸為神，後來看見閃雷劈死野獸，就以為閃雷才是神，就改拜閃電為神；越是走在科技前端的人越發現神創造宇宙的偉大奇妙，越承認神超智慧的創造。現代許許多多得過博士學位的飽學之士，進入教會敬拜神，親近神；許多有成就的人，賺大錢的人，有特殊階級的人都歸榮耀給神，他們的敬畏神、榮耀神不是鄉下老太婆式的盲目迷信拜神，他們是得知真神的存在、得知真神在掌控宇宙、親身體會神超越的愛而後敬畏親近神的。

世人信神、也就是宗教信仰，有很多不同的類別：佛教、道教、回教、天主教、基督教、摩門教、猶太教、印度教.......或很多不屬大宗派別的教派或民間信仰.......敬拜不同的神、鬼、人、物，有真神、有大神、有小神、有人造的神、有人定的神、有不認識的神、有鍾馗、有小鬼、有死去的人、有樹木石頭......。

每一個國家的憲法都明文規定，賦予他們的國民有宗教信仰的自由，但每一國家幾乎都有他們國家所信奉的宗教。

因此，我們移民到一個新的國土，有關宗教信仰的問題，多少也會帶到我們的日常生活裏來，不能忽視。諸如：不了解所居住國家宗教信仰的歷史背景，不了解許多節期慶典的原由典故，不懂其宗教教育的內容，不能接受其融入宗教教育的教育措施、不能完全了解許多與宗教信仰有關的教育內容、孩子們參與宗教團體的問題、孩子們信奉與自己信仰不同的宗教問題 ……等等，又如：孩子們所讀的學校，有的是基督教會辦的學校、有的是天主教會辦的學校、有的是猶太人辦的學校，有的是完全沒有宗教色彩的學校……，那麼，教會學校裏所教的一些問題，有些與我們一般學校平常所學的有所牴觸的問題，許多有天主教、基督教背景的國家，他們所設計的教材內容，許多是他們認為所有學生都懂得並了解聖經內容，使一些非基督教國家的學生、沒有接觸過聖經的學生，無法了解或無法接受。

因此，我們進入一個嶄新的國家，是不是要入庄隨俗？與該國所敬奉的宗教拉上關係？或是我行我素，仍然將自己原來所敬奉的神，帶到新的國土上繼續敬奉、求他保守？或者，是不是我原來所事奉的神，在新的國土上就不靈驗、他的權限就達不到了？抑或過去懵懵懂懂跟著家人所信奉的神，到了新的國度，竟然變成了偶像，不值得繼續敬拜了？諸多的信仰問題，不妨在此談談。

現在我們移民，大半都到歐美國家，而這些國家，多半信仰基督教或天主教，像美國、英國、蘇俄、德國、北歐、中歐及東歐國家為基督教國家，義大利、西班牙、葡萄牙、以及中南美洲的阿根廷、智利、祕魯、巴西、墨西哥、哥斯達黎加、厄瓜多爾、玻多黎哥等拉丁語系列的西班牙語系、葡萄牙語系國家 ……為天主教國家，都是以聖經新舊約全書為本的宗教信仰，都遵奉創造宇宙萬物的主宰為真神，信奉聖父、聖子、聖靈三位一體的神（聖父－耶和華神、上帝，聖子－耶穌基督，聖靈－保惠師、中保），強調耶和華神的公義和耶穌基督的愛。

我見到為數不少的高知識份子、無神論者、從來不信神的人或一般傳統民間信仰的移民，到了這些信仰基督教或天主教的國家，開始接觸到他們對神的信仰之後，都接受了這位創造宇宙萬物的主宰為真神，接受了耶穌基督為救主，相信祂的創造宇宙萬物以及掌管運行整個宇宙。因為他們體驗到了這位昔在、今在、永遠在的活生生的神、信實、

公義、慈愛的神－上帝。

我因為鋼琴調音，必須到有鋼琴的家庭去調音，很多機會接觸到來自世界各國以及中國大陸的家庭，有年輕有為的高級知識分子、有他們的父母，常聽到老一輩的長者讚嘆：歐美國家太好了！自由、民主、進步、發達，居住環境好、寬敞舒適、方便豐富，大家的生活品質好、年輕人只要肯努力，在這公平競爭的國家，收入穩定，不到幾年就可以買得好房子、好車子，過舒服的日子。哪像我們過去在國內不但貧窮、落後、就是拼死苦幹一輩子都不可能買得像這麼大、這麼舒適的房子，他們都在上欺下、下也欺上、作假、貪婪.......秩序混亂、我們遭受過鬥爭、下放、三反五反，搞得雞犬不寧.......；掌大權的，塑造他自己為天為神，頒發他自己的言語為聖經，以愚民政策欺壓瞞騙百姓。出國之後，才見到自由經濟的飛黃騰達，自由世界的海闊天空，人間天堂.......。我就常趁此向他們傳道：取出聖經，翻開出埃及記二十章5－6節：「我耶和華你的上帝是忌邪的上帝，恨我的，我必追討他的罪、自父及子，直到三、四代。愛我、守我誡命的，我必向他們發慈愛，直到千代。」告訴他們，美國是基督教國家，從他們開國的第一任總統華盛頓，就遵奉上帝，依照他的話－這本聖經，在治理國家。神說；愛我、守我誡命的，我必向他們發慈愛，直到千代，美國歷代總統宣誓就職都按手在聖經上宣誓，就是按照聖經所寫的治理國家。從第一任總統到現在，還不到一千代吧？上帝還在祝福美國呢！不像一些不接受耶穌基督為上帝的國家，上帝還在一代一代追討他們的罪、自父及子，直到每一代的三、四代子孫，難怪那些國家要刀劍不斷，苦難不停啊！上帝是信實的，公義的，這麼說就這麼行的。

聖經上教導我們說：「務要傳道．無論得時不得時，總要專心，並用百般的忍耐、各樣的教訓、責備人、警戒人、勸勉人。(提後四：2)」

我曾在移民阿根廷時遇見過一家，他們移民時從自己原來居住的國家，小心翼翼、戰戰兢兢將原本敬奉的大大小小七、八尊菩薩抱在胸前，搭乘飛機帶到新的國度來，並依照原樣設壇，繼續敬奉他們的菩薩們。只是全家大小到了新的國度一直找不到工作，即將坐吃山空，感到不平安，每天哭喪著臉、甚至流淚哭泣，沒有快樂。一天一位大師來訪，看見他們屋內大小菩薩的擺放位置不對，某位菩薩該放在高位，某位菩薩不該放高位，某位菩薩放置的位置不夠高、不夠寬敞等等，認為怠慢了某幾個菩薩，才會使他們全家

不平安。這家的主人此時又正好受邀到某基督教會禮拜，聽到台上牧師說：「泥菩薩過河，自身難保……」幾個特別刺耳的字，又聽到「勞苦擔重擔的人到我這裡來，我就賜你平安」等話語，特別扎心，開始懷疑菩薩真如此難侍奉嗎？到底真的菩薩自身難保嗎？那還能保我家平安嗎？最後決定拋棄菩薩而就耶穌基督，於是一家人都成了虔誠的基督徒；全家開始一帆風順、每天喜樂平安；最後在他年老去世前，還在彌留狀態時清楚地說：「主耶穌來接我了……天使在天花板上….，天使啊！那天花板不堅固，會掉下來唷！」然後安祥地睡了！當時我在場，親眼看見親耳聽見，可見，真的是主耶穌和天使們都來接引他上天堂了。

四十一、　與周媽談耶穌基督信仰的事

春鳳：從妳回台之後，就沒有傳 E-Mail 給妳，沒有和你通話、通信，有許多信仰的話想與妳談談，又不知如何與你談起，只有藉著這個電腦來一吐心聲了。

我四月三十日回來底特律之後，除了忙於先寄出我的搬家通知給幾百個鋼琴調音顧客，忙於出外調音，就在家中繼續寫自己的「客家電腦辭典」，並想有系統地與妳談教會、耶穌基督、聖經等信仰生活的事，因此，雖隻身獨居，仍忙得很充實。茲贈送一本新版的中英文聖經與妳 （等妳回來再當面呈送給你），並開始寫一些有關信仰的事給妳：

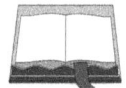

1、　聖經與基督徒

一百多年前，英國威爾斯地方有一個小女孩，她是紡織工人的女兒，名瑪麗。她小時候愛聽聖經故事，她心中渴望自己家中有一本聖經，只因為家貧，無力購買；於是每逢學校假日，便到鄰舍做工，有時賺得一個辨士，有時賺得半個辨士；經過六年的時間，到了十六歲的時候，所積蓄的錢已足夠買一本聖經了，她聽說在距離二十五英里的巴拉鎮，查理士牧師處有聖經出售，她就不辭往返跋涉之苦，來回步行五十英里，買到了一本心愛的聖經，達到了她的目的。她拿著這本聖經禱告說：「神哪！感謝你，給我有一本自己的聖經，我將每天誦讀，並願學像耶穌。」

現在我們買一本聖經比她簡單容易多了，不需要六年積蓄的時間，也不需要跋涉長途之

苦，但是否為自己有一本聖經而感謝神？

主耶穌說：「你們查考聖經，因你們以為內中有永生，給我作見證的就是這經」（約翰五：39）。

保羅說：「這聖經能使你因信基督耶穌有得救的智慧。」（提後三：15）全部聖經的要旨是論救恩，即神為人所預備的完全救法。聖經稱為新舊約，乃因神為要完成他的救恩與人立了許多約，這些約就是神對世人施行拯救的計劃。所以聖經使我們認識自己、認識神及祂的救恩，是我們信仰的根源和依據。我們對聖經的信仰宣言是：「受聖靈默示者所寫，是屬天教訓的全備寶庫，神乃是原著者；救恩為其目的，聖經是全體基督徒的真正核心，又是全人類行為的最高標準，一切主義和宗教見解都應取決於聖經。」

我們生長在這世途崎嶇、人心險惡的世界裏，有時不知如何前行，有時好像行在黑暗之中，隨時有絆跌的危險。感謝神，祂的話（聖經）是「腳前的燈，路上的光。」（詩篇119：105）保羅說：「聖經於教訓、督責、使人歸正、教導人學義都是有益的，叫屬神的人得以完全，預備行各樣的善事。」（提三：16-17）

從前有一位女信徒，正在讀聖經，恰巧一位非基督徒走來問她說：「你讀什麼書？」答以「神的話！」又問「誰告訴你說它是神的話？」「是神告訴我的。」「神怎麼告訴你呢？」她停了片刻，抬起頭來指著太陽問她說：「那是什麼？」非信徒答以「太陽。」女信徒問：「誰告訴你那是太陽？」「不需要人告訴我，是它自己告訴我的，因為它給我生命、光明、熱力和快樂。」女信徒說：「神也是如此的告訴我，聖經是神的話，因祂給我生命、光明、熱力和快樂，這是祂自己的見證。」真的，奇妙的聖經，他對基督徒是何等的重要哇！

宋儒黃庭堅說：「士大夫三日不讀書，則對鏡覺面目可憎，言語無味。」基督徒若不讀聖經，則將如何呢？基督徒除了天天讀經，還當查考聖經，要效法庇哩亞人「甘心領受這道，天天查考聖經」（使徒十七：11），對我們最感動的經節及神的應許當背誦牢記在心，隨時作我們的安慰、鼓勵和幫助，「我將你的話藏在心裏，免得我得罪你（詩篇119：11）」。

埃提阿伯的太監「現在回來，在車上坐著念先知以賽亞的書」（徒8：28）。攜帶聖經是多麼好的事，作禮拜時帶著自己的聖經，使聽的人印象深刻，出外時帶聖經，可利用空閒時間讀神的話。以斯拉曾「定志考究遵行耶和華的律法，又將律例典章教訓以色列人。」（以斯拉 8： 10）我們對聖經有使命，就是要「遵行」並善用機會使人明白真道。賈玉銘老牧師曾說：「我十八歲第一次把新舊約聖經讀過一遍時，即在書尾簽字說：感謝神把這部寶貴的聖經賜給我，比將全世界賞賜給我更滿足我的心，自此以後我願定志，無論貧富、安危、順逆，願以傳揚這部聖經和經中的基督與救恩為唯一的事工。」此後他終身未離聖工的崗位，這正是他讀過第一遍聖經的效應。

結論：聖經是說明真神的意念，人的需要，救恩的方法，罪人的刑罰，信徒的福樂，他的道理是神聖的，他的歷史是真實的，他的效力是永恆的，讀他的人得智慧、得平安，行祂道的得聖潔，他（聖經）如亮光指引你，如飲食使你得飽足，如旅行者的地圖，如航海者的指針，如兵士的寶劍，他是基督徒信仰生活行為的準則。我們當細細地閱讀，常常的查考，多多的背誦，隨時的攜帶，時時的遵行和傳揚。（錄自：張佩信牧師紀念文集）　　　丁衡 5/10/01

春鳳：今天是母親節（五月第二個禮拜天），祝妳母親節快樂！感謝主！賜給我們每個人都有一位生我們、愛我們、養育我們的母親，恭喜妳也在這母親的行列之中，而且是一位出色的母親，水準之上的母親，不但演好了妳作為母親的適當角色，而且是眾母親中最佳美的榜樣，成功養育了三個子女，給了他們最好的教育、前途和生活，我為主感謝妳，也恭喜妳！

妳可知道母親節是由美國的基督徒發起，經過美國立法、總統宣布為例行紀念節日，而後全世界跟進的。美國是基督教國家，基督教是宣揚上帝「公義」和「神愛」的宗教，母愛是人的愛的最高表現，而神的愛則是超越人愛的「完全的愛」。祂給母親以愛自己子女最高的愛，祂自己又有超越愛自己人的愛，到「連敵人都愛」的無條件的、完全的愛。

今天才從台灣回來十一天，下面將在台灣所寫的一篇感想一並寄給妳：

2、 台灣人不守法的根源

這次回台，對台灣的第一個印象就是：台灣人多不守法。行人、車輛交通的不守法，路邊攤販的不守法，食品衛生的不守法，公共場所喧嘩、缺乏公德心的不守法，盜版仿造的不守法，選舉、議事、權位霸道的不守法，偷車變造，槍枝氾濫的不守法，工廠設備、污水處理的不守法，目無法紀的不守法，只要我高興有何不可的不守法，殺人放火的不守法..........，據我看，這些不守法的原因，除了「人」原本「自私、自利、貪婪、欺騙、妒恨的罪性」的猖獗，缺乏有效遏止之道，其根本在於台灣人所受的教育，一直沒有真神「公義」的基礎根底，加上大眾「為惡」心裡作祟，在影視媒體的宣導下，潛移默化中，教人鑽法律漏洞，教人鋌而走險，宣揚「人不為己天誅地滅」「殺父之仇不共戴天」等歪理，無形之中，人性就漸漸泯滅了。

歐美基督教、天主教國家的宗教教育、家庭教育、學校教育和社會教育，因有「聖經」作基礎，以聖經中上帝的「公義」，教導人必須守法，不可為一己之私，作違法的事。聖經出埃及記二十章的十誡，是一切法律規條的基本，世界上所有的法令，都從此而出，由此延伸。舊約（聖經是舊約與新約全書）中一再出現上帝宣布這十誡之後，令「違者處死」的教訓。

有一次，我們教會主日學上課時，正好教到民數記第十五章：有一個人在安息日撿柴，被人看見，於是有人問摩西該如何處置這違紀的人？耶和華吩咐摩西把他治死的例子，一位台灣的慕道朋友聽後，指出：耶和華神沒有「愛」，不夠仁慈，只為撿柴燒飯，應不至於死。我們乃從聖經中所言的「公義」曉諭他：出埃及記二十章八至十節耶和華神早已宣布：「當紀念安息日守為聖日，六日要勞碌作你一切的工，但第七日是向耶和華你神當守的安息日，這一日你和你的兒女僕婢牲畜並你城理寄居的客旅，無論何工都不可作。」三十一章十四節：「所以你們要守我的安息日，以為聖日，凡干犯這日的，必要把他治死。」這是一條早已公布的法律，在神，一旦公布，就必需徹底實行，沒有理由，沒有例外，沒有轉緩的餘地，這就是「公義」。不像台灣的「三分情，七分法」或「三分法，七分情」，可以講情，有人情可以講。

又有一次，一位佛教徒和我談起，說她們所拜的菩薩很仁慈，對他的信徒滿了慈愛，不像你們的上帝不仁慈，不近人情，常擊殺他的百姓，見死不救；她說即使她菩薩的信徒

犯罪累累，那怕一直作惡犯罪，最後菩薩也會拯救到底，免除他的死刑。我答以：「那麼，你們的菩薩就沒有『公義』，成了姑息養奸的菩薩了。對一個一直作奸犯科的人，毫無處罰警告的作為，信她的人不是可以目無法紀，為所欲為，為非作歹一輩子嗎？到最後菩薩還免他的罪，繼續袒護他？如此賞罰不分，善惡不明的菩薩，就是沒有公義。」台灣人一直在這種姑息養奸的教育中成長，成了膜視法律尊嚴的國民，生活在鑽法律漏洞，觸法犯法不足奇，不知分辨羞恥的環境中，甚至認為不犯法者才是傻瓜，不犯法者是時代落後者；台灣人犯了法，還有「三分人情」甚至「七分人情」可講，所公布的法律被人情、金錢一包圍，所犯的罪，就可以不了了之，犯罪者也就可以逍遙法外了。

我曾在台灣開車，有一次停在紅燈前，後面的車子卻喇叭大響，並探出頭來質問我：「為什麼不走哇？」我指著紅燈說：「紅燈啊！」他咆哮著說：「你若不停，我就過去了」！後來，我與台灣的年輕人談到此事，並告訴他們說：「我們在阿根廷、美國，半夜兩三點開車，即使在小路上，遇到了紅燈或 Stop Sign，不論有無行人或車輛經過，也不論等多久，一定都會停下來，等到綠燈才開」，他們第一句話卻是：「你們怎麼這麼傻呢？沒有人嘛！」是何等可怕的教育呀！

有聖經背景國家的國民，他們的教育有「神的公義」作根底背景，他們從小就有「神的公義」「遵守法律」「違法者死」「犯法羞恥」等的觀念，不輕易嘗試觸法犯罪。

公義：在聖經舊約認為是神的相對屬性，用在人身上的是指正當的法則，行為或人要得他應當得的，無論是好或壞、願意或不願意。從神的角度看，祂不能忍受不公義的行為。為此祂訂下公平的法則，要人遵行，違反祂公義之律者，就是違反祂聖潔的要求，遵守祂公義之律者，就是尊重祂的聖潔權柄。為此，祂訂下順者蒙福，逆者受禍。神是公義的，祂如此待人，也要求人能以同一的原則對人，這是人能快樂自由地生活的基礎。

台灣的教育若能以「聖經」作教材，台灣人若都能尊奉這位創造宇宙萬物的公義之神，重視祂的公義，遵循祂的公義，台灣人的犯罪行為，將會被影響而大大減少，人們才能真正的生活在自由、平安、快樂之中。　　丁衡 5/11/01

春鳳：回來已經兩個禮拜，調音工作甚忙，每天都到顧客家中調兩三部鋼琴，晚上回來看見空盪盪的家，就會想起妳，想找妳談，讓我們繼續談吧：

3、 談「信」

現在談的這個「信」是相信，信賴，信仰，信靠。

一般人相信一件事或一句話，常來自別人口中說出的話語，因此「信」這個字由「人言」兩個字、「人的言語」合併寫成；聽到人說，就相信了。但也有人說，「我沒有親眼看見，我不相信。」要親眼看見才相信；看見的事，他相信，這是有些人受過「人言」的欺騙，或聽見的與看見的不相符合，給予人非得親眼看見，不足相信的經驗使然。還有一些是人用錯了「工具」或過了時間，無法用肉眼看見或無法再回頭重演，無法再從實驗之中得到證實，人就不相信。以人有限的頭腦去思想，無法瞭解，就以為不真實，他因此不相信。舉例來說：有人告訴失散二十年的孩子：「你是這位〔你親生媽媽〕懷胎十個月後所生的」，他因為無法再回母腹、再重生一次，他就懷疑或否定不是這位媽媽所生的。又如「神」的存在，必需用「心靈的眼睛」作工具，才能看見、才能體會，用肉眼當然看不見，因為神是靈，就像用「尺」去量「重量」一樣，用錯了工具，量不出輕重來。但是，許多時候，人只要聽見某人說，你就沒有疑問地相信了，例如：某人說：「總統到我們村子裏來了！」，「剛才我經過的某路上，發生大車禍，很多人死於車禍！」，你雖然沒有親眼看見，你卻相信了。我們看見電視的氣象報告，知道強烈颱風逼近，你沒有看見颱風來襲，也沒有任何颱風預兆，你會相信，作好防颱準備，不敢出海。我們讀書報，書報中許多知識、消息，我們雖沒有親眼看見書報中所寫的事實真相，但是我們看到書報上寫的或聽到老師說的，都相信了。例如：「電會使物體發熱、發光、並推動物體、電還會電死人，人不可觸摸電。」學過的人雖然沒有看見過電，看不見電如何通過人體，使觸摸的人觸電，也沒有去觸摸過電，但都相信了。又如歷史，「秦始皇焚書坑儒、建造萬里長城。」我們只看過書中的記載，聽歷史老師講過，沒有親眼目睹秦始皇的所做所為，就都相信了。再如地理課本上寫：「哥本哈根在北歐，是丹麥的首都，人口ｘｘｘ人，全國面積ｘｘｘ平方公里。」很多人都沒有去過、沒有算過、沒有量過，但都相信。

有許多真實事是無法用眼睛看見的，像感情的事、靈界的事：「愛」，人能看見嗎？人人都有愛，但是，愛在人體的哪一部分？在心臟或在肝臟裡？「上帝」在哪裏？在天上，

在你的周圍，在我的身體裡面，你能看見嗎？看不見！世界上有鬼嗎？有，什麼樣子？你見過嗎？沒見過！因此，不只眼睛看見的才是真實，看不見的，就不真實，你就不相信。再如「風、空氣」，我們人人都感受得到，卻都看不見，你能說「我看不見，所以沒有風、沒有空氣」嗎？

聖經中寫的上帝是創造宇宙萬物的主宰，天地萬物都是由上帝創造的，這一創造主是超越萬物的、有超越能力的唯一真神，這本聖經中記載了許多上帝所行的事跡，像一般歷史書記載的一樣，有許多人曾經歷過上帝所行的事跡，很多人就是不相信，（甚至當時經歷過的人，都有不相信的，）同樣是「書」（聖經）中所記載的，如同課本中寫的「電、歷史事實、地理位置」一樣，像人人都有愛和風一樣，同是看不見的真實，許多人就不相信。而一些人用手雕刻的、用手塑造的、用手畫的、人定的神，人造的神，他卻願意去相信，去信賴，去信靠，視為至寶。

一提到「信神」，一般稍有知識的人，會立即浮現「鄉下老太婆」那種盲從的民間信仰，以為信神就與她們一樣迷信，不瞭解她們所信的真相，不瞭解她們所信的為何？不瞭解所信的是否真正值得去信靠的真神？因為她們難懂她們所信的教義經典，只聽人言，只信人言，盲從而信。而基督教有淺顯易懂的聖經，人人可以知道所信的是什麼？更有很多高知識水準的人信靠祂，聖經中明明記載上帝以祂的大能創造了天地萬物和人，並一再地說：「我是耶和華你的神，除我以外你不可有別的神。不可為自己雕刻偶像，也不可作甚麼形像，彷彿上天下地和地底下、水中的百物。不可跪拜那些像，也不可事奉他（出埃及記 二十：2-5）- 聖經開頭的第二卷書」。

神：有真神、假神、大神、小神、人造的神、人定的神、不知名的神……在外語版的聖經中，可以看出唯一真神、萬神之神，英文聖經用大寫的 God，西班牙文聖經用大寫的 Dio，小神則用小寫的 gods 和 dios 。 我們信神當然要信靠最大的、最真的、唯一的那一位。那些假的、小的、人手所造的、人定的神，如何能去信靠他呢？我們有事找人，也要找「位高掌權」的那位，總比找那「位在掌權者之下」的要有效得多吧？既然同樣是信，當然我們信那位真神，有保障、有安全感，因為祂才是有超越我們能力的、超越萬物的、昔在、今在、永在的唯一真神。什麼是基督教的信？就是

* 信上帝是全能的天父，創造天地萬物的主宰。
* 信耶穌基督是神，祂從聖靈感孕、從童真女瑪利亞出生，被釘十字架、死、埋葬，第三天從死裏復活。
* 信耶穌基督還要再來審判活人和死人。

* 信聖父（舊約中說的耶和華神、創造宇宙萬物的主宰、天父）、聖子（新約中說的耶穌基督）和聖靈（耶穌基督復活升天之後從天上派下來的保惠師、曉喻我們神的旨意者，隨時隨地在我們左右陪伴我們、指示我們神真意的靈）是三位一體的真神。
* 信「信徒的罪得赦免，肉體要復活，享有永久的生命（靈魂不滅）」。
* 信聖經是神的話，是神所默示，用人的言語向人曉諭祂的工作、旨意、道路以及人應如何敬拜祂的一本正典。是神透過一群敬拜祂的人，且是藉著聖靈傳講自己，發出教導的、不能增刪、不能廢棄的經典。

好了，今天談到這裏，盼妳慢慢理解基督教的經典，並保存這些我們所談的話題！

丁衡 5/15/01

春坊：允許我用這個名字來稱呼妳，我知道大家以日本名春子（HARUKO）稱呼妳，我算過，若改稱春坊（HARUBOU）會更好，日本人叫可愛的男嬰為「坊（BOU）」，也稱心愛的人為「坊」，我們教會的張晃家牧師，他的親人都叫他「晃坊 TERUBOU」，端瑛姐（呂太太），她的丈夫也叫她「瑛坊 EIBOU」，不知這樣的稱呼，妳是否喜歡？今天是五月二十日，距離妳來美，還有一個月，真難等！在這見不到面，又無法交談的時日，只有將心中的話留在電腦中，等妳來到，再傳送給你。我真希望把自己所瞭解的聖經，有系統的、由淺而深的、由近而遠的與妳分享，因為這本聖經是全世界出版最多，銷售最多，全世界的語言都有翻譯本的一本書，全世界的人都想擁有、都應瞭解的一本書。聖經給過我不一樣的教育與感受，改變了我的思想、行為與生活目標，影響我四十五歲以後的人生至深。美國尤其普遍重視這本書，因為美國是基督教國家，我們居住在這裏，更應該懂得他們所遵循的這本聖經。以下我就一篇接一篇的與妳分享，盼妳耐心地、像學校讀書時一樣、像吸取新知識、看故事書、看小說一樣看下去，「活到老，學到老！」「開卷有益」嘛！

4、 人為萬物之靈

上帝創造的宇宙萬物，有「無生命物質」和「有生命活物」。植物、動物和人，都具

有生命；生命的特質是：生、長、老、死。生命是由種子產生身體，身體成長、壯大、衰老、死亡。

植物的生命只有「身體」的出生、成長和老死，動物的生命除了「身體」的出生、成長與老死，同時還有「感情」的與生俱來。人除了「身體」的生長、老死、「感情」的與生俱來，更有上帝賦予的「靈」（人不是動物）。

「靈（靈魂）」是與靈界的神或鬼相通的管道及智慧，也就是與神、鬼交通的本能。動物和植物，神沒有賦予「靈」，不能與神、鬼相通，唯有「人」具有這種靈性。聖經記載：神造人時，將生氣吹在他鼻孔裏，他就成了有靈的活人（創世記第二章：第7節）。

因此，在神創造的萬物中唯有「人」，才是屬靈的，才會與神、鬼交通，才懂得神、鬼的事。人自然會敬拜神、鬼，動物雖也有喜、怒、哀、懼、愛、惡、慾等感情，但是沒有敬拜神、鬼的靈，所以不知道神、鬼的事，不會祭拜鬼、神。俗語說：「人痛呼娘，人窮呼神。」人在疼痛時呼叫娘，在窮途末路時呼求神。神是靈，神、鬼在靈界，人無法以肉眼看見，無法以身體觸摸，也無法以實驗工具、實驗方法取得證明。人要體驗神，唯有用「靈」與之交往，唯有心靈的眼睛能見到神，唯有心靈的感覺能體驗神。

神創造人的時候，吹生氣在人的鼻孔中，是給予人有與神親近的靈氣，神喜歡人與祂交談親近，因為祂創造萬物時，只賦予人有此福分。人在被創造之初，一切美好「神看著一切所造的都甚好，有晚上有早晨，是第六日。（創一：31）」，沒有貪、恨、妒、欺等罪性，神還立了一個伊甸園，將人安置其中，要人修理看守這園子，並任人遨遊享受，神還常與人一起漫步其中。後來神造的人<u>亞當</u>、<u>夏娃</u>不聽神的吩咐，受到魔鬼的引誘，偷吃神禁止人去吃的果子，被神逐出與祂同在的伊甸園，「人」才與神隔絕。這<u>亞當</u>一個人的犯罪傳延到他的子子孫孫，今天我們「人」才滿了罪性，再也無法與神一同享受同在的福分，無法與祂和好。

人因為犯罪，遠離了神，神痛心，神愛世人，乃設立了拯救之道（在整本聖經裏）拯救人不因為罪性的驅駛而沈淪，免於永遠死亡而毀滅，神希望人能回頭，回到祂的身邊，作祂的兒女。祂所賦予人的「靈」，是唯一能與神交談、與神親近的管道，人人都能與神相通，只要透過耶穌基督這條道路，信靠祂，奉告祂的名禱告與祂說話、向祂祈求，就像與自己的父親說話請求一般，再看聖經，從中尋求祂的回話，瞭解祂的心意，照祂的話（聖經）去行事為人，如此，你就可以心安理得，坦然無懼地去面對神、面對你的人生。

記得：要善用這位創造宇宙萬物的唯一真神祂賦予你的「靈」，找對交托、交通、

信靠的對象,全然地、沒有疑問地、單一地信賴祂,信靠祂,你會從耶穌基督裡得到意想不到的滿足與平安!願神祝福你!

春坊:又經過好幾天沒有和妳交談了,相信妳在台灣過得很好,因為五、六十年來已經習慣了,二十天後就要來美,不知你心情如何?不同的國度、不同的環境、不同的生活,到底美國不是你的舊居,來美就像旅行、渡假一樣,只看看、玩玩、渡渡假、與親人住一段時日,住幾個月之後又要回台,過已經習慣了的生活,心情不像我們住在此地的人一樣踏實。人常說「錢在那裏,心就在那裏,家在那裏,心也在那裏」,在妳來說,美國兒女的家,到底不是你自己的家,因此,來美沒有回家的踏實感,就如我回台,住兒女的家,沒有回家的感覺一樣。

教會常談到「人人都犯罪」,很多人誤解說:「我沒有殺人放火,犯什麼罪?」人的標準是有了「罪的行為」才叫犯罪,觸犯了法律規條才犯罪,在上帝的標準則更高:有了「罪的思想」,心中開始起疑、懷恨、嫉妒、貪婪、起慾、說謊……心中有了犯罪的念頭,就是犯罪了,因為罪的行為起因於這些念頭(原罪,又稱罪性)。世人誰沒有這些犯罪念頭?因此「人人都犯罪(人人都有原罪,都有罪性,生出來就有的)」,人一生下來就會貪、騙、妒、恨….與生俱來,沒有人教,也不必學。下面是聖經對罪與赦罪的說明。

丁衡　5/30/01

5、 談「罪」

「罪」的原意是「射箭不中目標」。

罪是一種與聖潔之神隔離之狀態,罪至終是敵對神的狀態。

奧古斯丁認為:罪的本質是一種強烈的慾望,是一種變態的自愛,與愛神的愛對立。加爾文認為不單是自愛,乃是由驕傲引發出來的反叛。

罪是人的「驕傲」與神在基督裡的「虛己」相違背,神要在基督內提升人,人卻因自己的怠慢與神作對,人的虛假硬要與神在基督內對人的保證作對。從亞當犯罪看:人本於

不信與反叛,企圖攫取屬靈和道德的獨立。

原罪是神的一個審判,使亞當的「罪」歸到每一個人身上,從而基督的「義」可以在同一基礎上歸到每一信祂的人身上。

人不是因犯罪而成為罪人,他犯罪只因他是個罪人。

就算是人的好行為也可以發自雜而不純的動機,因此人的宗教、倫理、藝術及創造力,均可以變成表達不信及驕傲的工具。

因亞當的罪,使整個世界都伏在罪、定罪、與死亡的管轄之下。

罪的性質不是出於自然,而是人刻意違背神律法的結果。

所有的人都是罪人,「因一人的悖逆,眾人成為罪人。」不單因為從亞當承襲罪惡的天性;更基本地說,是因為亞當的罪性已經歸咎於他們或算作他們的了。

所有的人都及不上神所定下的標準,更嚴重的是「罪的工價乃是死」(羅6:23),人既已犯了罪,就得不到神的祝福(賽59:2;哈1:13)。

贖罪的需要是從人類普世的罪惡及人無能面對和處理罪所衍生的問題而生發出來的。

神基於愛與憐憫,一直為罪人努力,舊約(耶穌誕生前的聖經稱舊約,在整本聖經的前半部;耶穌誕生後的聖經稱新約,在整本聖經的後半部。)記載一個非常複雜的獻祭系統,是神賜給以色列人為要贖罪的(利17:11)。不過我們要注意,宰殺祭牲本身不能除罪(來10:4),使獻祭有除罪功能的,全是出於神的命令。除去罪的不是山羊或牛犢的血,而是神的愛。當然,神也看人的內心,看敬拜者是否真心悔改等等(王上8:47;結18:30-31)

人類是有罪的,正基於我們過去犯過,現在又不能抹掉的罪。

6、罪咎與赦免

罪咎是人犯罪後的狀況,有時是從刑罰的角度來界定:指人可能要接受刑罰的狀況,但這種界說是有問題的,因人就算獲判無罪(如罪證不足)或判緩刑,只要他犯了罪,他就是一個罪人。無論有無刑罰,皆因罪咎是關乎人不能改變過去,

聖經稱人類是有罪的，正基於我們過去犯過，現在又不能抹掉的罪。

罪咎與罪咎感並不一樣，明顯地，人可以犯了罪而沒有罪咎感，我們亦不能對罪咎認識不全或良心麻木，以有罪為無罪。那末無論他犯了什麼罪，自己都無所感（他人的或自我開解），以為除去罪咎感便解決了問題。如上說，除去罪咎感與除罪，二者是不同的。

聖經說人是神造的，為要成就祂的美旨；因此，人要向神負責任，蒙召為的就是順服；但人人都犯了罪「虧缺了神的榮耀」羅3：23），罪咎由是生。雅各把這情況的嚴重性說得很清楚：「因為凡遵守全律法的，只在一條上跌倒，他就是犯了眾條」（雅2：10）；就算只犯一條他就是犯法的人，因此，沒有人完全無罪。

按耶穌的說法，這種罪咎的後果可以是永遠的（可3：29），我們不應該低估他的嚴重性。有罪的人要面對永遠的死亡（羅6：23）。

新約的核心教訓乃是奇妙的赦免；就這角度而言沒有一個新約作者只強調罪咎，他們更關心人怎樣可以得到赦免。

聖經認為罪得赦免比脫離罪惡權勢重要。今天很多人都只是談論怎樣脫離罪惡權勢，以致人可以活得更好一點，這也是福音的一部分，更妙的是脫離罪惡的權勢並不等於罪得赦免，我們仍得負上犯罪的責任。在基督裡的救恩是指罪得赦免，和脫離罪惡的權勢。神的赦免比寬恕廣且深，一個被寬恕的罪人仍然是一個罪人，人人都知他犯的罪和被寬恕的罪；被寬恕的罪人只是刑罰被免除，他的罪咎身份仍然存留。但基督的赦免卻是罪與罪咎都被除掉，罪人已被潔淨，他的罪咎與罪罰均被塗去。罪人是死在罪惡過犯中的人，神卻使他與基督一同活過來，「神赦免了你們一切過犯」（西2：13）。我們就是因基督的緣故得赦免（弗4：32；約壹2：12）

基督教信息最重要的部分就是宣告罪得赦免。歷代教會對這信息的重視，從他們把赦罪納入崇拜的一部份就可看得出來；我們承認自己的罪，又得到基督的赦免，這種認罪與赦罪一直是基督教崇拜的重要部分。

7、 論「奉獻」

「**奉獻**」就是把屬於神的財物歸還給神。我們今天靠腦力或體力所得到的財物全是神允許賞賜的。因為我們能有工作的健康、能有工作的才能、能有工作的機遇、能有工作的安全，能因工作而有所得，都是神的允許，神的賞賜。反過來說，若神不許，不給你健康，不給你才能，不給你機遇，不給你安全，你又如何能獲得財物？神創造空氣、陽光、水，免費供給我們使用，使我們能有體力、有健康從事我們的工作，才能獲得財物。基於神這些賞賜給我們的恩典（不必花錢的，白白給我們的，因為我們出生時什麼都沒有帶來。）我們今天所得的所有財物，是否全是神賜的？

神沒有叫我們將我們的全部所得，都歸還給祂，只叫我們將所得的十分之一歸還給祂。神說：地上所有的，無論是地上的種子、樹上的果子，十分之一是耶和華的，是歸給耶和華的（利：27：30）。又說：凡牛羊群中，一切從杖下經過的每第十隻要歸給耶和華（利27：32）。神還說：人豈可奪取神之物呢？你們竟奪取我的供物，你們卻說「我們在何事上奪取你的供物呢？」就是你們在當納的十分之一和當獻的供物上（瑪拉基3：8）。因你們通國的人都奪取我的供物，咒詛就臨到你們身上（瑪拉基3：9）。

萬軍的耶和華說：「你們要將當納的十分之一全然送入倉庫，使我家有糧。以此試試我，是否為你們敞開天上的窗戶，傾福與你們，甚至無處可容（瑪垃基3：10）。」我們奉獻所得的十分之一，是回饋神的賞賜，也訓練我們的順服，心甘情願地奉獻。神更以人的奉獻，豐富地賞賜給人，奉獻越多神就賞賜越多，反之，奉獻少，神的賞賜就少，不奉獻你所得的，神就奪取你的所得，或使你的收入，裝在破漏的袋中。在奉獻的事上，人還可以試探神，可以試試神是否在你奉獻越多之後，賜福給你更多的所得？到無處可容？奉獻的算式不是十減一等於九，十減四等於六。或許十減一等於十，十減四等於十五。因為人的小手，心甘情願的大奉獻，神卻還以大手筆的賞賜；就像幼兒抓滿一把糖果給人，父親就抓滿一把糖果還給幼兒一樣，反比原來更多了。

2001／7／11 春坊從台來美，珊瑢忙於她的旅行社，要我幫她到機場接她的到來。

四十二、 移民必須具備的先決條件

移民－是整個人、整個家庭、整個生活環境、整個生活方式變遷的浩大舉動。移民不是全家人存著玩玩看看心情的短期旅行觀光，旅行結束即可回家，過向來經過的平靜生活；或許剛剛離開自己生長的家園，踏上另一國土的初期移民，整個人感覺新鮮，感到輕鬆、歡喜快樂，就如旅行觀光、看看玩玩的心情。

一旦定居下來之後，整個人的感覺就大大不同了；開始為長久居留操心，為生活環境操心，為穩定收入操心，為孩子們的新學習環境操心，為語言文字不熟操心……，一個家庭在新國度的生活環境，不比原有自己生長的故居、舊有的環境，已經習以為常，有親人長輩、親戚朋友的呵護幫助，有熟悉的語言文字隨時可以應付，有固定的收入可以維持日常所需，過去的學校文憑、工作能力已經失去作用….，必須從新規劃新的生活方式，但是新的環境，要適應、要改變、要向前行，談何容易？

因此，移民之前必須要有心理準備、財力預算、謀生能力等各方面的充分考量，始可毅然付諸行動，千萬不可抱著玩樂觀光的心情貿然行之。

綜觀周圍諸多的移民朋友，有龐大財力可以投資的移民，有足夠財力可以在國外安渡退休生活的移民，有源源供應的財源、不必為生活擔憂的移民，都可以過舒適安穩豐盛的移民生活。

一些沒有足夠財力，但是懷有一身技藝可以隨地謀生的移民，也可化險為夷，逐漸在陌生的國度裏站立起來；就是一些口袋裡還有飽足的金錢，還在觀望如何起步？但是沒有特別謀生能力的移民，等到口袋裡的錢即將花盡的時候，就多有回頭或失敗的紀錄。

也就是說，有錢的移民，不必擔憂，可以逍遙自在；沒錢的移民，若沒有薄技在身，也是死路一條，若有隨地謀生技藝的移民，當然也可生存。

我們看見不少住豪宅、開名車的移民，生活闊綽舒適；也看見不少埋頭苦幹的貧窮移民，慢慢站穩，生活逐漸改善的人家；當然也看見似富而貧、遊手好閒、還在觀望的移民，終究生活不下去，打道回府的個案。

在貧窮但有隨地謀生技藝的移民中,我們看到不少行業:例如,裝潢業,初到新地的移民,一定買屋置產,而且多少要整修住屋,初到的移民礙於語言不能與當地人相通,只有找語言通達的同胞裝潢業者幫忙,若幹這行的業者能勤勞、誠實、忠於職守,沒有不站起來的理由。

又如修理業者,不論電器、電腦、工具、家具、手錶、汽車的修理工作,有信譽的修理業者,在移民社會中都是一枝獨秀的。

一般中級財富的移民,若有人力,像開餐館、開小型超級市場、投幣洗衣店、汽車旅館……都大有可為。

像我這從事特殊行業的,上帝若允許,當然也可以「出頭天」,只是要比從事別種行業者辛苦,要在茫茫大海的陌生國度裏,從眾多同行業者中崛起、被接納、被肯定,首先要看上帝是否早安排你走上這條路、給你這方面的恩賜?再看上帝給不給你工作機會、給不給你慢慢爬升的機會?還要看上帝給不給你健康、可以勝任這一行業?

感謝主!上帝在我出母胎之前就賜給了我特殊的聽覺,十五歲起安排我就讀師範學校、學得鋼琴調音技術,給我因為特殊聽覺可以學習諸多語言,可以在不同國度裏,以當地的語言溝通、工作、賺錢!

四十三、 孤單老人的感嘆

Hijos: 這「孤單老人」是一篇有感而發的隨筆,接連下來的近況報導,可能會給予你們很大的 Surprise 與 Shock 。

孤單老人

老伴兒突然消失了!
強忍著無比的傷痛,回到了曾與老伴攜手打造、苦樂與共的家;曾是闔家同聚、

充滿歡樂、熱鬧溫馨的家！如今家巢依舊，恩愛的老伴卻不在其中！

面對著寂靜空洞的家門、渺渺茫茫的未來，該如何單獨去應付！？沒有斟酌的伴侶、得力的幫手，大小瑣事都曾經由她經手掌管的，現在卻要自己一個人去摸索、處理，去承擔、面對！

眼前的日子仍然要過，該做的工作不能停頓！現實三餐的煮炒，衣物碗盤的清洗，食物用品的採購，一樣不能缺，從未下過廚房，沒有煎過魚、沒有炒過菜，如何能夠果腹？沒有洗過衣服，連洗衣機和烘乾機都沒有操作過，每天換洗的衣服、用髒的被單枕頭，必須親自洗滌折疊。親戚朋友的紅白喜事，又該如何應對？一個人要承擔全家人的所有工作，收入支出、衣食住行、灑掃進退、人情世故....心中傷痛、寂寞孤獨！再加上生活無助！

自從老伴兒過世五、六百個日子以來，沒有煎過一條自己想吃的魚，沒有炒過一盤自己想吃的菜，因為實在不懂煎炒煮食！曾經多少個日子沒有講過一句話、沒有開過一次口，因為沒有談話的對象！平常白天出外工作，中餐多買漢堡薯條、冷飲速食；餓不擇食的晚餐，就只能煮一個人份的白飯，隨便開個魚罐頭、配以蔭瓜醬菜糊口。過去歡樂的時日，一天工作完畢回到家，總是擺滿熱騰騰的飯菜在桌上；如今，既累且餓，還得淘米煮飯，哪來興致炒菜、煎魚、燉肉！？曾經有教會的呂姐妹送我她自己種的苦瓜一條、韭菜一握，以前吃過老伴兒炒的豆豉苦瓜好吃，就想試炒豆豉苦瓜，洗切好苦瓜，開始找豆豉，只是翻遍廚房櫥櫃，就是找不到老伴兒曾收藏的瓶裝豆豉，只好清炒苦瓜吃苦了。那一握韭菜和以後呂姐妹每次送的韭菜，就只會煮開水清燙沾醬油的一種吃法。

冰箱中常常空著，因為實在不知買什麼好？即使買了肉魚菜回來，也常放壞丟棄，因為實在不會煮，也沒有時間、沒有興致去煮。搬家後留下的乾菜乾糧，吃到現在還有，一來不知如何去煮，二來不想化太多時間在摸索煮食，三來捨不得丟棄。換洗的衣服堆在衣籃中，兩個禮拜洗不到一次，因為一個人的穿戴，兩個禮拜還不滿洗衣機一槽。洗被單時，以往有老伴可以幫拆幫拉，如今一個人要牽扯四個被角，裝回棉被實在不是一件容易的事。每個禮拜上教會、主日學、到理經兄家查經、打乒乓球，看見他們都雙雙對對，自己座旁的座位總是空在那裏，沒人敢來陪坐；雖然上教會是尋找神、與上帝交通，

查經不是派對（Party），老伴陪坐幾十年的影子，就是永遠存在！

對著空洞寂靜的屋子，獨坐空思、發呆，多少個夜晚躺在床上默數鐘擺和一分一秒掛鐘的滴答聲響！數算兩點鐘、三點鐘的叮噹鐘響！又多少個夜晚輾轉失眠，索性爬起來面對電腦寫作再寫作，以打發寂寞與空虛！

誠如乂兮在「窯匠之泥」序文中所述：「……我母親因癌症去世，對家父影響頗大，他心中的悲戚、落寞和孤寂，是外人很難體會的。」自己何嘗不想放寬胸懷、坦然面對！忘記過去，放眼將來！？掙開苦痛回憶的鎖鏈，再度翱翔快樂的天空？畢竟不同往常了！「孤單老人」的稱號已經伴隨有時矣！

周圍的弟兄姐妹、老朋友、新舊顧客，雖然常表關心，噓寒問暖，但畢竟只是好心的關懷，短暫的問候！回到了家，仍然只有「孤單、寂靜」的陪伴而已！曾有不少新知舊識，好心勸進找個老伴來陪伴，甚至指名道姓要我接納，只是他們哪裏知道我心靈深處已經沒有空間能容得下任何一個人！

** * * *

你們可還記得今年七月中給你們的旅行計劃 E-Mail 嗎？不妨再調出來看看：

孩子們、大家好：
我決定從八月二日至十八日，參加 Ritz Tours（名人假期）辦的「歐洲之旅」旅行團，再到歐洲一遊 （我特別喜歡歐洲的古典美），趁著眼明腿健，還能看能走，出去散散心，放鬆放鬆繃緊二十幾年來的筋肉神經，一償環球宿願（還差美國到倫敦一段，即接滿環繞地球一周，我從台灣向西到了倫敦，向東到美國東岸，這次從美國東岸到倫敦就接滿了），（而且是很早就立意要帶媽去而始終沒有達成的願望），並已繳清費用 $2432元 （一個月前繳清，才可享受旅行平安醫療保險），這是為自己最慷慨的一次付出。這一趟旅遊總共是十七天、十一國、二十個大城的旅遊，雖然二十五年前去過一次歐洲，但所走的路線不同，許多國家城市沒有重復。這十一國是：英國（England）、比利時（Belgium）、荷蘭（Holland）、德國（Germany）、瑞士（Switzerland）、列支登士坦

王國（Liechtenstein）、奧地利（Austria）、梵蒂岡（Vatican）、摩納哥（Monaco）、意大利（Ttaly）、法國（France）。是此地長榮旅行社周珊瑢小姐大力推薦的，因為價錢便宜，十七天的吃、住、機票、車船、參觀入場券全包在內。

長榮旅行社主持人周珊瑢小姐知道我決定參加這趟旅遊，就告訴我她的媽一直有個心願想到歐洲去一遊，她想讓媽達成願望，只是他們夫婦都有工作，不能陪媽一起去，於是問我可否沿途幫她的媽翻譯？幫忙照顧她？我想既然同在一個團體旅行，她又不是七老八十、老態龍鐘（她才63歲），這個忙應該可以幫，於是答應了周小姐的請求。出發當天周媽就從這裏與我一起直飛倫敦歸隊，她一句外語都不懂，我就一直幫她翻譯，參加十七天的歐洲之旅。

因為這次（8/2 - 18/01）十七天的旅遊，沿途幫周媽翻譯，領隊每天都安排我們的座位在一起，也因為我們生活的年代相近，就從兒時、求學、工作、結婚生子、養兒育女，無所不談，當然也因此互相瞭解不少。帶去的照相機，也常相互獨照，同團的旅友卻常走過來說：「我幫你們照！」就這樣不可推辭地，也合照了好幾張照片。

旅遊回來之後，卻受到她們母女的回饋照顧。周媽看到我獨居的孤單，也由於她女兒的激勵，時常噓寒問暖，知道我不會煮食，也燒些好魚好菜饗我。

一天她女兒珊瑢告訴我：「我媽對你印象很好，常提起她在旅遊中受你照顧、快樂的事，她也看過你寫的六十年回憶錄「窯匠之泥」一書（我還給她看過我為懷念內人所寫的「南瓜藤」一書），對你有好感，她很關心你獨居的生活。我媽在我爸去世十幾年來，從來沒有這樣的感覺與反應，雖曾有人建議她再嫁或介紹男人給她作朋友，但她一直沒有接受，單獨一個人辛苦撫養我們三姐弟長大成人、完成學業、成家立業（女兒台大生化系畢業，再留美得生化 ph.D，大兒子師大化學系畢業，現在永和高中教書，小兒子台大醫學院醫科畢業，現在榮總），人們都稱她「聖女貞德」要頒給她貞節牌坊呢！其實你們都是 single，可以交為朋友，互相關照、互相安慰！」我聽到這突如其來的消息，雖有些觸電的感覺，不置可否，但事就這樣在不知不覺中自然地演進下來了！學期開始時我們都因為旅遊中感覺外語能力不足，想上 Adult school 參與學習，每週有四個上午的課，上下學就順便載她，中午下課後順道載她回女兒的家，常有她煮的午餐招待，晚餐還有魚菜帶回來。午餐後若沒有調音，我也常幫她復習、預習每天的功課，教學相長，

自己也受益匪淺。

這就是從八月初旅遊開始，所發生的近況，我一直心中不安，媽媽的影子深刻，媽對義廬說的遺言：「不可讓你爸再娶！」猶清晰如昨，但事情就這麼自然產生了，彼此沒有刻意強求，也沒迴避，沒有受到任何人或事的阻擋！我曾與教會的理伯兄、端瑛姐全盤報告過，他們夫妻卻說這是主的安排（他們都在教會認識周媽），他們很祝福說：「我們都為你的獨居生活擔心，都在尋找適當對象給你作伴，現在有這麼一個紅粉知己，只要倆人談得來，能相互關照，得到兩個家庭的諒解與接納，是件值得祝福的事」。在 Adult school，賴伯伯夫妻（明嘉父母）也在上學中發現我每天載她上學，起初我只告訴他們是「順道載她」，但他們感覺到似乎不只如此，就多方追問她的家世、近況，並暗中在拉攏我們，後來知道了我們已認識兩三個月，就說「我們看見你們很相配，本就想拉攏你倆相互作伴的」，也邀請我們去他們家午餐（學校就在他們家對面）。

自己雖常祈求主：「若主不許，請即阻止，若主允許，請賜祝福！」 自己不知可否接受這份感情，又不知如何向你們啟齒？你們能給我意見嗎？ 爸 10/20/01

爸：

得知你有一個合適的對象，甚喜！暮年還能夠找到一個相互照顧的伴兒不是上帝的祝福還有什麼其他的解釋？我們身為兒女的一直都為你因媽去世所造成的孤單感到心疼，但目前我們姐弟都在台灣發展，你又不習慣搬回來與我們同住，只好安慰自己說「你很剛強」。如今有一位老伴彼此照料和疼惜，我們很放心，也樂觀其成。根據聖經上對婚姻的教導，婚約有效期間是到兩人中一人死亡，所以在這種情況再婚完全不會觸犯任何規條。另外，媽若真的愛你，看你如此孤單寂寞，應該也會贊成有人陪伴你。

我們此次回美時，剛好有機會和周媽媽見面認識，屆時我們會進一步表達我們的意見，但你年紀已經一大把，基本上看人經驗豐富，只要你覺得好，不必問我們好不好，我先恭喜你了！只有一個問題，周媽是基督徒嗎？她的子女呢？

鳴

以下是當時與周媽相互交談時的 E-Mail 通信：她名為莊春鳳，在教會中有張晃家牧師她家的人都叫他晃坊（日名てるぼう–Teru Bou）， 端瑛姐的先生理經兄叫她瑛坊（えいぼう–Ei Bou），因此春鳳我也叫她春坊（はるぼう–Haru

Bou）。

春坊： 自己忙完外邊的工作，回家安靜下來之後，忽然覺得寂寞起來，打開電腦也沒有你的 E-Mail，雖然仍在電腦上整理自己未修正完畢的字典，總是有一種空虛的感覺，兩三天之後才可見面，似乎很長，我們好像離得很遠。今天禮拜六，整天在桌上與電腦面對著，中午有位國語教會的賴弟兄來電話，邀我傍晚到他們家去吃飯與他的父母聊聊（曾在國語教會一起多年，也是釣魚的老朋友，我們去歐洲之前他們就從台灣來了），我答應了去會會他們，雖然心中不想去，但為了排除寂寞，不妨也忍耐去應付一次，我不常答應人家的請客，我常藉故逃避。好了！快六點了，該出發了！見面再談！禮拜一上午約十點我會去先教你一課，再去吃日本料理。丁衡 9/1/01　6:45PM

春坊：感恩節快樂！
今天是感恩節，感謝上帝從小就保守看顧我們健康平安、賞賜豐富充足、眷顧生活無憂！賜給我們各有三個優秀的兒女，在社會上都能立足稱職，愛家又孝順，使我們沒有後顧之憂，可以自由自在地居住遨遊。更讓我們彼此相識相許，相依相伴！這一切都是上帝的恩賜，我們為此獻上由衷的感謝！
昨天下午回來之後，即刻小睡了四十分鐘，五點整帶著你送的晚餐，到中國國貨的姚家開始調音修理，六點半抵達理經兄家，借Micro wave暖了晚餐，與他們夫婦同吃，然後查經一小時，繼續打乒乓球到十點回家洗澡睡覺。今早六時起床，載胡兄到Meijer買電視機，我也買了三樣東西：DVD機，吸塵器和五件旅行箱（一盒五件）。回來就一直沒有出門，在家邊看電視邊打電腦，整天有很好的休息。明天仍可在家休息，但願妳也有好的假期！好了，晚安！　丁衡11/22/01

（ 以下是女兒剛剛來的E-Mail 也寄給你看，因為也談到了你 ）

Dear 爸：
我以為您有novia(女朋友)後就沒什麼時間跟我們通Email了.感恩節會去周媽家過嗎?記得帶點東西去.您甚麼時候回來?ㄨ鳴回來後我一直沒時間跟他好好談.他很忙.不是樂團就是開刀.ㄨ兮曾抽空來台北玩,但因玲與nikki還在時差中,也就沒好好聚聚.恩宇最高興.看到妹妹,也會找妹妹.ㄨ兮與ㄨ鳴兩兄弟約好下個月再把假期挪一挪,要再來台北.乃琦這

個星期才恢復正常.每晚我都要陪她玩及餵食(我們吃飯時她會來參一腳)我一切正常.今天要回彰化(隔週回去).你的血糖控制如何？要注意保暖.外食最好少吃,怕糖份高(廣東廚師不是放多糖就是放多味精).要記得提醒周媽,你不可吃糖.　　女11、22

春坊：感恩節我寄出 E-Mail 給孩子們,如下：
Hijos：從乂鳴一家回去之後,就一直忙到現在-感恩節,才停下腳步在家休息,每拜一到拜四上午上學,下午調音,拜五拜六也工作,尤其最近調音特別多,公司也一再請求協助,恐怕要忙到新曆年才能稍緩。感恩節,我要獻上由衷的感謝,賞賜我們一家人都在上帝的恩典中蒙福,經過不短時間的試探、苦難、磨練,如今雖仍在磨練中,但終究恩典多於苦難。但願我們全家都能感恩並能珍惜這上帝所賜的福分,謹慎言行,不背馳上帝的道路。乂兮的 E-Mail 在乂鳴回台當日才收到,因此來不及托帶咖啡,乂鳴的行囊也早已爆滿,甚至將冬衣都從行李中取出擺入我的衣櫃裏了,等我回去時再帶吧！我已買好四大罐咖啡回來。孤單的生活中,常有周媽的關懷,好像沒有過去的難堪了。尤其飲食一項,是我最弱的一環,每天工作之餘,還要忍著飢餓疲乏去弄飯菜,就常常隨便吃,她知道以後,開始注意我的飲食,像採買食物菜、魚、肉等,常替我烹調,又因為她女兒家向外包飯（女婿女兒都上班,每天下班時從包飯的餐館帶菜回來）每天擠滿冰箱的菜,就常有我的一份。衣服被單墊被也常包回去洗烘,我就省卻了不少例行工作,換工載她去上學、抽空為她補習英文。乃綺長途飛行加上延長時間、等機換機,不知是否適應？回去以後的時差,恢復過來了吧？乂廑呢？忙得如何了？盼常來 E-Mail 報告近況。爸 11/22/01

然後就收到了女兒的回音（昨天已 E-Mail 給你）,現在又收到小兒子乂鳴的,也 COPY 給你,從中可以看見孩子們的反應與近況：

爸：
得知你生活安定忙碌,還有周媽照顧,甚安心。
感恩節是該感恩,特別是我,樂團邀約不斷,今天在醫院還有「福音下午茶」約5小時的節目,聖誕節節目滿滿,包括一場桃園監獄「更生團契」12/25的500人晚會。「傳神」機構執行長李志偉弟兄也透過關係邀請我去拍「福音寫真」。我一直渴望為上帝做大事,如今祂不停為我開路,的確恩典已多過苦難與磨練了。

乃綺和伶玲經過長途旅行後足足睡了約2禮拜，最近才恢復，昨天剛做完週歲體檢，只有頭圍排名25-50，體重身高都吊車尾。玲幫Nikki剪頭髮，像狗咬過的，不過還是可愛極了！　　　嗚

春坊：　昨夜謝謝珊瑢、國雄和你的招待，的確有溫暖的家的感覺，回來就上床睡到今早八點半才起床，早點後浸浴約四十分鐘，舒服極了。還有兩天的假期，只是自己一個人難免有孤獨之感！盼上帝賜你喜樂平安！　　丁衡 11、24、01 早

春坊：這是大兒子乂兮剛剛送來的e-mail，是一則近況報導：我剛從理經兄家打乒乓回來，已經接好明天下午五點在附近的調音和拜五下午的調音。明早見！
丁衡11/28/01

親愛的爸：
我這個月過得較輕鬆，放假將近 7天時間，收入仍有15萬多。
不過因正值秋冬換季，我的抵抗力因長久值班，所以變得比較弱，嘴角生herpes病毒，牙齒後根疼痛，又感冒。不過體力還好。我已經主刀開過生平第一次的剖腹。我的基督教電子報暫時休息，宇宙光正在重新整頓，我也趁機重新讀書充實自己。和兩個兒子的感情很融洽，他們是我們的寶貝，幾乎是無價之寶！
恩宇喜歡聽歌，有一天說要聽『溜滑梯』的歌，我們怎麼找都找不到，原來他要聽的是『王老先生有塊地（和溜滑梯諧音）』；另外有次他要我們唱『飛機造』，原來是『造（飛機，造）飛機，來到青草地』。
恩宇因時常聽迪斯尼的英文歌，所以對英文開始有濃厚的興趣，他喜歡我帶他去超級市場，用手指東西，然後用英文講各種單字，他會跟我發音。現在他只要有人教他英文的發音他雖發得很笨拙，不過相信一下子就會比我們厲害了。
恩兆現在的智力又跟上來了，不會比哥哥差。他有12公斤重，頭腦聰明，身材壯碩，頭大，屁股大腿都很粗，像我，只是單眼皮和你的很像（像到最不該像的地方！）他現在十個多月會聽我們的口令作拍拍手，『好棒』他也知道要拍手；跳舞─他會上下搖動；by-by會揮動他的小手，現在還加上飛吻的動作，會玩大小圈的玩具正確的放進目標裏。會說爸爸、媽媽、dada、tete、lala。他快會自己走路了，在學步車上時是橫衝直撞、健步如飛。他會用手勢和肢體語言來表達他的意願。
恩宇已經是十足的小大人，講話的能力很強，用的語句形態都像大人。最近又開始變乖

了,晚上會讓佳燕給他刷牙,自己時候到了就會上床睡覺,上次知道他姑姑(盧)要在晚上十一點多來,我說要開車帶他一起去火車站接姑姑,他就自動把在他的打球房間的玩具收拾乾淨,說收拾乾淨讓姑姑有地方睡覺,媽媽要他吃蘋果泥才可以去,他會自己拿湯匙趕快吃,剩下的殘渣他會叫我擦乾淨,他還會自己去用毛巾擦拭手手,然後很高興和我去接姑姑。

他現在也開始學會share,會和弟弟一起玩玩具。我時常在醫院想念他們,尤其是恩宇,為有這樣優秀的兒子感謝神,有時候想想,自己何德何能,竟然有如此可愛的兒子!聰明伶俐,個性乖巧,善解人意,我喜歡和他說話,他似乎可瞭解我的心情壓力,每每他的幾個眼神,幾句對話就安慰我心。外面的人看到他和我們的對話,都感到很驚訝,看到一個小孩,他會自己作明確的決定要去那裏?很清楚自己要作什麼。

他會為支持自己的意見找一大堆的理由,有時讓我們哭笑不得。

有次我們去臺中大賣場,逛到一半,他看到麥當勞就在旁邊,他不會直接嚷嚷,吵著說要去麥當勞,而是平靜地說:「宇現在肚子天天,走不動了,要吃漢堡才可以走」。讓我們啼笑皆非! 乂兮2001/11/28

春坊: 今天是拜三,晚上我們查經聚會,打乒乓球,所以你打電話來,當然找不到我,幸好答錄機很清楚,我聽了你的留話之後,一直撥不通你的電話(上網中),只得用 E-Mail 回你話,我沒有 Mo-Hui,是去查經、打乒乓球,本來理經兄告訴過我,他們夫妻要到孩子家去,結果沒去,中午留話在答錄機,說今晚有查經,我才臨時去的。打完球回來時,在 John R 路上,又被交通警察亮燈攔下來,要看我的駕照,並說:「為何開這麼快?你開55哩速度,放慢些!」然後還給了我駕照,沒有罰我,就讓我走了,亮燈時我心想,又要開罰單了!感謝主!我去查經,又不是去為非作歹,主會保守我的!我還沒有開口答復他,就放我走了。明天起要工作、調音了,答錄機上有四、五位,只是我回來已經是十點半了,才連絡一位,明天下午調的,其他的是顧客用他們公司的電話,要白天才能連絡。公司也來 E-Mail 要我在十一日之前,去做兩部白鍵盤。祝你有個平安的夜晚!

丁衡 01/02/2002 夜

以下是 E-Mail 給珊瑢的:

從唯一的真神探索真理

本文是我最近在基督教信仰追求真道的路途上拾取的一些雜感整理記錄,也是向上帝誠懇的祈禱。

我是土生土長的台灣人,台灣因為傳統的多神宗教(佛教、儒教、道教、媽祖教、shemen "偶像"教)充斥,後來從西洋傳入的基督教,到一百五十年後的今天,信徒只佔全島人口5%都不到的事,人人皆曉。然而,我竟然選擇了信奉基督教;這不是因為我從40歲到現在72歲居住在美國、十分美國化的關係,也不是因為年老,有邁向死蔭幽谷的恐懼感。

昨天,趙牧師以「真理的探索」為題,向眾多旅居美國的博士們做過高度近代理性的傳教,這具有深度內容的說教,也使我對於當初信奉基督教的動機,有了很好的整頓。他說:「划小船到對岸目的地,必需仰賴左右雙手所搖的槳:學問和信仰、學理和真理、物質及生命、身體及心靈、人與神、法與愛、亦即有形的槳和無形的槳」。這後者(屬靈的)所述及的槳,我就訴求了基督教;現在我要將基督教如何感動自己,催逼自己受洗的理由,反省於後:

首先從太古的神話、迷信時代中引出,經過耶穌的贖罪和博愛、馬丁路德的宗教改革,所謂神的存在對靈的思考,發展到近代的神人關係、人類生命的尊嚴、把握個人獨立自由的基盤,再進入信仰中去追求。因此真理萬象的根源或成為座標的萬神之神、對於人來說是絕對崇高的、全能的、完全的靈的存在,必要設立為唯一的真神。一方面、對於神來說,將不完全的「人」放在世界上為「罪人」。是神依祂某一遠大創意所創造的。這不完全的生命體將成長為更完全的事,上帝樂觀其成。人知道自己的不完全=罪、知道謙遜、得著安穩與自由,帶罪的肉體會腐敗、新的靈命要出生,也就是說今生在這世上要體驗一次死與生的意思。這第二次的新生命,是和平與喜樂和更大更大從神的愛中,帶著祝福的禮物誕生的。 就因為不完全,才能體驗出來偉大的真理,這就是神的愛的真理。我為上述的梗概,活生生感覺到近代的氣息。矢內原忠雄說:「人類所遺失最大的東西就是"人"這個東西吧!......... 正確的信仰是一面與迷信爭戰,另一面又與宗教的形式化及固定化爭戰,表現在改革的精神上。那是說重視制度,不如重視人類,重視形式不如重視生命。那不是從基督教之中求得,乃是從基督之中求得的」。不是功利

的迷信、排除「唯一真神＝絕對真理」的理由、強力的現代人所信仰的依據就在此。

其次，上述認識真神的過程無論如何都是<u>近代的歸納法</u>。太古的猶太教是以「靈存在的最上位」為唯一的神，他們如此確信並崇拜著。為這樣無形又抽象的神所攝服縋付、真摯誠信，依據從天上賜下的啟示，信仰唯一真神＝絕對真理，其心志進深的態度著實非常了不起。這與現代科學的真理追究過程中，一口氣跳躍眾多不能解開的難題，將眼不能預見的形體、原子核的存在大膽地假定、確信、而後依據所集積眾多的現象、各種理論、加以解剖分析，以確認原子核存在的科學歸納法不期而遇是同一壯舉。總之，聖邪、善惡、真理萬象的根源與座標已經確立，從那裏釋放出生命的原子力。所以、人哪！別再遲疑、就接受相信吧！是這樣的構想。

第三、這一靈的思考構成是屬於<u>形而上抽象法</u>，亦即不被俗世界的外形或是眼目所見的外觀所因束的、突破其形殼，內裏無形的靈的世界以抽象的思考方法去捕捉的點。創世記的創造天地、馬利亞受聖靈感孕、父子聖靈三位一體的宣言，耶穌基督的宣言：我就是真理、到聖父那裏的唯一道路，耶穌無數的醫療奇跡，從耶穌受難的贖罪拯救全人類，基督的復活等是其表現。無形而嚴肅的靈的世界是依照現代形而上的抽象藝術而表現的。因此觀賞現代繪畫的巨匠匹卡索的畫，要認真仔細才好，他不看在陋巷中為生活困苦而疲憊苦悶的女工、以及為抵抗戰爭和苛政，活在生死邊緣的悲憤苦痛人民，他不看他們的內心表現在顏面的寫照，嘗試用他獨特的抽象造型手段去表現作畫。所以他畫耶穌受難的情景也恰如其作畫手法一樣嚴肅。不能單單當作美麗的圖畫懸掛室內。但，這也是他因為不能壓抑的、對人類愛的噴火，在向神申訴，是匹卡索的形而上現代藝術的逞強表現吧！

以上將我的基督教信仰基<u>盤</u>，粗淺地說明了，三點理由的共同點是<u>近代的</u>，那是被複雜的多神教、異教徒包圍的基督徒，為了打破重圍，從今以後必須更熱心勤奮思考、甚至是傻想的問題。這是上帝付托給台灣基督徒的特殊使命吧！這裏所謂「近代的」，應該是所有異教徒或者是無神論科學家、博士、學者們都能理解的、我們必須依基督教的唯一真神、眾人得救的真理，為能提升適應近代階段而鑽研、實行、祈禱。成為神所召集的基督徒固然很歡喜，但始終只顧自己陶醉的感謝和讚美不但對信仰的說服力薄弱，反而將成為傳道的絆腳石。

台灣多神教的特徵是源自對死亡的恐怖、只求保守自己的免于災難，這是人類自古不變的宏願。因此，人就一昧以人的修行、積功德，尋求從死亡的恐怖中解脫，由下向上的、鑽研物體外形之感甚強。必然，人就成了人為的主體、是物理的、是演繹的、始終局限

在形而下的具象法裏。這種東洋式的信仰形態雖是人生美學極重要的結晶，前近代的修行、修練對一般人來說不但摸不著邊際、難於實現，還給人諸多的不便。但是上述我所接受的基督教卻不然，是神與人、聖與罪、死與生、和平與自由、無償之愛、由上而下的福音，這些真理是以近代的心態來說明的，兩者的信仰形態完全不同、大相徑庭。平凡的我無力由下向上修行、修練，而自然方便的、由上賜下的恩典、由基督救贖的福音信仰，則較容易接受。不必像趙牧師一般熟讀聖經也能懂得他所闡述真理的話。祈願時也不必雕塑或繪畫的圖像、不必香燭，更不必背誦那些不懂內容的經書。我若因此而下地獄，也死無憾矣！這兩者的差異若以繪畫來比喻，就如著重正確又纖細的外形素描，俊美人像等的古典畫或東洋畫，與著重內心的形體、喜怒哀樂等感情、著重公義、真理並嘗試描寫反抗罪惡的生命力者、近代印象畫派匹卡索的抽象畫不同是一樣的。到美術館去看畫，看見前者（寫實派）作品時，會被超人巨匠的繪畫技巧壓得頭暈目眩，看見後者（印象派）的作品，就感覺好像自己也能畫似的親切。周圍的氣氛與心情比圖畫的外形更能表現出行動吧！我想這是人人都能一見就明了的。〝不要作無形美的俘虜！〞–若有這般認識（信仰）的話……。

那麼，這個成為我信仰基礎的基督教真理，也必要成為台灣尚未近代化的真道探索，所迫切需要的。全能的上帝給予台灣非常特殊的課題，揀選台灣為見證上帝而試鍊，台灣在地理上是世界的公路，又在發威的猛獸－中國的虎口。在文化上、宗教上也是東方舊態與西方近代的交界點。並非要辭退古舊，而是以更大的寬容來包涵，來高舉，來推進，與新進的現代相連接。這是上帝頒布給台灣基督徒的特別課題，是新與舊共存共榮的愛的課題。

當我初訪倫敦時，著實吃了一驚，飛機場的作業員、店員、行人、 Lion King Show 演員、大半是持有英國籍的外國人種，有來到了紐約的錯覺，與我對倫敦的想像：曾經據世界各地為殖民地、鄙視他國國民的、老闆臉孔的英國紳士充滿街頭，有天壤之別。這是古舊歷史與嶄新文明完全溶合、共存的都市。對於保持原有的，英國意識到歷史的演變、正確地計算過，對真理的流程毫不逃避、切實變化過來了。英國具備近代世界的領導格，並毅然存在著，這是保持良好英美關係的理由吧。政治暫擱一邊，台灣基督徒的將來要以英國作模範，將耶穌指示撒瑪利亞婦人的廣闊的人類愛，實現在東洋。若有能夠包容台灣異教徒的新基督教出現，這也可以說是小型宗教革命的重大事件吧！

我相信有朝一日，台灣的基督徒能打破四面楚歌的窘境現狀，高唱現代化的凱歌。為此，基督徒本身要再一次吟味趙牧師的「真理的探索」內容，將耶穌救贖的福音、悔改、與神和好、向新生命再出發、發揚人類愛等真意再作更深一層的認識，急需探求提升台灣現代化的道路。這個答案必須在謙虛虔誠的祈禱中向神祈求，祈禱是思考整理的機會，向神祈求，道路就會慢慢暢通，創意立即閃入腦際，神的啟示立時降臨。至於孰先孰後？就讓讀者自己去判斷了！我想自己這樣的說法或有近代人的芳香與好感。以上的討論若對鼓勵台灣人的信仰有益，對於不懷際遇的人生、抑鬱閉塞的人們，能成為一服清涼劑，則感萬分榮幸！祈求上帝賜福予黑雲籠罩的台灣！談論即此停止。

珊瑢：以下與你媽的事，本想當面跟你說的，只是見了面說話總覺得詞不達意，不如就用 E－Mail 傳達吧！我已經向你媽求婚，她默許了，只是她希望能先通過你這一關，聽聽你的意見，透過你再徵得兩位弟弟的允諾。我的兒女都同意，沒有反對意見。我已經把以下的「統一宣言」（我倆私下謂「結婚」為「統一」，是這次義盧和义鳴姐弟來美時，問我的一句話：「爸：你和周媽要統一還是維持現狀？」）E－Mail 給你媽了，她沒有反對。

(一)、相識經過：由女兒珊瑢介紹相識：2001 年初，丁衡到環茂電腦店升級電腦，珊瑢在環茂租店開設長榮旅行社，我問她：「可有回台的便宜機票？」也問及參與歐洲旅遊團的事，告之：「我還想再到歐洲旅遊一次」，她也說：「我媽一直也想到歐洲和日本旅遊，因為我抽不出時間陪她去玩，使她遲遲無法償願！」2001 年 6 月，珊瑢問我要不要到歐洲旅遊？並說她想鼓勵媽參加，問我可否一同參加旅遊團，沿途幫媽充當嚮導翻譯？因為媽不諳外語；我想在同一旅行團中，就近幫她翻譯、說話，不是難事，就答應了。2001 年 6 月 30 日買好了歐洲之旅的機票，2001 年 7 月 11 日珊瑢的媽春坊（Harubou 日本名）從台來美，珊瑢因業務忙碌，無法抽身到機場接機，乃託我到機場接機。2001 年 8 月 2 日至 8 月 18 日，一同參加名人旅遊團，前往歐洲旅行，第一天必須直接到倫敦報到歸隊，從底特律機場就只有我倆，於是一路充當嚮導翻譯，遠往英國倫敦歸隊。十八天歐洲旅遊當中，因為我倆年齡相近，語言相同，領隊就安排我倆同坐、同行，乃有很多交談機會，相互瞭解不少。旅遊回來，她知道我獨自索居老人公寓，不懂煮食，交談無人；為答謝旅遊的嚮導，常予關心，噓寒問暖，電話交談，並教我煮食、洗滌、採買，更有一個學期時間，每週五天上午一同上學，學英文，也充當她的翻

譯兼家教。

(二)、統一宣言：
1、 我倆經過一年多的交往、相處、瞭解，彼此允諾相互扶持、陪伴終身。
2、 經過雙方兒女的同意與鼓勵； 自身亦認為需要老伴的相互支持， 乃考慮統一。
3、 要常相陪伴、一同在眾人面前出入，若無夫妻名分，於法、於情難容。
4、 統一時，只在教會舉行儀式；只向兒女、熟近親朋、教會兄姐宣布、聚餐，不向台灣親朋宣布。
5、 統一後，保持原狀：子女的原狀、資產的原狀（不干涉對方資產，不因結婚 而共有財產），舊有婚姻關係的原狀（維持各原有的婚姻關係，女方的夫家關係與男方的妻家關係）。
6、 統一後的居住可以維持現狀，自由分別居住台灣的自宅或與兒女同住。亦可分別居住美國自宅或與兒女同住。亦可同住：兩人可同住任何住所，俾便相互扶持與照顧。

(三)、預定統一日期： 2003 年 8 月中旬。
以上宣言可經雙方同意修改

春坊、丁衡 12/1/02

Harubou： 昨天晚上與你通過電話，就打電話到义廬家，但她已上班，說是公司與別人合夥搬家了，電話也換了，是戚母接的，叫我傳真到家裏去，我就辦好了，接著台灣主辦全球客家文化會議展覽的蔡先生來電，說今天就要決定好所有參展的有關事情，問我要用什麼展覽的招牌，誰的名字，我就以口頭告訴他用「彭氏客家文史工作室」名義展覽，負責人：彭裕檉，展覽內容是我的所有著作，給了他彭的電話。然後我又嘗試再打電話給彭先生，因為他一直沒有進入情況，結果聽到電話的鈴聲是傳真鈴聲，於是我又再傳真一次給了彭先生。之後才想到沒有傳真給蔡先生，所以他才會打電話問我，於是我又再傳真給蔡先生。又想到參展我的另一冊「聽聲看圖學客話」，就打洞裝訂，搞到半夜一點才完成裝訂，這樣，參展的著作就有客家語文有聲字典、漢字客家語文字典、常用客話字典、客家語文讀本100課（上下兩冊）、客家語文文法、聽聲看圖學客話、窯匠之泥等書。

丁衡 12/6/02 早

四十四、 上帝再賜老伴

2003 年 8 月 17 日在車城台灣教會舉行婚禮,由張晃家牧師證婚。

(張牧師證婚並以聖經中 神的話訓勉)▲

▲ 張牧師以聖經歌羅西書:三章 18、19 節訓勉:

18 節:你們作妻子的,當順服自己的丈夫,這在主裡面是相宜的。

19 節:你們作丈夫的,要愛你們的妻子,不可苦待她們。

（婚禮中聆聽牧師的勸勉）▲

（婚禮中的唱詩）▲

（在婚禮中的禱告）▲

（羅興隆牧師的祝詞）▲

（女兒珊瑢與女婿國雄參加婚禮）▲

（女兒、女婿參加婚禮）▲

(教會聖歌隊在婚禮中的祝詩)▲

(婚禮後午餐時與女兒珊瑢交談)▲

(婚禮後以午餐宴請教會兄姐)▲

女兒珊瑢在婚禮後，午宴時為教會兄姊盛菜 ▲

四十五、 老伴春坊信主受洗

春坊的決志信主，和我們這第二次的婚姻，曾經過兩次禱告蒙允的印證：

1. 我正向她傳講上帝聖經的話語，也論及婚姻統一時，曾曉以信主的人有最大武器－向上帝求討自己需要的東西－也就是"禱告的功效"；那時我們正參與加拿大落磯山旅行團旅遊回來，春坊將一件從日本剛買回來成雙對的紅底印有日本平假名白字的新和服睡衣（如下圖），掉落在加拿大落磯山的旅館，忘了帶回來；

於是她說：「可能上帝不允許我們結婚，預告這婚姻會被拆散，才會丟掉我這一件新

睡衣，將成雙成對的睡衣拆散了！」 我們於是搬出上帝所應許的鋒利武器－禱告，同心合意向上帝求討這件遺失的睡衣能找回來。一邊我也寫信向這旅館求救，請他們若發現這件新睡衣，能賜寄歸還。 感謝主！一個禮拜之後，加拿大落磯山的旅館竟然真的將那遺失的新睡衣寄回來了．我們如獲至寶，再次感謝主的應許，春坊也信心大增，我就趕緊寫信到旅館致謝，可是那封信卻被退回來了，理由是沒有郵遞區號；說來也真奇怪，上次求救的信也同樣沒有郵遞區號哇！為何可以寄達，而且也收到了旅館寄回的遺失睡衣，但是感謝的信、同樣沒有郵遞區號的信，卻會被退回來呢？我再次投遞該信，還是被退了回來！這是上帝奇妙的作為，曉諭我們只要有信心向神求，凡事上帝都能做到。

2. 我與春坊這第二次的婚姻，曾經日夜禱告，求告主若允許，就請旨意成全，若有不當，就求主阻止；籌備婚禮期間，大底特律地區反常停電多日，眼看婚禮日期即將到來，仍然全區停電；春坊於是說：「上帝不許我們結婚，才以停電攔阻。 若在婚禮前一天沒有供電，我們就取消這結婚決定。」 我們又同心合意向上帝懇切求討：「主若許可我們的婚姻，就請在週末恢復供電，若仍然停電，我們就知道主不喜悅，我們就順服主的決定，取消婚禮。」 感謝主！祂又垂聽我們同心合意的禱告（聖經馬太福音第十八章19節說：[若是你們中間有兩個人在地上，同心合意的求什麼事，我在天上的父，必為他們成全 .] 廿一章22節又說：[你們禱告，無論求什麼，只要信，就必得著 .] ）該週末的下午，全底特律區恢復供電了。 次日禮拜天，主日崇拜後，我們就依照預定程序舉行了婚禮。

也由於這兩次禱告主的印證，春坊對上帝的話語有了絕對信心，才決志受洗歸主，於 2005 年 9 月 11 日在車城台灣教會接受了洗禮。

(芝加哥來的趙聰仁牧師施洗)9/11/2005 ▲

從趙聰仁牧師領取受洗證書及聖經 ▲

四十六、 半個世紀的鋼琴調音生涯，充滿上帝的恩典

一個人一生的生命歷程，全操在上帝的手中，由上帝策劃、掌握並運行。
不是靠自己的計畫與努力即可朝著預期的目標一一實現，步步風調雨順、安享長命百歲的；上帝對每一個人的一生，在他未出母胎之前，即已安排就緒，一一按其策劃，逐步實行。

或許有人不贊成這樣的說法，說：「我的成就，都是靠我的頭腦與雙手，一步一腳印，努力達成的！要不是我的計畫與我的努力，哪有今天的成就？」

然而，你是否想過：「為什麼我的同學、同事，他的成績、能力不比我差，但他就是不如我今日的成就。」「他若不是因為身體多病，他也可創出一番轟轟烈烈的事業來！」「他若不是因為失去那次機會，他早就成功了！」那些「人在做，天在瞧！」「人無千日好，花無百日紅」的話又為何會在世間流傳？

因此，我們不得不說：一個人的健康、機會、恩賜(能力)，都是上帝所賜與的，不是自己計畫努力的結果。

你說我不要生病，我要健康，你就可以不生病、有健康嗎？健康誰不要？誰要生病？可是就有人偏偏生病、得不到健康，就有人偏偏失去工作賺錢的機會，上帝就只賞賜給你健健康康的身體，給你有工作賺錢的機會，一直保守你所經營的事業平順成就，而不賜給他人。

感謝上帝賞賜身體的健康與工作的機會，七十幾年來上帝一直保守引領，走在祂所策劃要我走的道路上。

自從十五歲考進師範學校，第一次看見了鋼琴，半個世紀以來就與鋼琴結下了不解之緣，一直因為「鋼琴」的存在，尤其在鋼琴調音工作上，賞賜豐盛，飼育我們一家半個世紀以上豐盛的生活。三個孩子由「鋼琴」養育長大，進而發展成現有的事業，一家由「鋼琴」維生，得以屹立不搖。

在這鋼琴調音生涯中，上帝豐盛的恩典，自己曾寫過一本「半百琴緣」(與鋼琴結緣五十年)及另一本「窯匠之泥」(六十年回憶錄)，詳細述說過半個世紀多以來上帝從鋼琴所賞賜的豐富。這裡節錄幾段見證與讀者分享：

1、上帝眷顧我們一家
一家七口的生活開銷確實驚人，柴米油鹽、電費、電話費、水費、瓦斯費、四輛新車的

分期付款及汽車保險、三個孩子的學雜費、汽油、信用卡、醫藥費、醫療保險、什一奉獻 ……。加上律師代辦居留的費用,每天都有應繳單 Bill 插滿在應寄的信夾中,每天都必須寄出支票,支付該繳的應付款。十年長久歲月之中,所有的收入都花費在這些 Bill 的應付支票裏,沒有剩餘;但是也沒有不足,每個月末,所有的 Bill 都已寄出,竟都繳清了所有應付款。感謝主,十年來我們一家雖無錢財儲蓄、卻也沒有舉債,沒有借貸,每月每日的應繳 Bill 都能按時寄出、依時繳清,也繳清了一家七口居住的四個臥房的住屋,繳清了律師代辦居留身份費用,辦好了自己與家內合法居住美國的居留權 。上帝的眷顧就是如此奇妙,支出多時,上帝就賞賜較多的工作或賣出多些在車庫整修好的琴,支出少時,上帝就賞賜較少的工作、給予身心喘息的時間;有額外的支出時、超出我們預算無法支付時,上帝就以人意料不到的方法賞賜我們,好像曾在鋼琴鍵盤下賞賜金幣以及在鋼琴裏的垃圾堆中賞賜錢包一樣!十年就業美國密西根鋼琴公司期間,也就是第二次移民期間,是我們完全依靠上帝賞賜供應的十年,上帝看顧我們全家七口身體健康、平安、沒有意外,沒有特別開銷,眷顧賞賜充沛的體力工作,賞賜眾多的顧客;五個孩子都再一次完成了他們在美國的學業,通過了他們所有的考試。在一個完全陌生的國度裏居住、沒有積蓄、沒有恆產、沒有任何資助,只靠鋼琴工作技術,必須賴健康、靠耐力、憑機會的工作,要養活一家七口,長達十年之久,若不是上帝的垂愛眷顧,怎麼可能如此順利?怎麼可能長久沒有意外發生? 十年間,只靠一個人鋼琴工作的微薄收入,要養活一家七大口的生活,若上帝不允許,不給健康、不給工作機會、不賞賜顧客、不賞賜鋼琴工作的恩賜、不保守交通居住的平安,就不可能有正常的收入,不可能有長久穩定、夠支付的收入。為此,我們要再次頌讚全備、全能上帝無限的恩典與慈愛!

2、從鋼琴中賞賜金幣

說到收購中古鋼琴,有個真實故事: 旅居阿根廷已經七、八年,家中還沒有購置電視機,原因有二: 其一是孩子們為了讀書專心、不分散注意力,不想有電視節目的引誘與干擾。其二實在沒有多餘的錢耗費在奢侈的娛樂享受上。只是當時一位有名的福音布道家史華格常在電視上布道,加上阿根廷常有足球賽的電視實況轉播,孩子們會過門到別人家去看電視,帶給別人與自己都不方便,才商議買一部電視機在家看,但總是聚集

不足買電視機的錢。當時我家已經開設小型樂器行，每聚一批錢就買樂器，尤其是鋼琴，見有便宜又好的鋼琴，總不放過。直到一次賣琴和調音所得的錢，已經足夠買一部電視機，向孩子們宣布準備購買電視機時，古物商來電話說，剛運來一部不錯的鋼琴，問我買不買？要不要來看看？我當然不錯過任何買琴的機會，看見不錯又不貴的琴，立即買了下來，回到家告訴孩子們，買電視的錢又買了一部鋼琴，不能買電視了，孩子們那失望的表情和那一聲無奈的嘆息，使我下定決心，等這部鋼琴整好賣出去，一定買電視機不再買琴了。

這部鋼琴運回來，我就迫不及待地開始清理，準備將琴的內外都清潔整修一番， 然後停擺店中出售。這是一部美國製造的土黃色 JANSSEN 牌 consol 型鋼琴，我先卸下頂蓋和上前板，再取下鍵盤蓋、下前板，依我的經驗，鍵盤底下的鍵盤床和裝置腳踏 Pedal 的底板上，一定充滿灰塵與垃圾，必須將鍵盤一鍵一鍵取下來清潔鍵盤床。果然不出所料，取下鍵盤之後，垃圾灰塵蓋滿了整個鍵盤床，當時我們沒有吸塵器，我以小掃帚、小畚箕掃除垃圾，當我掃開上層的厚塵，在鍵盤床的中央底層，發現一個三、四英寸直徑圓形、黃金色物體，平放著，撿起放在掌上，很沉重的感覺，很像是小孩兒喜歡吃的、以金箔紙包裝的巧克力糖，也很像運動選手得獎的金牌，我把它放在琴旁的琴凳上，繼續清理打掃，女兒從她上班的金融合作社下班回來，我問她那是什麼東西？她說：「可能是玩具金幣，也可能是包著金箔的巧克力糖。」 兩個男孩兒聞聲趕到，拿起來就往空中拋，掉下來時沒接好，跌落地上鏗鏘作響，聲音清脆悅耳，我聽見那不同反響的金屬聲，立即撿起查看，詳細端詳，結果是寫著西班牙文的墨西哥金幣，還注明重量 37.5 g， 換算台兩正好一兩。

我已經確定那不是巧克力糖、也不是玩具金幣，而是真的金幣無誤了！正好女兒手邊有當天的華人報紙，翻尋金融版，看見了墨西哥金幣的行情是 600 美元左右。幾天之後趁出門調音之便，帶那金幣到 Compro oro（收購金子）金子店去兜售，進入金子店問：「你們買不買金幣？今天墨西哥金幣是什麼行情？」 他說要看金幣才能決定價錢，並問我有沒有帶來？這時我卻有點猶豫不前了，心想若真是玩具金幣，該多沒面子！但是若不拿出來又怎麼能賣錢？好！就丟一次臉吧！從口袋中取出那枚金幣，金店老闆接了過去，看了看說：「怎麼金幣邊緣凹陷不圓了？」 我一聽，已經證實是真品了，才告訴他是孩子們拿去玩，掉落地面踫撞的。老闆說 :「我只能出價 380 Austral 」（ Austral 是當時阿根廷的幣值名）我說：「不止這個價錢吧！」 他們沒有加價的意思，我就決定再找幾家試試，於是再到第二家兜售，第二家出價五百，看漲了，我知道今天的行情

應該是六百，因此我還是不賣，再往第三家，這次他們出價六百 Austral，折合美金五百五，接近六百美元了！好吧！賣了！換得現金，就是目標電器行買電視。路過一家擺著電視機的電器行，走進去一看，每一部彩色電視機都超過六百 Austral，買不起，只好回家了！回到家，孩子的媽問我結果如何？我告訴她金幣是真的，我賣得六百 Austral，卻買不起電視機，她建議何不到 Once 一帶的電器街去試試？於是與她驅車前往 Once 的電器街，在他們打烊關門之前，以整整六百 Austral 買得飛利浦 Philip 二十吋彩色電視機一部及天線一套，高高興興地載回家去，連夜摸黑到屋頂架設天線，裝好電視，給孩子們看個夠，彌補他們七、八年來沒有電視機的飢渴虧欠。對這枚值錢的金幣，我們曾經研判多時： 這麼大的一枚金幣，不可能從黑白鍵之間掉落鍵盤床中，因為兩鍵之間的縫隙小，金幣的厚度比縫隙大，鍵盤床的深度也比金幣的直徑短，金幣就是勉強從兩鍵之間擠進去，也不能掉落鍵盤床底平放著。一定是琴主卸下鍵盤蓋、壓鍵條、黑白鍵，將金幣儲藏在鍵盤底下，再將所有黑白鍵依序放好，還原壓鍵條、鍵盤蓋，把鋼琴當成儲藏金庫的。因為鋼琴重，小偷搬不動，更沒有小偷會拆開鋼琴去尋寶；確是不怕賊偷，又不怕人搶的安全藏金處。再依灰塵覆蓋金幣的厚度，這枚金幣起碼已經在琴中儲藏了幾十年，或許這位琴主已經逝世，來不及取出就與世長辭，他的子孫不會彈琴，將琴賣了。我曾探詢此琴的主人，巡查古物商店主，有關金幣琴主的來處，結果得悉此琴已輾轉多手，金幣琴主已無從查考了。這部鋼琴經過清潔、整修、噴漆、調音之後，很快就賣出去了，賣琴所得又買了兩部鋼琴，也就是說，一部內藏金幣的舊琴，換來了一部全新彩色電視機和兩部中古鋼琴。上帝的賞賜就是如此美妙，祂眷顧信靠祂而辛勤工作的人。

3、再從鋼琴中賞賜美金

在這段車庫整修鋼琴的日子裏買琴，又曾重演一次與阿根廷類似「上帝從鋼琴中賞賜勤勞工人」 的一齣真實喜劇 ：一年秋季，我經過 8 mail Rd. 上的 Salvation Army Thrift store（ 救世軍舊貨店），進去買幾件工作衣穿，選好工作衣之後繞過家具區，豁然發現一部 Spinet 鋼琴擺在顯眼處，赤裸裸地停放在那兒（ 沒有上前板、譜架和下前板，可以看見琴裏面的打絃機構、張絃骨架、鍵盤和腳踏板 ），我裏外看了看，彈了彈、還不差，缺少的上下前板和譜架，自己可以新做，問了問價錢覺得很便宜，就一次付清買下來了，並約好明天來搬運。次日與小兒子送一部 Baby Grand Piano 到福音教會，回程再順便運回這部便宜買來的 Spinet 琴，進入店中準備搬運時，看見這部琴居然很完整，

譜架、上前板和下前板都裝上去了。運回來放進車庫，等過了冬雪之後再來整修。第二年春天，雪溶過後，開始拖出這部小琴準備整修，取下頂蓋、上前板、鍵盤蓋、卸下所有黑白鍵和下前板，開始掃除鍵盤床和底板上堆積的垃圾和灰塵。這一大堆可能堆積五十年以上的垃圾，有紙張、木屑和很厚的灰塵，還有紅布條纏口的塑膠袋一包，被厚厚的灰塵垃圾覆蓋著，我提起塑膠袋準備丟入垃圾桶時，覺得這一塑膠袋有重量，不是平常的垃圾，裏面一定有某些東西，乃以小掃帚掃乾淨這塑膠袋，哎呀！是一疊美金紙幣，最上面一張面值二十元！提著這裝著長方形鈔票的塑膠袋，當時我實在沒有勇氣拆開這包似乎價值連城的、使我砰砰心跳的破舊塑膠袋，於是，暫時將這包「垃圾」擱置一邊，繼續進行打掃工作。做完清潔工作，心中就是不踏實，乃回房打了一通電話到孩子們和媽工作的餐廳，是媽（內人）接的電話，我說：「你記得我們在 Salvation Army 買的 Spinet 鋼琴嗎？早上我在清潔時，

琴裏面又有一個破舊塑膠袋，裝著一疊 20 元面額的美金鈔票，看鈔票的厚度，至少有一千美元以上；好像以前在阿根廷，鋼琴中藏金幣一樣的天方夜譚故事又重演了！我沒有勇氣打開來數算！」小兒子搶過媽接的電話，不加思索地說：「先不要拆開，等我們傍晚打烊回家，全家再一起拆開數算」，說罷，聽他大聲向哥姐們宣布：「上帝又一次在鋼琴中賞賜給我們的家了！」傍晚全家一起，看著桌上那泛黃的破舊塑膠袋，纏口的紅布條已有些腐舊，從泛黃透明的袋子還可以看見一疊厚厚的美鈔，和那面值 20 美元的最上面一張，小兒子自告奮勇地說：「我來拆！」解開了紅布條，取出那整疊略顯古舊的美鈔，居然全是面值 $20 的美鈔，細數之，有一千二百多美元。還有一張似乎是老人顫抖筆跡所寫的收支記錄。我們全家開始你一句我一句地研究起這包錢的奇妙來路：這部鋼琴已經轉手好幾次，也在店裏顯眼的地方放置多日，而且是敞開裸現的，錢包就放在敞開底板、兩根腳踏槓桿中間，綁袋口的紅布條突出在槓桿上，經過通道的人和彈過這部琴的人，人人可以看見這似乎是垃圾的、以紅布條纏著的錢包。鋼琴的譜架還是從鋼琴上取下，放在這錢包上，又從這裏取出放回琴上的，為何會沒有人發現這顯眼的錢包？依據這古舊的塑膠袋和泛黃的美金，放置的年代已有好幾十年，經歷了兩、三代，因此，藏錢的人可能來不及取出這錢包就千古了，其子孫們又可能不彈鋼琴，

乃將之出售,輾轉多人之手,才到我們的家、但怎麼也想不出,為什麼會沒有人發現這包美鈔?我們還討論如何找到這部琴的原始主人,設法歸還這包美金;次日上班經過這家節約商店,進去探尋這部琴的來歷,店主說:「這部琴是一位收購舊貨的古物商運來賣給我們的」。經過再進一步查問,店主說:「我們不知道鋼琴的原始主人,只有賣主的姓名地址,和買賣收據存根,如對貨物來源有疑問,可找賣主查詢。」後來我們試找那賣主,但因為賣主地址業已搬遷,始終沒有找到原始琴主。上帝就是這麼巧妙地賞賜給信祂的勤勞工人。

四十七、 一付上下假牙,三國合造

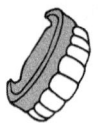

牙齒在我的身體各肢體中,一直是最脆弱、而且最早毀壞的,從四十歲左右就開始牙齦萎縮、疼痛,牙齒搖動,十幾年時間就完全敗壞了。 從小以為是得了媽媽的遺傳,患了一種與媽媽同樣的"牙蛇"齒病,因為媽媽在四十一歲生我的時候,已經沒有牙齒,而我的哥哥姊姊們的牙齒也一直不完整;自以為也差不多開始到了牙齒敗壞的年紀了,沒有及早求醫保養;從四十歲開始正值苦鬥窮忙時期,只顧工作,忽略了看牙醫、做應有的保養及治療,任其搖動疼痛,以致拔除消腫而後快!俗語說:"牙痛不是病,痛起來真要命",我就飽嚐過這樣的痛楚。

從那段正在中學教書、開店、教琴、設廠,最忙碌的時期,越忙牙齦就越腫痛,牙齒就越鬆動,腫痛之後,牙齦就越萎縮,牙齒就越突出,直到旅居阿根廷最初幾年,只有找尋旅居阿根廷的同鄉牙科醫生陳醫師治療,甚至拔除,到最嚴重時期,只得求他"掘竹筍"拔除止痛了。在阿根廷,還有專門拔除牙齒的免費拔牙站,我也曾去求診過,拔過幾顆搖動疼痛的牙齒,痛到無法忍受的時候,真是不擇手段,拔除而後快了 !

1981年5月,正值巡迴傳福音的"福音船 Dulos"來到阿根廷的羅沙里約(Rosario)市靠岸,我們登船參觀,因而認識了船上的華人工作人員,也邀請他們來內人開設的中式小餐館餐敘,他們知道我做鋼琴調音的工作,就請我為他們福音船上的幾部鋼琴調音,

記得當時我的上顎牙齒只剩搖搖欲墜的兩顆，下顎則剩下五顆較穩的牙齒，福音船上的華人傳道者乃建議我去看船上的牙醫，他可能早就有意要給我裝假牙．這位歐洲籍的牙醫，一看到我的牙齒，一語不發，就要我咬模，準備為我做上顎整座的假牙，因為該船在 Rosario 市，幾天之後就要啟航，開往他處，很快就要我去試裝假牙；四天後，牙醫為我打麻藥，拔去了上顎剩餘的兩顆真牙，即刻就裝上了那新做的假牙，當時因為拔牙注入的麻藥，尚未消散，不知疼痛，只高興終於看見上顎有了完整的牙齒（因為我為福音船上的鋼琴調音，沒有收費，他們為我裝假牙，也沒有收我的錢）。再次日，因為拔牙傷口腫痛，一時無法裝這假牙，於是拿下來，三天後腫脹疼痛消除了，再慢慢裝上這假牙嘗試適應 。

這座假牙就一直配合著下顎不完整的五顆搖動不穩的真牙使用了八年, 1989 年底來到美國的密西根，當初在阿根廷福音船上所做的這座假牙，因為要適應下顎五顆搖動略往外翹的牙齒，也做得略往外翹，外觀上不怎麼好看，於是，趁妻妹麗雅回台，我就拿下這座假牙，託她帶回台灣去，要妻姊的兒子牙醫－筆隆，依照這座假牙，再造另一座，牙齒不向外翹的正常假牙（我準備拔除下顎剩餘的牙齒之後，也做一座假牙來配合這座新的上顎正常假牙），一個月後，妻妹帶回來那新的假牙，真好，裝上這座新的上顎假牙，就像真牙，不但不外翹，咬起來舒適，還真有幾分真牙的感覺，只是暫時無法與下齒同時使用，因為下齒外翹搖晃，所剩不到三顆牙齒了！

於是我到 Livonia 的密西根牙科中心－黃錦聯牙醫診所，要黃醫師為我拔去剩下的三顆牙齒，並配合這座台灣做的上顎假牙，做一整座的下顎假牙。兩週之後，約我去拔牙並裝新的假牙，感謝主！這一台美合作的上下兩座假牙，從一開始裝上去，就感覺倒天衣無縫，配合得恰到好處，不但上下齒的咬合絲毫不差，感覺舒適，外觀又好，就像真的牙齒一樣，吃東西時的感覺，也如真牙一樣，沒有不舒服或不方便，而且自從裝上去這上顎及下顎不同國家做成的假牙，從來都沒有不舒服或痛楚的感覺，也因此從來沒有回去找過牙醫修整過，每天的進食，不論啃硬骨頭，花生米，吃烤肉，任何食物，都毫無問題，每餐飯後及夜間睡前，就取下假牙洗刷乾淨，浸在杯中，口腔的清潔都可日夜保持；只是當我吹奏單簧樂器：Saxophone 和 Clarinet 時，必須取下上下假牙，才能吹奏，這是唯一不方便的地方。 沒想到缺了牙齒將近二十年之後，還能有完整無缺的牙齒，到如今已經使用這三國合造的假牙，超過十五年了！

四十八、 與人相反的行徑

從踏上移民之路開始，我所走的路，多半是與人「相反」的：
出國之初，本有兩條出國之路可以選擇，一是移民美國，一是去阿根廷：當時內人的堂弟，也是我小學的學生，在美國西海岸 Seattle 西雅圖，正在 Ocean show 經營開闢海邊地為別墅地的銷售生意，要我夫婦去幫他忙，欲聘我為經理．但因為我自卑英語是最弱的一環，一直對英文不懷好感，不敢貿然答應；也適逢內兄的阿根廷友人回台，遊說我去阿根廷，與較落後的阿根廷一同成長，我也因為有義大利語及日語的基礎，認為於我一家較容易生活，乃毅然決定走與眾人都喜歡移民美國「相反」的路。

1. 從東方到西方： 首先我帶著一家從地球東半球的北半球（東方）-台灣，移民到地球西半球的南半球（西方）-阿根廷。
若從台灣鑿地，往地下垂直打洞，通過地球的中心點，以直徑穿越整個地球，那麼穿出地球表面時，正好就在阿根廷的國土上（北回歸線經過台灣，南回歸線經過阿根廷，台灣在東經120度以東，阿根廷在西經60度以西，正好是地球圓周360度的一半：180度）；這兩地不但日夜倒反，季節也倒反。 台灣人在工作或讀書，阿根廷人卻正在睡覺，台灣人熱得冒汗，阿根廷人卻凍得發抖．台灣的交通標誌有漢文標示，阿根廷的交通標誌則沒有半個漢字，全是看不懂的西班牙文．兩國人的長相完全不同，食物、生活習慣也完全不同，過去可以琅琅上口的語言，得改用比手畫腳的肢體語言與人交談。 因此，我們走入了與過去生長之地完全「相反」的國度。

台灣在地球的東、北半球 ▲

阿根廷在地球的西、南半球 ▲

我們到了阿根廷,以往所學的,所講的,所持有的文憑,統統派不上用場了,還得從頭學起,從新來過.好不容易學得幾年之後,改用他們的語言文字,開始賺他們的錢過生活.孩子們開始讀他們的書,與他們並駕齊驅.甚至勝過他們.

2.. 從南方到北方: 十二、三年之後,我已接近六十歲了,當時多半台灣人都是兒女移民美國,父母跟進或到美國過退休生活的。我又與常態相反,是老人帶年輕人進軍美國衝刺的。當我準備進軍美國時,在阿根廷的老友們都阻止我說:「你還年輕嗎?六十歲的人了,還當火車頭,帶一票人去美國闖天下啊?那是高度發達的先進國家,不是落後的阿根廷哪!人家都是孩子們在美國有家、有工作,才接老人家去侍奉,去過退休生活的,你卻去美國工作,還攜家帶眷哪!」的確,我又是走著與人相反的路,應聘移民美國的.又從南方轉移到北方:從地球南半球南美洲的阿根廷,到地球北半球北美洲的美國,從西班牙語的國度,轉移到英語的國度;又開始與住慣阿根廷的當地人和台灣人,寒暑相反了,語言文字又開始從頭學起,從新來過.好不容易學得幾年之後,改用他們的語言文字,開始賺他們的錢討生活.

3. 從西方再到東方: 又經過一段年日,熟悉美國的語文生活之後,孩子們獲得他們的文憑,可以開始正常工作之際,卻因為居留權遲遲等不到,不能進入他們要的工作場所,孩子們才又從西半球的美國,轉回東半球的台灣.重新適應台灣的生活,開始考試、過關斬將、工作、升遷、成家立業。而我一個七十幾歲的老人,卻沒有跟隨孩子們回台,過退休生活,仍留美國,自己繼續工作、自己消遣寫作、自己生活。這又是與常態相反的表現;與老人伴的相處也是相反的,他們閒得無聊,找我閒聊,約我釣魚,我卻忙得無法陪他們聊天、釣魚,我喜歡吹簫作樂、打球運動,他們卻無人能陪我吹打。一切的一切,都顯得與人「相反」,違反常態。感謝主!這是因

為上帝賞賜身體健康，體力充沛，賞賜特別的工作恩賜，可以勝任不與別人競爭的工作，賞賜眾多顧客，賞賜多方面的興趣，使我樂此不疲，不覺厭倦，日夜都忙 。

四十九、 大兒子全家遲來的綠卡

丁衡 從 1989 年底，應聘美國密西根鋼琴公司，來美國履職，1992 年獲得永久居留證 – 綠卡之後，即開始申請孩子們來美國的居留，開始排隊等候移民局的批准，其中，因為孩子們在我獲得綠卡時開始申請，經過五年尚未排到名額，而後，我自己身分改為美國公民，再改變子女的申請為公民子女，只是義分自己的移民身分改變：從單身伊親，改變為結婚子女依親，而且在我成為公民之前就已結婚。單身依親的移民申請是第二優先，直系親屬的移民申請；結婚子女則為第三優先，需要更長時間的配額排隊了；也因此女兒義廑和小兒子義鳴，先獲得批准為永久居民（綠卡），連義鳴的妻子伶玲也一起獲得了綠卡。在這十五年申請名額排隊之中，還遇到一些移民配額的錯誤：將台灣並入中國大陸配額並因大陸天安門事件，大陸移民被限制等插曲（後來經過台灣來美的移民極力爭取，台灣與中國大陸的移民配額已經分開計算了）、與美國 911 事故的延誤（停辦了好幾年），才有如此十五年長久排隊的紀錄。

義分與佳燕夫婦回台灣工作這幾年中，已經養育三個子女（兩男一女），因此又陸續增加兩個兒子恩宇、恩兆的申請，三年前從美國在台協會通知獲准綠卡的申請，準備來美報到，開始填表體檢，再增加幼女恩朵的申請；終於在 2007 年 7 月 24 日全家五口從台灣入關美國，獲得了永久居留權，兩週之後接到移民局寄來的全家五口的五張綠卡。

我們全家十個人的綠卡都是一位台灣來的簡慶惠律師承辦的，從 1990 年內妹麗雅的極力推薦，找到簡律師，請她開始辦我們夫婦的工作卡、綠卡，然後再辦女兒義廑、小兒子義鳴、小媳婦伶玲的綠卡、到大兒子夫婦義分、佳燕、孫兒恩宇、恩兆、恩朵一家的綠卡，整整十八年；她也從美國人律師事務所接辦我的 case 開始（她有別州的律師執照，當時尚未通過密西根州的律師考試，她是屈居美國人律師門下為助理的律師），她自己經過律師考試及格，取得律師執照，開辦律師事務所、親手承辦我們一家

的綠卡申請，這位簡律師也成了我家很要好的知己朋友。

五十、 到世界各地旅遊

工作之餘，就是到世界各地去旅遊消遣，繼續走那萬里路、讀那萬卷書。

孩子們也說，趁著體鍵腳硬、能走能看，到世界各處走走看看！

因此，每年都找時間出去走走看看、散心閒遊，遠則漂洋過海、飛越他洲，作長期渡假旅遊，近則開車在居處附近由近而遠、幾天來回的車遊；我們出遊時，最特別的是自己攜帶兩三人份的大同電鍋以及 210－220 高低壓變電器，白米、生力麵、咖啡、奶粉、易開罐罐頭小菜，下榻旅店時，或遇有不便再上街尋食，或者找不到自己喜歡的餐館時，隨時隨地可以插上電鍋烹煮自己愛吃的飯菜，方便又省時，也是老人的通病吧！

1、 歐洲之旅

第一次歐洲之旅是一次極其偶然的機會，也是上帝為我開啟世界旅遊以及移民外國的第一道門 ； 若不是這一次偶然的機會，恐怕一輩子都沒有出國旅遊的際遇；經過是這樣的：1975 年 (在台灣正是中華民國 64 年)，有 40 位包括初中一年級到大學四年級學生的童子軍，正自費(每人二十萬新台幣)組團準備參加在挪威(Norway)舉辦的世界

大露營(Boy Scouts Jaboree of World)，主辦單位童子軍總部和教育部認為這次組團參與世界大露營，最好能趁機宣揚「中華民國」，因為所參與露營的童子軍團，幾乎包括了全世界各國，而全世界多數國家都與中華民國(台灣)沒有邦交，不知道中華民國的存在，若能撐國旗繞行露營營區，使參與露營的各國童子軍知曉中華民國的存在，是一次最好的宣揚國威的機會。乃商酌以「樂隊前導國旗，繞行營區表演」的方式進行，但是這40位臨時組成而且教育程度參差不齊的團隊，不是個個都能吹奏樂器，如何能在短短一個月內組成樂隊，前導國旗遊行？也不可能在短時間內訓練成出色的吹奏樂隊；其中就有人建議：去年台灣全區運動會在高雄市舉行時，有一隊「龍鼓花旗隊」-中國鼓的隊伍，前導大會旗進場，非常出色，若能以這種樂隊前導國旗去挪威的世界大露營區繞場，一定能吸引全場參與的童子軍注目。就這樣，教育部以一紙急件公文，通知當時五福國中龍鼓花旗隊的教練 - 就是在下我，到教育部參與開會，探詢能否在一個月短期內，將這些參差不齊的40位隊員，訓練成出色的龍鼓花旗隊，前導國旗繞行營區？我詢以這些隊員的居住地現況，主辦人答以：一半居住台北，另一半居住高雄。我考慮到一個月只有四個禮拜時間，可以隔週集中在台北或高雄訓練（一週台北，一週高雄，交替集訓），於是欣然答應擔任教練職務。主辦單位還答應若訓練成功、通過驗收，這位教練兼指揮將給予公費（完全免費），帶隊出國、擔任指揮，並隨隊旅遊歐洲一個月。就這樣我以一個月、隔週兩地嚴密的訓練，將這40位男童子軍團員訓練成了有聲有色的龍鼓花旗隊（包括大鼓、中鼓、小鼓、銅鑼、鏡鈸各四位及五種顏色也各四位的旗隊），在最後驗收時，獲得全數驗收人員舉牌通過的優越成果。這40位童子軍組成的龍鼓花旗隊，在挪威一個禮拜七天的世界大露營的六個營區，前導國旗繞場遊行並表演六場，獲得全世界營區童子軍爭相照相的目標，做過一次成功的國威宣揚的國民外交；回國後還獲頒童子軍總部及教育部頒發的最高獎項。

這第一次開眼界的歐洲旅遊，我們到過丹麥、挪威、瑞典、英國、法國、德國、瑞士、奧地利、義大利........各國。是我從台灣向西，經過香港、泰國飛越中南半島、中國、中亞、蘇俄，直抵歐洲倫敦的第一次出國旅遊。

第二次的歐洲旅遊，則在二十七年後的2002年，是從台灣向東，到阿根廷居住十二年，再到美國居住十五年後，從美國飛抵倫敦加入旅遊歐州的旅行團，達成繞行地球一周、環球旅遊願望的一次旅遊，意義重大。 我們從美國底特律(Detroit)搭乘

不列顛(Britain)航空公司班機直飛英國倫敦(London)，在倫敦機場歸隊，旅遊倫敦之後，搭乘通過國際海底隧道的火車，進入比利時(Belgium)的布魯塞爾(Brussels)，再以遊覽車旅遊荷蘭(Northlands)的阿姆斯特丹(Amsterdam)、德國(Germany)的科隆(Cologne)、法蘭克福(Frankfurt)、瑞士(Switzerland)的盧森(Lucerne)、郵票小國：列支丹士坦(Liechtenstein)、奧地利(Austria)的茵斯布魯克(Innsbruck)、薩爾斯堡(Salzbrug)、維也納(Vienna)、格拉茨(Graz)、梵諦岡(Vatican)、義大利(Italiy)的威尼斯(Venice)、翡冷翠(Florence)、羅馬(Roma)、盧卡(Luca)、比薩(Pisa)、迷尼小侯國：摩納哥(Monaco)、法國(France)的尼斯(Nice)、里昂(Lyon)、巴黎(Paris)等十一國二十大城，再從巴黎飛回美國。

萊茵河羅累萊岩石對面的豬腳黑啤酒大餐　▲

德國蒂蒂湖(Titis)　▲

鐵力士山頂(Titlis) (瑞士) ▲

薩爾斯堡(Salzburg)(奧地利) 莫札特銅像 ▲

薩爾斯堡米拉貝爾(Mirabell)皇宮花園(真善美電影拍攝處) ▲

莫札特出生處(紅窗處)(薩爾斯堡)　▲

維也納冬季皇宮　▲

羅馬古鬥獸場(競技場)遺跡 ▲

羅馬古鬥獸場遺跡 ▲

義大利比薩(Pisa)斜塔　▲

摩納哥的蒙帝卡羅(Monte Carlo Casino) 賭場　▲

梵蒂岡聖彼得教堂前廣場　▲

巴黎愛菲爾鐵塔（黃昏時背光照的） ▲

巴黎凱旋門(Arc de Triomphe)香榭里大道 ▲

巴黎的聖母院 ▲

巴黎 聖母院前 ▲

帶我們暢遊歐洲的遊覽車 ▲

巴黎 凱旋門 ▲

法國戴高樂機場附近的拱門 ▲

回到芝加哥機場 ▲

2、 日本關東關西精華遊

在日本，箱根山以東的地方稱為關東，以西的地方稱為關西。

這次關東關西精華遊，我們大約是從東京往西，直到大阪這一段日本本州的精華地區。以往，來回台灣與阿根廷或台灣與美國之間，都要經過日本的東京或大阪，但是從來沒有正式到日本觀光過，這次以一週時間特地到日本的精華地區旅遊。

日本東京成田機場 ▲

成田 Garden Hotel 的日式晚餐 ▲

東京 ▲

東京鐵塔 ▲

明治神宮　▲　（鳥居由台灣阿里山運來的紅衫神木建造）

銀座唰唰鍋午餐 ▲

東京皇宮皇居門前的二重橋 ▲

鎌倉大佛日本次高青銅佛像 （ 高 12 公尺 ）▲

鎌倉大佛日本次高青銅佛像 ▲

箱根 Hakone 蘆之湖 Asinoko 畔午餐 ▲

到石和溫泉區的新光 Hotel 泡溫泉 ▲

溫泉 Hotel 內的日式晚餐　▲

子彈火車（新幹線）在靜岡站　▲

平安神宮 ▲

京都東急 Hotel ▲

東急 Hotel 塌塌米上的日餐 ▲

大阪城前 ▲

3、 北密西根及西密西根開車旅遊

密西根州有兩個半島，南邊的半島像右手掌，北半島在三個不同水位的湖中，兩半島之間，以 5 哩長的 Makinac 橋相連，過橋的一條公路 I-75 是 75 號洲際公路，貫穿美國南北，直到加拿大內陸的公路。

我與老伴開車 從住處 Troy 沿 94 號公路向西開，經過密西根州政府所在地 Lansing，繼續向西經過 Grad rapis, Kalamazoo 直抵西岸，轉沿湖邊 31 號公路北上 經過 Holland 村，一直沿湖邊覽風景北上，直到 Makinac 大橋，過了橋又搭乘 Star Line 飛船 到 Makinac 島上一遊，看這沒有動力車行駛的小島 。再回到北半島住宿一夜，次日繼續走 75 號公路北上，直到 Sault Ste. Marie 乘船通過兩湖不同水位的運河，體驗水位升降渡船的實況 。在沿 75 號公路直駛回家 。

（中午在 31 號 Charlevoix 公路旁的 Burger King 午餐）▲

（西岸 Bay Shore 至 Petoskey 一帶湖邊的高級住宅區，沿途湖濱風景極佳。）▲

（通往北密半島的 5 哩長 Makinac 橋上）▲

（載客前往 Makinac 島的 Star Line 飛船）▲

（載客前往 Makinac 島的飛船）▲

搭船抵達 Makinac 島 （在船塢）▲

(北密 Sault Ste. Marie Soo Locks 兩湖水面落差大，船隻通過的運河水閘)▲

4、看荷蘭村風磨之旅

Windmill 島 上 的 荷 蘭 舞

Holland 荷蘭村 Windmill Island 一角 ▲

(Holland 荷蘭村的 Windmil 風磨)▲ 風磨全貌

5、墨西哥 Cancun 之行

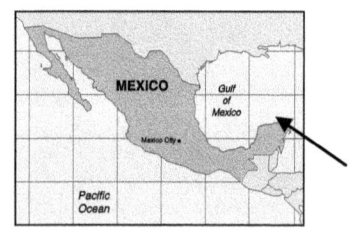

Cancun（箭頭指處），在整個墨西哥國土的正東方（墨西哥地圖像一條從水中躍起的旗魚，頭向西北，尾在東南，Cancun 就在魚尾尾端），在美國阿拉巴馬 (Alabama) 州的正南方，邁阿米 (Miami) 的西南方，整個墨西哥灣 (Gulf of Mexico) 的正南方，古巴 (Cuba) 的西方。是墨西哥最東方海邊的小觀光都市。

出發前幾天，因為老伴春坊持台灣護照和美國綠卡，我們不知持台灣護照者需不需要簽證，曾先到墨西哥大使館去詢問：「持台灣護照者到 Cancun 去旅遊，需要簽證嗎？」答案是：「不需要！」但是，9/28/2002 清早，我們到機場 Check in 時，受到了阻擋，謂沒有簽證，不許登機，我們極力辯駁說：「我們曾到你們大使館詢問過，

持台灣護照者不必簽證。」他們說：「這是 China 護照，要簽證！」我們說：「Republic of China 是台灣，不是中國。Republic of people China 才是中國，你們可以去查有關的規定證件」，他們搬出幾本規定，竟沒有一處可以證明：Republic of China 就是台灣，也沒有單獨「台灣 Taiwan」的規定。眼看著起飛時間就到了，我們要求他們直接打電話問大使館，但是大清早，大使館尚未開門辦公；再要求他們直接打電話問 Cancun 機場，終於才證實了：台灣 Republic of China 護照不必簽證，真是「有理說不清啊！」飛機已經等我們超過了半個小時才起飛；此一記載"China"字樣的台灣護照，不知為難過多少台灣的旅遊者呢！

Cancun 英語發音像台語、客語的「乾坤」，
墨西哥語(西班牙語)發音「桿棍(ㄍㄢˇㄍㄨㄣˋ)」，Cancun 是一狹長半島，只一條主要街道，道路兩旁有為數不少的海邊觀光旅館和商店；我們在中午時分抵達，氣候炎熱，旅館還不到 Check in 時間，我們不得進入，又因為剛到，遍尋不著午餐餐館，只得在一處 PIZZA 店，買 PIZZA 吃，出奇地這家 PIZZA 很好吃，不知是飢餓還是真好吃，反正這一餐吃得舒服，於是以西班牙語跟 PIZZA 店主聊了一陣子，兩點過後我們才進入預先定好的旅館休息，更衣走向海灘戲水，非常清澈乾淨的白沙灣海灘，雖然颱風剛過不久，海面卻沒有雜亂的垃圾漂浮，我們一直在這海灘嬉戲、浸水，直到黃昏日落，才回旅館晚餐。 第二日，有專車載我們到 Chichen–Itza，參觀馬雅的古蹟，步行整日，太陽當空，備感吃力，但我們還是與大夥兒一起爬坡、步行、參觀，沒有倦意 。第三天自由參觀採購，或自費到附近名勝旅遊，第四天就打道回府了 。

(在墨西哥 Cancun 的 Kukulcan 商場前 ▲)

(Cancun 的 Chichen-Itza 瑪雅古跡 ▼)

Chichen-Itza 瑪雅古跡 ▲▼

(Cancun 瑪雅古老運動之一 高空倒吊回旋 ▼)

6、 Las Vegas (賭城) 及 Glen Canyon (大峽谷) 之行

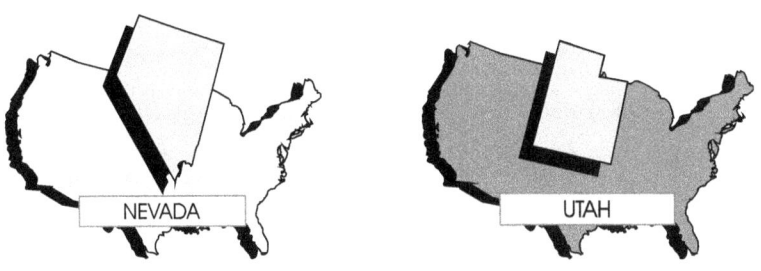

被稱為賭城的 Las Vegas 位於 Nevada 州的東南角(箭頭指處)，與大峽谷(Glen Canyon) 所在地的 Utah 州相鄰，大峽谷也在 Utah 州的東南角(箭頭指處)，從賭城開車，走 15 號州際公路向東行，再轉 85 號公路，東行就可以到達。

這次(10/14 – 10/18/2002) 因為女兒乂廬與小兒子乂鳴一家從台灣來美，小兒子邀聚全家一起到大峽谷、賭城一遊。

Las Vegas　USA ▲

美　國　Grand Canyon（大　峽　谷）▲

與小兒子乂鳴遊大峽谷途中 ▲

7、Washington DC 及 Maryland 州之旅 (2/4 – 2/7/2003)

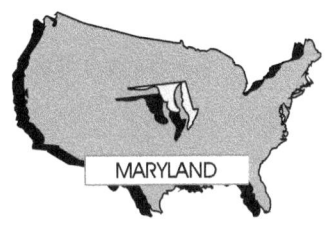

Wansington DC 在 Maryland 州內，與 Virgina 州交界處，乂鳴、伶玲及乃綺來又邀我開車同去，我們開了十一個小時車，到 Baltimore (在 DC 東北五、六哩處) 找許榮寬兄夫婦，他們帶我們到 Grand Fall 瀑布去走走，又住他家，然後我們再開車到 DC 去，看各大建築、太空科學館,自然博物館，再開回 Detroit，來回四天時間。

與伶玲、Nikki 在參觀 DC 太空科學館時攝　▲

8、 加拿大落磯山之行 (箭頭指處)(7/4/03 – 7/11/03)

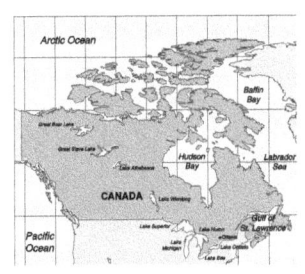

我們搭飛機到美國西北部的 Seattle(西雅圖) 住一宿，次日才到加拿大的 Vancouver(溫

哥華),然後有專車載我們一團人沿途去落磯山,經過無數名勝古蹟,如加拿大鐵路完成時的最後一根釘,十三省每省一塊石頭堆砌處,維多利亞冰河,斷崖山,大江東去......等等,又乘船去溫哥華島,看世界最長公路的起點,維多利亞市政廳,百年紀念牆等

加拿大鐵路完成時,十三省每一省運一個石頭來堆砌此處 ▲

斷崖山 ▲

站在哥倫比亞冰河上 ▲

（溫哥華史丹利圖騰公園）▲

世界最長(加拿大一號)公路的起點 Mile 0 在溫哥華島上 ▲

往溫哥華島的船上 ▲

以此車載旅客到落磯山積雪的冰河上 ▲

大江東去電影拍攝處 ▲

Klowna 酒廠招牌 ▲

下榻的旅店 ▲

途中午餐處 ▲

9、Columbus Ohio 之遊（8/7 – 8/10/2003）

Columbus Ohio 玫瑰花園 ▼

Columbus Ohio 鐘乳石洞內的鐘乳石 ▲

Columbus Ohio 鐘乳石洞穴 ▲

Columbus Ohio 台語教會前 ▲

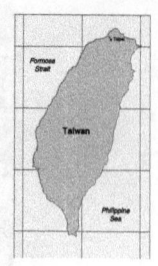

10、台灣之行

在台灣生長的我們,卻沒有好好旅遊自己生長的地方,尤其是開發後的東部,就趁這次回台一個月的時間,去了一趟花蓮和台東。

我們從台北搭乘花蓮台東觀光列車先抵花蓮,有專人接我們到鯉魚潭、東華大學、新光兆丰休閒農場等名勝觀光景點,住宿一夜,再搭次日同一班次觀光列車南下到台東,也有專人接送到新麗休閒農場、東海岸各景點參觀,夜宿台東知本的富野大飯店-溫泉旅館。

又因為春坊的兒子裕清在宜蘭的榮民醫院任職,趁著探望他,同去宜蘭、羅東等地旅遊過。

台北新店附近的烏來瀑布、纜車、溫泉,因為住得近,也趁此來看看。

烏來瀑布前 ▲

烏來上山道路▲

台北到花蓮台東的觀光列車上▲

花蓮東華大學校園 ▲

台東知本火車站 ▲

台東東海岸 ▲

台東知本富野大飯店中的蘭花通道 ▲

台灣東部的羅東運動公園 ▲

台灣東部的羅東運動公園 ▲

11、 阿根廷之行 (10/28/2004 – 11/8/2004)

雖曾在阿根廷居住十二年，但由於忙工作忙、趕生活，養育子女，很少有多餘的時間與金錢作旅遊消遣，阿根廷雖有不少名勝古蹟,.也聞名有不少天然奇

景，就是少有閒情逸致去走走看看。

相隔十五年後，趁著參加南美台灣人年會，特別從美國來阿根廷遊覽南北兩處名勝：南部 Santa cruz 省的阿根廷湖（Lago Argentino）大冰川．天然積聚的冰山，最高的達到一百五十公尺高，還不時崩塌湖中，響聲驚人的騎景；與阿根廷北部 Misiones 省與巴西、巴拉圭交界的、世界最大的 IGUAZU 大瀑布。

（從美國密西根前往阿根廷，飛機從邁阿密轉機 – MIAMI 街上）▲

（阿根廷總統府 - 玫瑰廳）▲

(阿根廷首都總統府前的天主教主教堂) ▲

(總統府前廣場) ▲

（在阿根廷南部 Snta cruz 省 El Calafate 市西邊阿根廷湖西端的大冰川公園）▲

（阿根廷湖 Lago Argentino 西端的大冰川公園）▲

.（阿根廷湖西端的 Perito Moreno 冰河國家公園大冰川 ）▲

（阿根廷湖西端 Perito Moreno 冰河國家公園的大冰川 ）▲

（阿根廷湖西端 Perito Moreno 冰河國家公園大冰川 ）▲

（遊大冰川湖的遊船中）▲

（UPSALA 冰川湖中像一座小島的大浮冰）▲

（Santa cruz 省的阿根廷湖（Lago Argentino）上的大冰川）▲

（冰川流下來停留湖上的大浮冰）▲

這些浮冰有一個軍艦大的，甚至有一個小島大的，乍眼看去就像一個冰島在湖中浮出，蔚為一大奇觀。

（大冰川流瀉下來的浮冰河） ▲

（一望無際的、世界最大面積的 Iguazu 大瀑布）▲

再到阿根廷東北端 Misiones 省與巴西、巴拉圭兩國交界的 Iguazu 大瀑布去看過，滾滾黃泥顏色的瀑布，綿延好幾百公尺寬，隆隆的水聲更是響徹雲霄，氣派非凡。

（阿根廷北部 IGUAZU 大瀑布附近的 ESTURION HOTEL 217 房間後陽台）▲

(IGUAZU 的 ESTURION HOTEL　217 房間後陽台)▲

(在 IGUAZU 的阿根廷,巴拉圭及巴西三國交界處)▲

(在 IGUAZU 的巴西,巴拉圭,阿根廷三國交界紀念碑)▲

他如：位於黑河省（Provincia de Rio negro）西端，靠近智利，有 "小瑞士" 之偁的 Bariloche ，聞名世界的大草原 "朋巴草原" La pampa ，有世界酒池之稱的葡萄酒王國 Mendoza 省，糖廠林立的 Tucuman 省，阿根廷最南端的離島 Tierra del fuego，以及 Chubut 省海邊的蝦城 Camarones，蝦灣(Bahia Camarones) 去吃蝦，這些仰慕已久，聲譽卓著的地方都無法身歷其境，一睹風采，至為遺憾，但願有朝一日能再來暢遊償願！

12、 夏威夷之行 （6/21 – 6/27/2005）

第一日 6/21 春坊從台灣來到夏威夷 Honolulu 國際機場(10AM)，中午 12:55 我才從 Detroit 來到夏威夷會合，住入 Waikiki Resort Hotel 自煮晚餐，晚上參觀草群舞。

第二日 6/22 參觀珍珠港（日本偷襲珍珠港紀錄片）(Arizona 沉船 1177 名官兵沉屍船中的博物館) 參觀夏威夷三寶:紅寶石、綠寶石、黑珍珠，環島遊、火山岩、大峰口（日本飛機飛越處）、遊半個 Oahu 島，晚上到愛之船晚宴。

第三日 6/23 茂宜島(Maui)導遊趙先生開車參觀古戰場、尖山、捕鯨鎮、大榕樹、熱帶植物園、海濱沙灘等一日遊，傍晚飛回 Honolulu 再飛火山島（大島），夜宿 Naniloa Resort 。

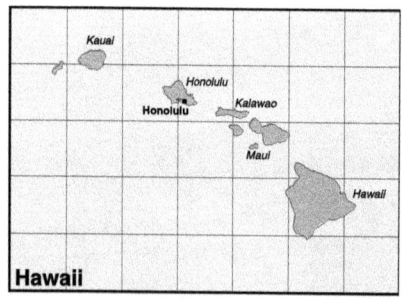

第四日 6/24 車遊黑沙灘，火山口、岩漿博物館 、蘭花園、彩虹瀑布、買火山豆 (Macadamia)，夜宿 Wikiki Resort 。學會 Aloha :早安午安晚安、再見、我愛你。Mahalo : 再見。手勢大小指伸直左右搖晃說 Shaga Shaga 。

第五日 6/25 上午自由活動、到海邊照相，下午到 Polynesian cultural center 玻里尼西亞

七種不同部落(太平洋中心的 Fiji、復活節島等七族)組成的民俗文化村,並參觀夏威夷傳統舞蹈。

第六日 6/26 回程 Honolulu – San Francisco – Detroit (6/27) 5:55am.

▲ 珍珠港:白色建築物就是日本偷襲珍珠港時 (12/8/1941) 被炸沉的美國 Arizona 號軍艦沉船博物館,博物館正下方海中(與博物館成十字形)就是沉船所在處,並有 1177 位美國士官兵沉屍艦中。 因為此一偷襲事件引起了第二次世界大戰,停泊遠處一艘軍艦(左方)就是第二次世界大戰日本投降時,向盟軍麥克阿瑟將軍簽降書的密蘇里(Mizory)軍艦。

▲Oahu 島(檀香山島)北海岸

夏威夷海灘 ▲

夏威夷火山島的火山口▲

夏威夷火山島的黑沙灘▲

13、 東北部密西根沿湖車遊 8 / 18 / 2005 – 8 /20 / 2005

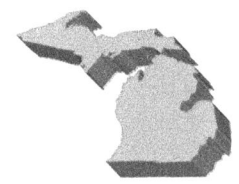

密西根沿湖東岸景色一定動人，平時很少有機會走那裡，我們就特地開車從 Port Huron 走 25 號公路沿著 Huron 湖邊東岸北上，邊走邊看，走到哪裡吃住哪裡。偶而停車照相、觀看風景，抵達 Bay city 之後沿湖公路改名 13 號、23 號公路，直達連接兩半島的 Makinac 長橋，過橋後再往東沿湖 134 號公路走到盡頭，再回頭走 75 州際公路歸巢，如此三天兩夜的渡假旅遊，也別有風味。

Port Huron 北 30 哩處的 Port Sanilac 湖邊港口　▲

Harbor Beach ▲

Harbor Beach ▲

密西根地圖大拇指尖西南角的 Caseville 鎮 ▲

大拇指尖西南角的 Caseville 鎮　▲

途中休息小解處　▲▼

大拇指尖西南角的 Caseville 鎮 ▲

在 Bay City 之北 23 mile 的 Pinconning 鎮夜宿處　Pinconning Motel ▲

Standish 鎮．小船都架起來離水停放 ▲

Tawas city 離 Port Huron 173 mile 處 ▲

Tawas city 離 Port Huron 173 mile 處 ▲

第二天 8 / 19 / 05 在 Port Huron 237 哩北 Alpena 鎮午餐 ▲

Forty Miles Pt. 湖中有風浪 ▲

在 Mackinaw City. Mackinac 大橋南端 ▲

在 Mackinaw City. Mackinac 大橋南端 ▲

在 Mackinac 大橋上 ▲

在 Up Peninsula 最東端 De Touw Village 與 Drummond 島之間的渡輪港口 ▲

在 Up Peninsula 最東端 De Tour Village 與 Drummond 島之間的渡輪港口 ▲

在 Up Peninsula 最東端 De Tour Village 與 Drummond 島之間的渡輪港口 ▲

在 Up Peninsula 最東端 De Tour Village 與 Drummond 島之間的渡輪港口 ▲

14、楓紅欣賞及 Frankenmuth(德國村) 車遊 (10/20 – 10/ 21/ 2005)

密西根在九、十月份秋涼的時候就是楓葉泛紅的季節，到處可以看到紅黃綠紫參雜的樹林，所構成的美麗景色，往往吸引眾多遊客前來觀賞；我們也湊此熱鬧實地開車走一趟，駛經 75 號州際公路北上到 136 出口向東，接 83 公路再北上，不出幾哩路就到德國村(Frankenmuth)的聖誕禮品店區了！

Oscoda 賞楓之遊，並往德國村北上 83 公路旁 ▲ ▼

路旁轉紅的樹葉　▲

83 公路旁

路旁轉紅的樹葉　▲

Oscoda 賞楓之游第一個休息站 ▲

Frankenmuth(德國村)的聖誕禮品商店

Frankenmuth(德國村)的聖誕禮品商店

Frankenmuth(德國村)的聖誕禮品商店

15、加勒比海（Caribbean sea）豪華遊輪之遊 (12/23 – 12/29/2005)

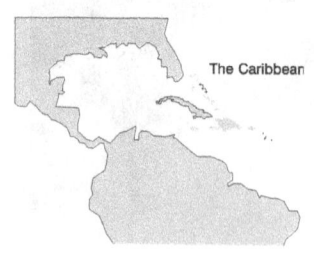

迦勒比海是指中美洲之東，南美洲之北，古巴之南，大西洋以西的海域。但這迦勒比

海之旅，其實只環繞古巴走一圈而已。我們飛到 Miami，搭 Carnival imagination 豪華遊輪，向西走入墨西哥灣，再向東南行，到牙買加停一站，下船遊島午餐、採購，再向東北續航，繞過古巴，向西北回到邁阿米。在船中吃、睡、玩、看表演，是真正放鬆的一趟旅遊。

Carnival imagination 十層豪華遊艇的船尾紅色煙囪▲

在遊輪甲板上　▲

豪華遊艇頂樓的小運動場跑道及高爾夫球練習場 ▲

16、 印第安那州車遊

印第安那州林肯博物館附設商店前 ▲

下榻的 Best Value Inn 汽車旅館 ▲

回程路過 Lansing（密西根州政府） ▲

17、優勝美地三藩市之遊 6/17-6/23/2006

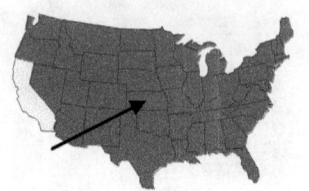

三藩市就是 San Francisco，又叫舊金山．在加州（Carifornia state）(箭頭指處)，我們一行五人(珊瑢、佩琪、文升、春坊與我) 6/17/06 搭乘飛機在次日 6/18/06 來到 San Francisco，6/19 參觀 Sanfrancisco Union center , Civic center，金門大橋，遊船金門灣：Golden gate Bridge – San Francisco Bay – Angel Island – Alcatraz Island – Red and White Fleet . (Golden Gate Bay Cruise)，三藩市美術館
Cathedral of St.Mary of the assumption（ 超現代化天主教堂 ）
6/20 遊優勝美地：半月圓石、將軍石(4000 呎高)、新娘面紗瀑布、世界第二高瀑布，
6/21 參觀赫氏古堡，經過 San Mateo Bridge，水族館，

與女兒及孫兒在 Civic Center ▲

229

金門大橋　▲

▲　Cathedral of St.Mary of the assumption　超現代化建築的天主教堂

三藩市美術館 ▲

將軍石(4000呎高) ▲

世界第二高瀑布 ▲

赫氏古堡 ▲

18、 Dallas and San Antonio. Texas 之行 3/15 - 3/20/07

珊瑢趁開會之便，邀我與春坊旅遊 Dallas，

(周博寬、素貞的住家前 ▲)

並租車 Mercedes Benz 230 來往於 Dallas 和 San Antonio 之間,開了 600 多哩路.▲▼

19. 加拿大安大略 Ontario 省、魁北克 Quebec 省車游　(9/5-10/07)

加拿大 Canada 的安大略 Ontario 省就在美國密西根 Michigan 州的東北鄰,從密西根州到加拿大的安大略省有三個進口:1.從底特律 Ditroit 過一條河 (過大使橋或河底隧道) 就到了加拿大個溫沙 Windsor,然後即可沿 401 號公路,到安省的多倫多 Toronto, 渥大華 Ottawa 或進入加拿大的魁北克省的蒙特婁及魁北克;2.從 Port Huron 進入加拿大的 Sarnia,然後經由 402 公路進入 401 公路到加拿大內陸;3. 從密西根北半島的 Sault

Ste. Marie 進入加拿大，可從安省北部公路直達加拿大的國都渥大華 Ottawa 。

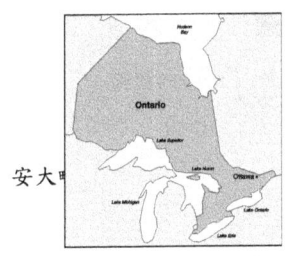
安大略

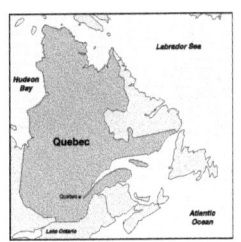
魁北克 Quebec 省

我們從美國密西根 Michgan 開車經過第一條路到加拿大的千島湖 Thousand Islands，渥大華 Ottawa，蒙特婁 Montreal，魁北克 Quebec 等地走了五天（9/5-10/07），邊走邊玩、邊住邊吃，還在蒙特婁聚集了十八年未見的三家旅居阿根廷時的老友暢敘，雖然長途開車，但一點都不覺得累。

千島湖 Thousand Islands 和渥大華 Ottawa 在加拿大的安大略 Ontario 省，蒙特婁 Montreal 和魁北克 Quebec 在加拿大的魁北克 Quebec 省，這些有著濃厚法國風味的城市真的很美，尤其是渥大華的加拿大國都和魁北克、蒙特婁的法國市區，他們保留古代建築，與現代建築相映成趣，他們以法文法語為主，街道名一些標語都用法文，商店也通用法語；雖然我們走馬看花，但已看見了概括 。

千島湖位於多倫多 Toronto 和蒙特婁 Montreal 之間，從多倫多沿 401 號國道向東走，經過 Kingston 市之後與 32 號省道交叉時，右轉沿 32 省道走到底，就有千島湖的遊湖船，可以遊湖一個小時或三個小時。千島湖名符其實，湖中有 1700 多個小島（其實是介於美、加之間的一條大河 St. Lawrence River 流入 Ontario 湖的入口處），我們搭乘遊湖船一個小時觀賞湖中一部分各色各樣的島嶼，每一小島（除了很小的島）幾乎都有住人的房屋，這些島嶼都是層次分明的石層島，大盤石上還長著不小的樹木，既美且清潔，河水又清澈沒有大波浪。

我們走過這兩個省份，來回 1630 Mile 沿途農產豐富，風景迷人，道路狀況良好，路旁的休息站供應食物、汽油、廁所，因此不愁餓肚子或缺汽油，我們一張信用卡就解決了一切食宿加油的問題 。

魁北克街景

渥大華 – 加拿大國都

蒙特婁 – 聖約瑟教堂

渥大華 – 加拿大國都

與老友詹兄於蒙特婁聖約瑟教堂

車遊到加拿大首都渥太華

加拿大千島湖

加拿大千島湖

20. 中國北京,西安,蘇州,杭州,上海之行（11/17-27/07）

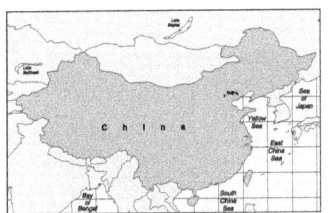

北京 - 天安門前

長城

蘇州 - 留園

景泰藍工廠內

21、 密西根湖環湖車遊（8/1-5/2009）

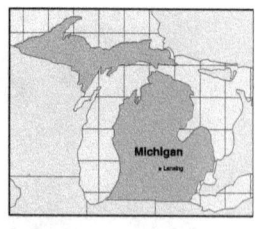

Lake Michigan (密西根湖)

我們開車繞了一圈 Lake Michigan，從 94 號公路向西，進入 Indiana 州的 Michigan city(湖

的最南端),再往西,同 Indiana 州與 Illinois 州隔壁的 Gary 市(湖的最南端)宿夜,我們隨車帶有小電鍋,蔬菜水果及罐頭食品,在 6 兄弟 Inn(住宿處)插電煮晚餐,香甜可口。次日早繼續向西北到 Chicago 市,最美最繁盛的湖邊芝加哥,我們沒有停留,只開車經過,邊走邊照相邊欣賞,面向大湖的高樓大廈真美!再沿湖邊公路往北走,看到湖邊美的地方就停下來照相,休息,欣賞風景,過了芝加哥就沒有那麼繁榮而漸趨農村化的湖邊景色了,中午就在麥當勞或 Kentucky Fry Chicken 午餐,再沿湖北上,離開 Illinois 州進入 Wisconsin 州,經過著名的 Milwaukee 市,暫時離開密西根湖,向西北,切斷 Wisconsin 州位於密西根湖西岸的尖端半島,進入 Green Bay 市,夜宿於此 Green bay 市的 Ville Inn,次日早想游湖,但當日的船票已完全售空,沒償願,又去看藝術博物館,也因中午才開門而作罷,乃繼續行程,沿湖(Green bay)北上,離開 Wisconsin 州,進入 Michgan 州的 Up Superior 北半島,再上到半島的北端 Lake Superior 湖邊的 Marquette 湖濱市,夜宿湖邊的 Motel,次日再沿北湖濱 28 號公路到 Munsing 市,搭 Pictured Rocks 船遊湖(十七八年前我們全家七口曾遊的,是日英國 Diana 公主去世的那遊船),看那彩色繽紛的岩石沿岸,遊罷就順 28 公路再轉北半到南岸 2 號公路沿密西根湖回北濱,進入 Mackinac 大橋,沿 75 公路回底特律。總共開車 1183 Mile (1892 公里),4 天時間,沿途開冷氣(75 – 85 度間),車況良好,人員平安,也不覺得累。 以上是這次出遊的簡訊。

開車環遊密西根湖

密西根湖

Green Bay

北半島遊湖中

密西根湖畔

22、 芝加哥簽證之遊（9/21/2009）　　　　　　　　　芝加哥

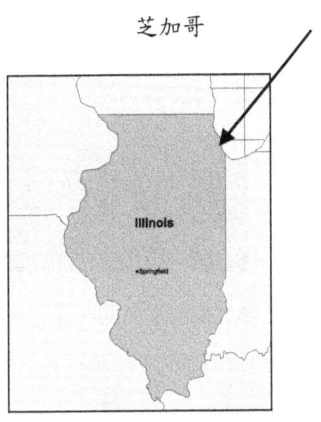

芝加哥在 Ilinois 州的東北角，緊鄰密西根湖。我們趁簽證（到中國的廣州、昆明、雲南去）之便，三個人（珊瑢、春坊與我）開車跑了一趟。

芝加哥港灣中的帆船

芝加哥港灣的摩天輪

密西根湖濱的芝加哥市區

23、中國廣東、廣西、貴州、雲南（廣州、桂林、昆明、雲南）之行（10/17-23/2009）

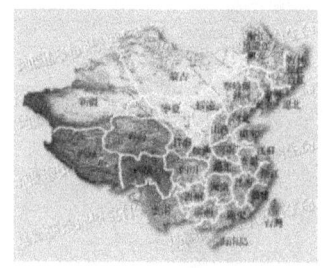

（廣州黃花崗）

（黃花崗七十二烈士墓）

（廣州稱為五羊城）

(船遊灕江)

(昆明大觀樓 10/20/2009)

(登龍門 10/21/2009)

(昆明石林)

(石林)

(恐龍谷)

（大理崇聖寺三塔）

（麗江玉龍雪山）

（納西族文字壁）

24、從 Buffalo(水牛城) 經 Finger Laks(五指湖) 到 Boston(波士頓) (9/11-16/2010)

port Huron 過加拿大的大橋

(五指湖 9/12/2010)

(五月花 9/15/2010) 1620 年英國清教徒從荷蘭開來美國 Plymouth 的 May flower 船

(哈佛大學 9/16/2010) 波士頓

25、賭城 –黃石公園 – 總統巨石 – 拱門 – 鹽湖城之行　(8/24 -30/2011)

Las Vegas (Nevada) – Richfeild (Utah) – Arch National Park – Denver (Colorado)– Cheyenne(Wyoming) –Crazy Horse – Mr. Rushmore – Yellowstone National Park(Wyoming, Montana, Idaho) –GrandTeton National Park – Jackson Hole – Salt Lake City(Utah) – Las Vagas

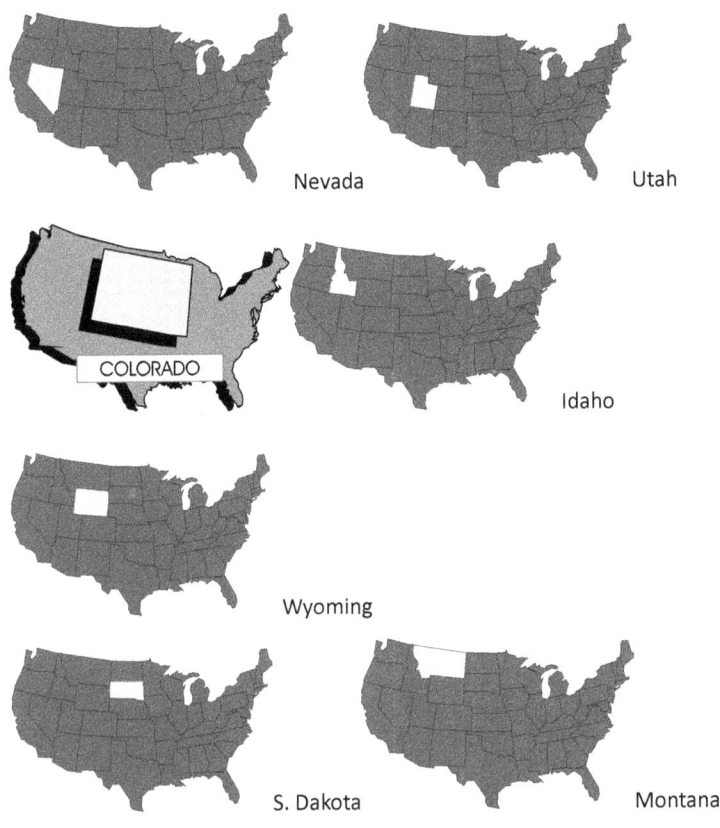

Nevada   Utah

COLORADO   Idaho

Wyoming

S. Dakota   Montana

(Las Vegas)

（拱門在背後）

(拱門公園)

(瘋馬巨石)

總統巨石

(生態公園)

(硫磺泉)

(噴泉)

(GrandTeton 大乳山)

(Yellowstone 黃石公園)

(Yellowstone 黃石公園)

(鹿角門)

(猶大州－鹽湖)

26、葡萄牙、西班牙之行

伊比利亞半島（Iberia penisula）

這次葡萄牙及西班牙十一天的旅遊（9/13/2012 – 9/23/2012），我們從底特律直飛荷蘭的阿姆斯特丹，轉機到葡萄牙首都里斯本(Lisbon)，以葡國的長途遊覽車，載我們繞葡萄牙中南部奧比都斯(Obidos),伐地瑪(Fatima),大石角(Cabo da Roca), 卡斯凱斯(Cascais)等五個城鎮之後，進入西班牙南部的賽維爾(Seville), 到英屬的直布羅陀(Gibraltar), 沿地中海岸的米哈斯(Mijas)、太陽海岸區(Costa del Sol), 馬拉加(Malaga), 北上到格拉那達(Granada), 再北上到白風車村(Consuegra),轉向西走到杜麗多(Toledo), 又往北到首都馬德里(Madrid), 再往北到塞哥維亞(Segovia), 回到馬德里, 再東走到薩拉哥莎(Zaragoza), 最後向東到巴塞隆納(Barcelona), 回程就從巴塞隆納搭乘飛機到巴黎, 再轉機回美。

這葡、西兩國著實給了我不少新知收穫：這兩個國家，從十五世紀就已經很興盛，因此已有五、六百年的輝煌歷史。這兩國都有很多出名的、古老的的建築與名勝古蹟：有幾百年的皇宮、教堂、城堡、名勝地, 有多位揚名世界的人物：像名航海家哥倫布(Columbus), 名建築家高迪 (Antonio Gaudi), 名畫家畢加索 (Picasso)、哥雅 (Goya)………等等。

　　說到舉世聞名的航海家、探險家、殖民者哥倫布（Cristoforo colombo 義大利名）Columbus （1451-1506）： 出生於中世紀的熱那亞共和國（現今義大利北部），他出生時父親是羊毛的紡織工人，也兼賣乳酪，他 10 歲時就出過海, 1470 年他被一艘熱那亞船主雇傭，為 Rene of Anjou 一世效力，去征服那不勒斯王國 ； 他自幼熱愛航海，自小就看見大船的出海，都是船身先消失，船帆最後才消失，船的進港則相反，

先看見船帆，最後才看見船身，因此他一直認為海面和地球是圓的、是球形的，他認為船在海上行駛，向東能到之地，向西也能到。他也因聽聞遠從中國經過新疆、土耳其到地中海、直到西班牙，近千年來的絲綢之路，為西班牙人帶來無限的商機，當時，此一絲路又在鄂圖曼土耳其被攔阻切斷，不能通行，海路又必需經由非洲南端的風暴角－好望角，他就主張從大西洋西覓至亞洲的印度、中國的航路，於是向葡、西、英、法等國的國王尋求補助，經過十幾年，才於1492年得西班牙王Ferdinand（斐迪南）及皇后Isabella（伊薩伯拉）之贊助，率舟三艘、水手88員，歷經艱辛險阻，航行七十晝夜，才西越大西洋，而達北美洲之Bahamas（巴哈馬）群島，第一次探尋成功回到西班牙後，復增多船隻、人員，繼續探航多次（共四次），西印度諸島及中美洲、南美洲沿岸，遂陸續被發現，開啟了以後延續幾個世紀歐洲探險、殖民及海外領地的偉大時代。

哥倫布 Cristoforo colombo （1451-1506）

意大利航海家哥倫布生於意大利熱那亞，卒於西班牙巴利亞多利德（Valla dolid）。一生從事航海活動。先後移居葡萄牙和西班牙。他相信大地球形說，認為從歐洲西航可達東方的印度和中國。在西班牙國王支持下，先後4次出海遠航(1492～1493，1493～1496，1498～1500，1502～1504)。開闢了橫渡大西洋到美洲的航路。先後到達巴哈馬群島、古巴、海地、多米尼加、特立尼達等島。在帕里亞灣南岸首次登上美洲大陸。考察了中美洲宏都拉斯到達連灣2000多千公尺的海岸線；認識了巴拿馬地峽；發現和利用了大西洋低緯度吹東風，較高緯度吹西風的風向變化。證明了大地球形說的正確性。促進了舊大陸與新大陸的聯繫。他誤認為到達的新大陸是印度，並稱當地人為印第安人。

哥倫布十分崇拜曾在熱那亞坐過監獄的馬可·波羅，他讀過《馬可·波羅遊記》，十

分想往印度和中國。當時,地圓說已經很盛行,哥倫布也深信不疑。他先後向葡萄牙、西班牙、英國、法國等國國王請求資助,以實現他向西航行到達東方國家的計劃,都遭拒絕。一方面,地圓說的理論尚不十分完備,許多人不相信,把哥倫布看成江湖騙子。一次,在西班牙關於哥倫布計劃的專門審查委員會上,一位委員問哥倫布:即使地球是圓的,向西航行可以到達東方,回到出發港,那麼有一段航行必然是從地球下面向上爬坡,帆船怎麼能爬上來呢?對此問題,滔滔不絕、口若懸河的哥倫布也只有語塞。另一方面,當時,西方國家對東方物質財富需求除傳統的絲綢、瓷器、茶葉外,最重要的是香料和黃金。其中香料是歐洲人起居生活和飲食烹調必不可少的材料,需求量很大,而本地又不生產。當時,這些商品主要經傳統的海、陸聯運商路運輸。經營這些商品的既得利益集團也極力反對哥倫布開闢新航路的計劃。哥倫佈為實現自己的計劃,到處遊說了十幾年。直到1492年,西班牙王后慧眼識英雄,她說服了國王,甚至要拿出自己的私房錢資助哥倫布,使哥倫布的計劃才得以實施。

1492年8月3日,哥倫布受西班牙國王派遣,帶著給印度君主和中國皇帝的國書,率領三艘百十來噸的帆船,從西班牙巴羅斯港揚帆出大西洋,直向正西航去,經七十晝夜的艱苦航行,1492年10月12日凌晨終於發現了陸地。哥倫布以為到達了印度。後來知道,哥倫布登上的這塊土地,屬於現在中美洲巴勒比海中的巴哈馬群島,他當時為它命名為 San salvador (聖薩爾瓦多)。1493年3月15日,哥倫布回到西班牙。此後他又三次重複他的向西航行,又登上了美洲的許多海岸。直到1506年逝世,他一直認為他到達的是印度。後來,一個叫做亞美利哥的意大利學者,經過更多的考察,才知道哥倫布到達的這些地方不是印度,而是一個原來不為人知的新的大陸,哥倫布發現了新大陸。但是,這塊大陸卻用證實它是新大陸的人的名字命了名:亞美利加洲。後來,對於誰最早發現美洲不斷出現各種微詞。哥倫布發現新大陸的結論是不容置疑的。這是因為當時,歐洲乃至亞洲、非洲整個舊大陸的人們確實不知大西洋彼岸有此大陸。至於誰最先到達美洲,則是另外的問題,因為美洲土著居民本身就是遠古時期從亞洲遷徙過去的。中國、大洋洲的先民航海到達美洲也是極為可能的,但這些都不能改變哥倫布發現新大陸的事實。

雖然在歷史記載中並沒提到他發現了"美國大陸"，只記載他發現了美洲的巴哈馬群島及中南美洲；不論他是否真正發現了美國新大陸，美國之有今天，其實與他的執著西覓亞洲的航行，有不可切割的關係。當然，美國當地的原住民（哥倫布尚未來到之前的原住民後裔），因為哥倫布遠從西班牙幾次率眾前來，其中成員的素質良莠不齊，踐踏了他們早已居住的土地，殺戮了他們的祖先，不無怨言，甚至起而反對哥倫布的發現美洲新大陸之說，不願承認也不願歌頌哥倫布遠航不可磨滅的功蹟，更認為哥倫布是對美洲原住民的野蠻和殘酷大掠殺的開始。然而，我們在西班牙、葡萄牙確實看到了哥倫布執著航行西覓亞洲，附帶所得到的：發現新大陸的成果，帶給他們以及全世界今日繁榮的影響。瀕臨大西洋的歐州葡萄牙與西班牙兩國，也因為哥倫布的發現美洲新大陸，積極蓬勃發展遠航的船隻航行大西洋，遠行北中南美洲，從中得利所帶來的財富，並羅馬及天主教的文化與伊斯蘭教阿拉伯人在伊比利亞半島（Iberia penisula）統治八百多年的影響，又有美、亞、非、歐各州人的融入，這兩國在十四、五世紀就已經繁榮興盛，聞名於世，並留下諸多的古老遺跡。接著將 我們這次所遊歷過的精髓，逐一誌錄如下：

1、葡萄牙首都里斯本（Lisbon）的（巴倫 Belém 古塔）torre de belém：

是世界文化遺產之一，建於 1514 年至 1520 年間的五層樓防禦工事，曾經是輝煌的歷史遺跡，座落於特羅河畔，塔身全由大理石建造，塔中有幾門大砲，可抵禦從大西洋入侵的強寇或敵人，當時建造的目的是防禦港口及附近的聖哲羅姆派修道院。底層曾為儲藏室，後改為地牢，關過囚犯，罪愈重關愈底層，漲潮時就被淹死，現在是博物館。

2、里斯本（Lisbon）的 Discoveries（大發現者）紀念碑：初見此一紀念碑，我就連想到：是否也紀念西班牙的哥倫布？但葡萄牙的國王，當時不是不資助哥倫布的西覓亞洲東方的航海嗎？怎麼會在此地建造紀念碑呢？等我走近這一紀念碑，看見名為 Discoveries，仍懷疑是否也紀念哥倫布這位美洲新大陸的發現者？但當我查到資訊時，

才恍然大悟，原來是紀念葡萄牙的航海發現者：

位於里斯本 tejo 河北緣 50 公尺高的 Discoveries (大發現者) 紀念碑，靠近 4 月 25 日大橋 (Apr. 25 suspension Bridge)，此一位置是葡人在航海時代出海的地方，這紀念碑首次出現在 1940 年葡萄牙世界博覽會上，這一紀念碑的雕塑是輕型多桅帆船的形狀，其東西兩邊均雕有 32 名航海時代的航海家、導航員、傳教士等葡萄牙人，麥哲倫和巴西此塔起初用易腐材料建造,1960 年改用混凝土重建，以紀念葡國航海家恩里克王子逝世 500 週年, 紀念碑以恩里克王子站在船首, 1985 年在紀念碑內加設了展覽廳。作者的設計是建築師克里斯蒂諾·達席爾瓦。

 船頭的王子

紀念碑前地面上以馬賽克拼裝的大羅盤 ▲　　　　　　（葡萄牙國旗）

Henrique 亨利王子（恩里克）王子

提起歷史上地理大發現的大航海時代，首先應該提到的是歐洲小國葡萄牙的遠航事業；提起大航海時代的葡萄牙，首先應該提到的是葡萄牙國旗上那一片綠色所代表的亨利王子。

Henrique 亨利王子 (恩里克)王子（1394 –1460）

亨利（恩里克）王子（Infante Dom Henrique），葡萄牙親王。因設立航海學校、獎勵航海事業而被稱為"航海者"。在他的支持下，葡萄牙船隊在非洲西海岸至幾內亞一帶，掠取黑人、黃金、象牙，並先後佔領馬德拉群島等。

葡萄牙最初是作為 Castille(卡斯提爾王國)(1230 – 1812)公主的嫁妝而分裂出來的，其國名在拉丁語裡，原意是"溫暖的港口"，這倒是很名副其實。那裏土地貧瘠，物產有限，唯一可以依靠的也只有其"溫暖的港口"。葡萄牙的陸上國境線全部與強國西班牙（當時是強大的卡斯提爾王國）相鄰，幾乎沒有任何發展空間。到 15 世紀，其人口已經達到 150 萬左右，他們唯一的出路只有向海上發展，而最早意識到這一點的，正是被後世稱為"航海家"的亨利王子。

亨利王子（恩里克王子）生於 1394 年，其父親是葡萄牙國王若奧一世（約翰一世），母親是莎士比亞在《理查二世》中寫到的岡特的約翰之女菲利芭。1415 年，

年青的亨利王子隨父親參加了攻克北非城市休達的戰役，在戰役中起了重要作用，表現了非凡的勇氣。不過幸運的是這位也許可以成為陸上英雄，在與穆斯林的戰場上馳騁風雲的年青王子最終沒有投身於陸上事業，而是投身於當時的傑出人物都不屑一顧的航海事業。

在 15 世紀初，雖然航海技術已經有了很大提高，但航海事業還遠不是現代人所想像的浪漫事業。而是極為艱苦、風險極大、收穫很小的事業，一般貴族階層很少有人涉足。當時的海船很小，一般載重數十頓到一百多頓，乘數十人。船員住著低矮的船艙，在其中甚至無法直立。廚房設備簡陋，食物常常是半生不熟。淡水是用小木桶裝的，很快就會變質，粘乎乎的，滿是朽木鐵鏽味兒。一離岸就得不到蔬菜吃，常常使船員死於壞血病。拋開頻發的海難事故不說，僅僅是極差的衛生條件就使大批海員死於各種疾病。在當時，海員常見的死亡率為 40%。在這種情況下，生活正常的人們是很難有興趣去航海的，成為海員的常常是無業遊民、小偷、罪犯等等。

很難想像，衣食不缺、地位高貴，完全可以憑陸上事業大展宏圖的亨利王子為什麼會投身於航海事業。但他從休達回國後，就開始著迷於航海。他清醒的認識到葡萄牙的發展方向只能是海上，他的遠航事業最大的目的則是找到傳說中東方的基督教"普萊斯特·約翰"的國家，從而與之夾擊北非的穆斯林。此外，當時葡萄牙得知關於西非廷巴克圖黃金貿易的信息也引起了亨利王子的興趣，據他的助手迪戈·戈麥斯所說，正是這一信息使亨利王子想到從海上探尋這些地方。

這裡還應該提到的一點是，亨利王子當時繼承了由聖殿騎士團（已被教皇解散）的殘餘組成的葡萄牙的阿維斯騎士團的首領，而騎士團在葡萄牙擁有大片地產。這在日後成為其遠航事業的物質基礎。

從 1415 年開始，亨利王子就著手準備對非洲西北部的探險，他曾經親自參與了海船的改進，從意大利網羅了大批航海人才，在薩格里什（今聖維森特角）創建了航海學校，教授航海、天文、地理等知識。並在附近的拉各斯修建海港、船塢，建造海船。亨利王子把騎士團一年的收入拿出來，裝備了幾支遠航探險隊，對西北非洲各地進行了廣泛的航海探險。從此，葡萄牙的航海事業有計劃的展開了。

1418年，札科和泰赫拉發現馬德拉群島。1431年到達大西洋上的亞速爾群島。1434年，吉爾·埃阿尼什越過歐洲航海家的極限——博哈多爾角，進入傳說中的"魔鬼之海"。1436年，鮑爾達亞在博哈多爾角登陸第一次遇到黑人，葡萄牙人第一次進入"黑非洲"。

1437年，亨利親王（此時已經是親王）第三次參加了征服北非的戰役（前兩次是1415和1418年），此戰葡萄牙人慘敗，其兄費爾南多王子被俘。亨利親王在這次戰役失敗後，更集中力量向海上發展。

1441年，貢薩爾維什第一次在黑非洲抓獲黑人，並運回10名黑人賣為奴隸。從此開始了長達幾個世紀的奴隸貿易。黑人奴隸成為葡萄牙人在非洲的第一個贏利"事業"，亨利親王從中抽取1/4的稅收。1448年，亨利王子在阿奎姆島建立歐洲人在黑非洲的第一個殖民據點，日後成為奴隸貿易的中心。

1445年，著名的迪亞士家族中的第一個航海家迪尼斯·迪亞士出場。他發現塞內加爾河，並一舉越過西非沙漠海岸，發現佛得角（綠角）。同年，費爾南迪斯發現岡比亞河。1446年，特利斯陶在幾內亞比紹海岸被黑人的毒箭射死，成為大航海時代第一個喪生的航海家。

1458年，亨利親王最後一次參加了征服北非的戰役，攻占了休達以西的阿爾卡塞。此次遠行，也是他最後一次乘船航海。他一生中最遠只是四次航行到北非，但其事業為他贏得了"航海家亨利"的歷史稱號。

1460年，亨利逝世，他的船長們已經勘探到西非的塞拉利昂。
亨利王子在一生中，如苦行僧一般簡樸的長期生活在航海中心薩格里什，他並沒有得到里斯本的朝廷多少支持，並且可以說因其盛名而飽受排擠。但可以說整個葡萄牙的航海事業開始於亨利王子，也可以說整個歐洲的地理大發現開始於亨利王子，所以後世的葡萄牙人用國旗上那一片綠色向他致敬。

亨利王子在遠航探險的事業中，耗費了大量的財力、物力、人力，而事實上在他生前，得到的實際收穫並不大。但他看準了這個事業，並為之付出了畢身的精力，為後世葡萄牙一舉成為富強的海洋帝國打下了基礎。

在地理大發現的時代，那些駕著漏水的破船，吃著發霉的食物、甚至蛆蟲、老鼠，喝著變質的臭水，沒有航海圖、只能靠上帝決定航向，為看一眼新海岸的模糊輪廓就離家漂泊數年的航海者，的確是真正的勇士。在我們向亨利王子致敬的同時，也應該向他的意大利、葡萄牙、加泰羅尼亞、丹麥船長們致敬，也應該向他的勇敢的船員們致敬，不管他們曾經是戰士還是貧民、是流氓還是囚犯，因為他們在人類的發展史上，跨出了一大步！

亨利王子實際上並沒有出海遠航，只是在 1415 年隨王國船隊出征過摩洛哥的休達。他是若奧一世國王的第三個兒子，他的母親是英國人。他自幼沉靜踏實，喜好鑽研，專心致志於既定目標。他隨船隊到達休達後，刻苦研究了大量歷史文獻，積累了寶貴的航海資料。他確信，地球上尚有許多未知的大陸等待人們去發現。於是，一個宏大的設想在他的腦海裡初步形成。他認定，葡萄牙歷史上一個新的時代即將開始。

自休達返國後，恩里克便一心一意地投身於航海事業。他遠離豪華舒適的宮廷，放棄了婚姻和家庭生活，選擇葡萄牙西南角荒涼的聖維森特角附近的薩格雷斯定居下來，在這裡創立了一所航海學校和一個天文台。他從國外招聘有名的宇宙學家和數學家，研究了蒐集來的大量信息。之後，在薩格雷斯開設船塢建造船隻。

經過多年的研究、訓練和準備後，恩里克於 1418 年派出船隊首次出航，並在當年發現了馬德群島的桑托斯港島，繼而於次年發現了馬德拉島。其後，他派出的船隊又相繼發現了亞速爾群島各島嶼。

從那個世紀 30 年代起，恩里克向當時人類的航海極限發起挑戰。他精心挑選了葡萄牙第一流的探險家和英勇無畏的水手。這些忠心耿耿為他的航海事業效勞的船長和船員，遵照他周密的計劃和部署，先後發現了幾內亞、塞內加爾、佛得角和

塞拉里昂。

據史書記載，恩里克曾三令五申他的船長，要同被發現陸地上的土著人和睦相處，主張在那裡進行和平的殖民。這就是後人稱之為的地理大發現。後來，葡萄牙王室受到尋找黃金、販賣黑奴等物質利益的驅使，航海大發現變成了武力征服和掠奪，演變為殘酷的殖民主義統治和壓迫。

15世紀上半葉，葡萄牙航海發現取得的成就震驚歐洲，恩里克不僅為葡萄牙人所景仰，而且受到歐洲人的尊敬。歐洲人尊稱他為航海家，葡萄牙人則親暱地稱呼他恩里克王子和航海王子。他對人類的貢獻遠遠超過一位航海家的豐功偉績。葡萄牙歷史學家雅依梅·科爾特桑說：我們不能忘記這一事件的世界意義，因為它與過去有聯繫，也就是說，葡萄牙人從其他民族以往的經驗中得到了啟迪，它的後果是對新人類的誕生起到了極大的推動作用。

葡萄牙人對恩里克的愛戴與崇拜達到極高的程度，以致把他的形像神聖化了。傳說，他是一個純粹而又嚴肅的修道式人物，把一切個人情感和慾望置之度外，從不為瑣碎之事佔用寶貴時光，耽誤航海事業。
恩里克1460年因病在他的航海基地薩格雷斯謝世，終年66歲。歷史學家都評價說，無論對葡萄牙還是對整個歐洲，他的一生及其事業的重要性是無法估量的。從他的航海時代起，每一個從事地理大發現的人，都是沿著他的足跡前進的。

為了表示對他的永久敬慕，葡萄牙人民為他建立了紀念碑，設立了《唐·阿方索·恩里克王子勳章》，表彰對葡萄牙做出貢獻的本國和外國文化人士。亨利王子的名字永遠同葡萄牙的航海事業和航海大發現聯繫在一起。

大發現者紀念碑對面的熱羅尼姆斯修道院及花園：圍景廣場於1940年落成。

3、在澳比都斯 (Obidos) 的葡國皇族古城：已有 700 多年歷史，是葡國國王 Afonso II 送給皇后 Urraca 的小村莊，因此又被稱為皇后的村莊，是依山而建立的、海拔 80 公尺高的小城，

此城在公元前 300 年已經存在，自摩爾人於七世紀（公元 713 年）佔領葡萄牙時，他們建造了堅固的石牆和水閘，12 世紀, Alfonso Henriques 從摩爾人手裡奪回這小城。小城裡沒有工業區，居民以旅遊業為主，就在主要大街 - Rua Direita 上賣紅酒、砵酒和紀念品，古堡是 13 世紀 Dinis 建造的。

4、在法蒂瑪 (Fatima) 的天主教朝聖地（聖母瑪利亞顯現地）：

"Fatima 聖母" 是天主教徒給 1917 年在 Fatima 連續六個月於 5 月 13 日顯現給三個牧童，

而後被天主教會所認為是"聖母瑪利亞"的稱號。由於該三名牧童稱她自稱為"玫瑰瑪利亞",因此這個稱號天主教也稱："玫瑰法蒂瑪聖母"(Nossa Senhora do Rosano de Fatima)。 1917年從5月到10月,三名牧童在Fatima附近的爾賈斯特外的空地上看到聖母瑪利亞,當時葡人正在第一次世界大戰中打仗, 此一消息傳出後,數月裡湧來上千人,1917年10月13日是顯現系列的最後一次,約七萬人集結此地,後來在此地蓋了天主教堂及廣場。

5、在葡國的 - 歐洲陸地最西端的 - 大石角 (Cabo da Roca) :

這裡有歐洲陸地最西端的燈塔矗立海邊,風景宜人,是遊客必到之處。

6、在葡國卡斯凱斯 (Cascais) 的葡國王族別墅所在地 :

7、英屬直布羅陀 (Gibraltar):

直布羅陀（英語：Gibraltar）是英國的海外屬地之一，位於西班牙南面，與直布羅陀海峽、地中海、大西洋相鄰。人口 29,431 人（2009 年）。

直布羅陀曾發現過尼安德特人化石，而之後則一直沒有很多人類遺跡。古時，直布羅陀是北非腓尼基人的聚居地，在公元前二世紀被羅馬帝國征服。西羅馬帝國滅亡後，部分哥德人和當地伊比利亞人和摩爾人（主要是腓尼基人後代）爭奪此地。伊斯蘭教興起後成為北非信奉伊斯蘭教的摩爾人侵略歐洲的踏腳石，一部摩爾人在伊比利亞半島南部（包括了直布羅陀半島），成立了若干小國並接受基督教和伊斯蘭教共存，在十一至十五世紀時西班牙和葡萄牙人抗擊要統一信仰的北非穆斯林侵略時，和一部分混血和信奉伊斯蘭但寬容基督教的歐洲摩爾人聯手，驅逐了侵略者。

在地理大發現西班牙國勢強盛前後，西班牙對直布羅陀地區信奉伊斯蘭教的摩爾人採取驅逐或強逼改宗的政策，而很多人即使改宗後仍被逼遷到北非的摩洛哥。在英國佔領時期，很多義大利人和英國人遷入，部分摩洛哥人也迴流充實了當地人口。目前直布羅陀人大多否認西班牙對當地有宗主權。

英國在 1713 年自西班牙取得直布羅陀，並在 1830 年正式宣佈直布羅陀為其殖民地。

作為英國海外領地，直布羅陀的最高元首為英國女皇伊莉沙白二世。女皇委派總督代其在當地履行職務。英國負責直布羅陀的國防、外交、以及維持治安和財政穩定。

總督不直接參與直布羅陀的管理，他擔任的主要禮節角色。他任命政府各主要官員和負責治安，他是皇家直布羅陀警察之首。

西班牙一直聲稱擁有直布羅陀的主權，因此主權問題是當地重要的政治議題。當地所有黨派都反對英國將直布羅陀的主權移交予西班牙，他們主張由直布羅陀居民作決定。由於英國政府一直不希望把直布羅陀完全交還西班牙，由英國和西班牙共同管治直布羅陀的提議，2002 年經由直布羅陀公民投票以高票數 98.97% 的比例所否決。

直布羅陀是歐洲聯盟的一部份。自 2004 年起，當地居民屬西南英國選區。

整個直布羅陀在西班牙境內，直布羅陀海峽是地中海通往大西洋的窄狹海口，直布羅陀的對岸是非洲的摩洛哥，相隔只有二十幾公里。

8、 畢加索 (Picasso) 的家鄉 - 安達魯西亞自治區的馬拉加 (Malaga) ：畢加索全名 Pablo ruiz Picasso (1881-1973) 是 20 世紀現代藝術主要代表人之一，他是畫家也是雕塑家。

(畢加索坐姿銅像)，而我也有幸與他同坐合照留念。

1881 年，畢卡索生於西班牙安達魯西亞自治區的馬拉加市，這是畢卡索出生地的房子：

畢卡索的父親也是一位畫家，專攻自然素描鳥類等動物，一生擔任工藝學校的藝術教授和當地美術館館長。

畢卡索很小的時候就展現了對繪畫的熱情與能力。根據畢卡索母親的說法，畢卡索第一個學會說的話是「皮茲、皮茲」，是西班牙語「鉛筆（lápiz）」的簡短發音。七歲時，畢卡索的父親開始正式的訓練他學習人物素描和油畫。畢卡索父親是思想傳統的教授，他深信模仿大師的作品、素描石膏像與人體模特兒是每個畫家必要的訓練。於是，畢卡索一心一意的專注於藝術上，因此忽略了課業。

1891 年，由於父親當上了一所美術學校的教授，畢卡索一家搬到了拉科魯尼亞省。他們在拉科魯尼亞待了將近四年。一次偶然，父親發現畢卡索對他未完成的鴿子素描塗色，在仔細觀察畢卡索的筆法後，畢卡索的父親深深覺得他十三歲的兒子已經超越了他，並發誓從此不再繪畫。

1895 年，畢卡索七歲的妹妹康琪塔死於白喉，這件事成了畢卡索一生中陰影，畢卡索一家並搬到了巴塞隆納。後來，父親說服學校讓畢卡索參加跳級考試，而畢卡索在一星期內完成了一般學生需要一個月完成的考試，當時年僅十三歲的畢卡索並獲得了評審委員會的極度肯定。父親在家附近租了一個小房間讓畢卡索獨自工作，並一天內多次檢查畢卡索的畫作，這使得父子經常爭吵。

畢卡索的父親和叔父決定把畢卡索送到西班牙一流的藝術學校：馬德里的聖費爾南多畫家藝術學院。1897 年，十六歲的畢卡索第一次獨自一個人出發前往馬德里。然而，在註

冊後，畢卡索卻因沒辦法接受正式、規規矩矩的教育，而停止上學。畢卡索轉而到馬德里的普拉多美術館欣賞可敬的藝術家，像是迪亞哥·委拉斯蓋茲、弗朗西斯科·哥雅、弗朗西斯科·蘇爾瓦蘭的作品。畢卡索特別崇拜埃爾·格雷考，他的特色，像是拉長的肢體、醒目的顏色、神秘的面容，都深深的影響著畢卡索的畫風。

結束了在馬德里的進修後，1900年，畢卡索隻身前往歐洲藝術首府巴黎旅行。他在巴黎遇見了當地記者兼詩人馬克思·雅各。雅各幫助人生地不熟的畢卡索了解、學習當地的語言與文學作品，並成了畢卡索的第一位巴黎友人。那時正是巴黎最嚴寒的日子，畢卡索常需要燒掉自己的作品來取暖。

1901年，畢卡索前往馬德里。在馬德里的頭五個月，畢卡索的朋友法蘭西斯科·狄艾許埃茲·索勒為兩人在《青年藝術》雜誌找到了份工作，索勒負責撰寫文章，而畢卡索則負責刊物的插圖，大部分是恐怖的漫畫以及憐憫窮人的作品。他們參與的第一份刊物於1901年3月31日出版，同時，畢卡索開始在畫作簽下 Picasso，取代原先的簽名 Pablo Ruiz y Picasso。

二十世紀初，畢卡索來往巴塞隆納與巴黎之間工作。1904年，在一場暴風雨當中，畢卡索遇見了波希米亞的模特兒費爾南德·奧利弗並相戀，畢卡索因而開創了玫瑰時期，並有多幅關於她的畫作。在獲得一些聲望與機會後，費爾南德因相處不好離開了畢卡索，再加上父親過世，使得畢卡索非常沮喪，認識了被他稱為伊娃·谷維的瑪賽兒·漢伯特。畢卡索在立體派時期創作了許多對伊娃表示愛意的作品。然而，1915年，伊娃不幸病逝，畢卡索因此十分傷心。

1918年夏季，畢卡索迎娶了謝爾蓋·達基列夫劇團的芭蕾舞女演員（ballerina）歐嘉·科克洛瓦。畢卡索在羅馬為劇團設計芭蕾舞劇 Parade 的服裝時結識了歐嘉，婚後兩人到比亞里茨附近的別墅度蜜月，並有了一個兒子保羅。1936年7月西班牙發生內亂，畢卡索畫了《佛朗哥之夢》來批評佛朗哥的行為。1937年佛朗哥軍閥，轟炸格爾尼卡，畢卡索畫了巨幅大作《格爾尼卡》，展示於巴黎舉行的萬國博覽會中。1949年他的作品《白鴿》被選為國際和平會議海報。

畢卡索於 1973 年 4 月 8 日在法國慕景市過世，享年 92 歲。當時，他與妻子賈桂琳正招待友人前來晚餐，畢卡索過世前所說的最後一句話是：「為我乾杯吧，為我的健康乾杯，你知道我已經沒辦法再喝了。」死後，畢卡索葬在法國南部的沃夫納格斯堡的庭園，賈桂琳阻止畢卡索的兒女克勞德與帕洛瑪出席葬禮。1986 年，賈桂琳以手槍自殺，享年六十歲。

（畢卡索的畫）

9、格拉那達（Granada）十四世紀回教文化色彩的阿拉伯 alhambra 宮殿：

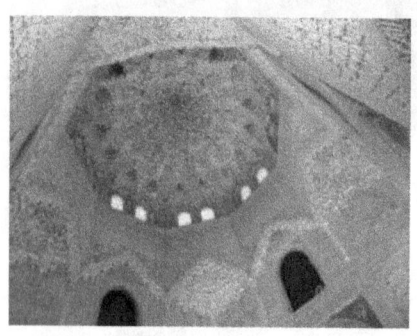 

這是阿拉伯人在伊比利亞半島統治八百多年之最後據點,是象徵格拉那達王國的 alhambra 宮殿城樓,因為以紅磚建造,故稱紅宮。

10、杜麗多(Toledo)城及聖馬丁橋:

大教堂:

西班牙 1088-1561 皇宮, 幾個世紀以來基督教、回教、猶太教文化在這裡共生, 至今仍保有完好的古蹟 70 多處,包括哥德式、摩爾式、巴洛克式和新古典式的教堂、寺院、修道院、皇宮、城牆等古跡, 1986 被聯合國教科文組織列為世界文化遺產。 整個城被護城河 - Rio Tajo 圍繞著, 聖馬丁橋 (Puente de san Martin) 橫跨河上,古城聳立山上。大教堂建於 13 到 15 世紀, 也是西班牙首席紅衣主教的駐地. 主體是哥德式風格, 大堂正面最突出的部分是由 3 座門構成：地獄之門, 寬恕之門和審判之門。

11、賽哥維亞（Segovia）古城 : 是當時 Ferdinand (斐迪南) 國王及其后 Isabella (伊薩伯拉) 的古堡 。塞哥維亞位於西班牙中部,是一個極具歷史價值、人口約六萬左右的小鎮, 古羅馬人在此建立城牆堡壘, 中世紀時期繁榮一時, 有著童話般的城堡、美麗的歌德式大教堂, 以及約兩千年以前（西元一世紀）興建, 迄今仍保留相當完整的羅馬水道橋。塞哥維亞古城堡（Alcazar）及水道橋已於 1985 年定為世界文化遺產。這座小而美的城市, 是卡斯提爾王國的首都。卡斯提爾的女王伊莎貝拉與亞拉岡王國的國王費爾南聯姻之後, 兩個王國合併, 成為統一的西班牙。伊莎貝拉女王即是贊助哥倫布的海上探險的金主。哥倫布兩次出航都一無所獲, 到了第三次, 伊莎貝拉只得拿出自己裝滿首飾的珠寶盒, 作為航海所需花費, 才終於造就了哥倫布發現美洲新大陸的偉業。

塞哥維亞古城堡臨峭壁而建, 是迪士尼卡通白雪公主城堡的藍本, 優美的造型, 藍色的圓錐形尖屋頂, 感覺十分浪漫。在此建城是因為此地山河交會, 是戰略要地。建在峭壁上, 易守難攻, 兼可眺望全域。城外有深達十幾公尺的護城河, 堡內還闢有一間武器廳, 展示歷代使用的武器。王座之室則展示伊莎貝拉與費爾南的王座, 泛黑的兩張木椅有哥德式精雕細鏤的高高椅背。伊莎貝拉女王未嫁前的寢室也開放參觀。

城堡屋頂是藍色的, 塞哥維亞古城堡的藍屋頂則是採自下方河水中名為 fisara 的片岩, 在陽光下閃現藍色的金屬光澤。

1953年，塞哥維亞特別設立了城堡信托基金會主管城堡的維護等事宜，現在城堡中的博物館的管理就由基金會負責。每年塞哥維亞室都會舉辦文化節，包括國際音樂節、古典音樂節、電影音樂節等，這些文化節已經舉辦了很多次，每年吸引了大批的遊客前來，節日期間的部分活動也會在城堡中舉行，節日期間的古堡活力四射。

12、塞哥維亞（Segovia）水道，是古羅馬在兩千年前建造的高架水道：

全長17公里,在segovia市區就有813公尺長,高29公尺(約八層樓高),有兩層拱門,128根石柱,163個橋孔,使用二十多萬塊石塊砌成。這座由羅馬人在1世紀建造的渠道,是在羅馬帝國時期引入瓜達拉瑪山脈的水,送往阿爾卡乍堡的水道,當時沒有起重機,沒有混凝土,如何將這些大石塊堆疊在八層樓高,而兩千年沒有崩塌?

13、馬德里 (Madrid) 的市徽:

Madroño (草莓樹) 與熊,

這一市徽是因為早時在鄰近的森林裡發現了很多熊與草莓樹（西班牙語的madroño：strawberry-tree，是木本草莓的樹木而不是現在水果市場賣的"草莓"那種草本的小樹），從中世紀就做為馬德里市的市徽了。而另一個有趣的說法是傳說古時候馬德里熊很多，有一次熊攻擊小孩，小孩爬到草莓樹上，為了要警告媽媽別靠近要快逃，就大喊Madre-Rid! Madre-Rid!,意思是媽媽快跑，媽媽快跑。這就是馬德里Madrid名字的由來。還有人說這市徽是"楊梅樹與熊"，"棕色熊攀樹"，"熊與野莓樹"，"櫻桃樹與熊"，"蘋果樹與熊"，甚至還有說是"熊偷楊桃"的呢！

14、畫家哥雅（Francisco de goya)(1746-1828)：被稱為西班牙最偉大的畫家，出生於西班牙北部阿拉崗地區的小鎮，他很年輕時就到了馬德里,1771年自費到義大利向帕爾瑪學習壁畫藝術，回國後就在彼拉爾教堂圓頂上作畫,1776年開始替王室成員畫肖像,34歲當了馬德里斐迪南藝術學院副院長，從此奠定了名利雙收的地位 。

他爸爸是一位金匠。他14歲時開始學畫， 17歲時離開家鄉，到馬德里畫家巴佑（Francisco Bayeu）的畫室當助手，在這段期間，他看到很多偉大的藝術精品，對他未來成為畫家有很大的影響。據說哥雅一天只有一段時間作畫，但是這段時間可能長達10小時，而每幅畫的最後幾筆，幾乎都是在夜晚的燭光下完成的。

當他晚上工作時,他會戴上《自畫像》裡那頂奇怪的帽子,上面放蠟燭,靠近畫布作畫。

哥雅《自畫像》油彩 1790~1795 年,西班牙聖弗南多皇家學院藏。▲

哥雅約 24 歲時前往義大利學習,學成歸來後,獲得繪製大教堂的工作,28 歲左右開始為皇家的織毯畫草圖。

哥雅受到宮廷畫家委拉斯蓋茲的影響,於是以強烈的色彩、構圖和光線,讓作品中的人物充滿生命力,像《遮陽傘》很浪漫的描繪出男生的情感和女生溫柔細膩的神情。

後來哥雅被任命為宮廷畫家,創作出很多精彩出色的肖像畫。雖然他喜愛宮廷畫家的工作,卻也經常用畫來批評統治者、宗教、社會亂象等事件。

哥雅 46 歲時生了一場重病,後來連耳朵都聾了。由於病痛的折磨,讓他的性

格有些轉變,畫風也跟著轉變,除了繼續宮廷畫家的工作,還開始畫一些虛幻的畫面,並促使他開始探索自己內心的深處。

1808年法國入侵西班牙,兩國之間戰爭不斷。哥雅目睹血腥的戰鬥,以有力和創新的筆調,將這些暴亂和恐怖事件記錄下來,最有名的就是《1808 年 5 月 3 日》這幅畫,雖然是在事件發生後 6 年才完成,但還是充滿張力,描繪出戰爭殘忍毫無人性的一面。

哥雅73歲左右買了一間房子,並在房子大廳的牆上作畫,那些畫以濃重黑暗的色調為主,因此被稱為「黑畫」,畫裡充滿死亡、詭異、不安等意象,所選的題材也是難以解釋的神祕幻想題材,不知道哥雅在他人生的最後階段,想留下什麼樣的訊息?

這幅畫是以白天為背景,光線從畫室的窗戶灑進來,由上而下的在哥雅的四周形成一圈光環,他故意讓自己彷彿圍繞在聖潔的光輝中,表示自己的靈感是來自上天的啟發。

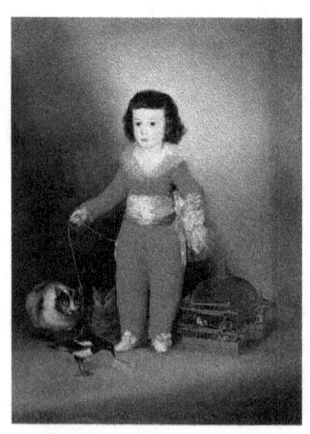

畫中男孩穿著鮮紅色和有細緻蕾絲的衣服,繫上華麗有光澤的腰帶,以及做工精細的白鞋,顯示男孩尊貴的身分。而男孩兩旁的貓和鳥籠有自由和束縛的象徵意義。

哥雅一生都在抗拒藝術與知識的束縛,遠離新古典主義的教條。而晚期之作可說是浪漫主義的。就整體畫風而論,他的畫不但色彩明亮、動人而且極富人性又兼具尖酸的諷刺性。

1810-1820 年間哥雅完成了多件法軍入侵西班牙有關戰亂主題的作品,其中最具代表的是這幅「1808 年 5 月 3 日的馬德里」(The Third of May 1808 At Madrid)描寫當日法軍鎮壓西班牙的歷史悲劇作品。

此畫描述拿破崙軍隊侵佔西班牙後,赤裸裸地呈現槍決馬德里愛國志士的屠殺行為,它讓人們看到非人性戰爭的慘烈場面,透過確定中心、構圖、光線、色彩、而把觀眾引入畫的空間中。讓觀賞者將視點放在一個身穿白色衣服、高舉雙臂成 V 字型、面帶恐懼的中心人物,其樣式意味著有如耶穌的受難。而且為了強調遭虐殺民眾的悲劇性,哥雅誇大地描繪中央人物。其尺寸比例大於其他村民及劊子手,以強調主題。但因為下跪姿勢及保持均衡的緣故,令人感覺不出畫中的不自然。而槍的含蓄線條亦引導著觀賞者的視線於焦點上。

圍繞在白衣人旁邊的是少數跪祈或一群退縮與恐懼的無助的烈士,成堆的屍體,橫躺在前景的一攤血中,更添加不少恐怖的氣息。他們所瀰漫的情緒,則又具有不同的動態變化。劊子手們身體的律動,正與其一致朝前的動感呼應著。在黑影中被形成高度輪廓的法國士兵,由於他們背對觀眾,使我們無法看清他們,被畫成劃一動作、多腳、無臉的怪獸。但卻確實地讓人看到西班牙人的恐懼、痛苦、蔑視和信仰。

這幅畫的氛圍是非常暗淡與陰沉的。在構圖上、組織上,畫中的西班牙人是運用軟調、不活潑的表面及寬鬆的筆法,相對於士兵則是鮮明的外表。線條上,除了槍、教堂、燈籠和某些士兵以外,大都是曲線。整幅畫,來自於燈籠的黃色光是唯一的光源,鬼魅般的光線使人看到恐怖事態的真相,而且也將地面區分為兩部分,一邊為西班牙人崇高與

勇敢的情操，另一邊為法軍所露出的殘忍、冷酷與非人性。哥雅運用強烈的光與暗對比技術，產生戲劇性的光線效果，除燈籠的黃色，其他為黑色所組成，黑暗背景給觀眾有開放之感，無限的空間在黑暗中。

在色彩上，哥雅的處理手法是與造型、構圖互動著。以赭色、暗的深赤褐色、濃鬱的黃色、灰色，與白色、黃色、紅色對立著。並藉著朝左漸隆起的土黃色調的土墩為背景，把陷於恐怖氣氛中的混亂人群襯托出來。

哥雅以悲痛的繪畫語言證實戰爭時代人類的殘忍暴行，他對人性黑暗面如煉獄般的描繪，也可以說是此類型藝術創作中的先鋒。他所造出的恐怖感和恐懼透過這幅畫充分表露無遺。

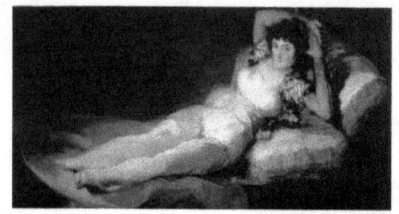 

這兩幅畫哥雅所畫的，據說是他的情婦（同一姿勢，一幅穿著整齊，一幅一絲不掛）。

（*Leocadia*）

1821-1823 年

油畫，

（*Majas on a Balcony*）

1808-1812 年

油畫，

瑪麗安娜的畫像
(*Portrait of Mariana Waldstein*)
油畫，

鞦韆
(*The Swing*)

1787 年
油畫，

15、建築家高迪（Gaudi）(1852-1926)：他生於西班牙的家泰羅尼亞，小時學過打鐵工，鑄鐵工，塑模，木工，13 歲起便與托達建築師合作繪圖，參於修建工作，1878 年得建築學士，得建築師執照，為巴黎萬國博覽會設計櫥窗展示台。他的設計拒絕直線，他認為直線是人為的，曲線才是自然的，他偏愛幾何圖形的圓形，雙曲面和螺旋面，他主張"創作就是回歸自然"。

a、1904 年高迪應工業家河賽浦.巴約的委託改建格拉希亞(Gracia)大道之大樓 Casa Baillo (巴約大樓)他以 3 年時間完成。

（這是外牆及陽台的造型）

（這些是屋頂的通風管造型）

b、1912 年高迪又在同一格拉希亞(Gracia)大道上設計另一 casa Milá (米腊之家)，

(　無稜角的曲線外貌及精緻的鑄鐵陽台護欄　)

這一幢獨特的、以乳白石建築的、無稜無角的、佔地 11000 平方公尺的、巴塞隆納人暱稱為採石場(La pedrera) 的米腊之家(casa Milá)，它整面外牆的獨特曲線設計，沒有一處是直線的造形，屋頂更有十幾個造型新穎前衛的外星悍客 - 排煙管和水塔矗立著，上上下下、裡裡外外，出奇的超凡新穎。只是因為這幢建築的設計及建築，高迪先生與米腊先生發生爭執，致使高迪先生從此不再承接民宅的設計建築。這曾是工業鉅子的豪宅，也曾淪為賭場、補習班和分租公寓。 聯合國教科文組織指定為世界遺產之後，才在 1986 年由卡沙文化基金會 centre calture　caixa catlunya 以九億西幣買下，又以十億西幣整修。

（屋頂新穎前衛的外星悍客 – 通風管和水塔）▲

c、桂爾公園(Park Güell)：最早就是一個"花園城市"形式的房地產開發案，由發掘高迪、重用高迪的桂爾先生(Euseb Güell)(他擁有伯爵的貴族頭銜) 投資的。1878 年建築家高迪(Gaudi)一畢業就在 sant jaume 廣場附近開設建築師事務所，他第一個重大的工作機會是替 La Obrera Mataronense 建造勞工宿舍及合作工會工廠 (1878-1883)，同年他替手套製造商 Esteve Comella 設計的破璃櫥窗被擺在巴黎的世界博覽會場展示他們生產的手套，引起桂爾先生的注意，因此兩人才有機會認識；又因為桂爾先生的關係，位於 Comillas (santander) 的奇想屋 (El Capricho) 的工程被交到高迪手中，之後，桂爾委託給他第一個大工程：桂爾別墅 Pavillones de la Güell (1884-1887)，接著，兩人就長期合作，高迪為桂爾陸續設計了：

1、桂爾別墅 Pavillones de la Güell (1884-1887),
2、桂爾宮 patau Güell (1886-1889) (被列入世界遺產中),
3、桂爾酒莊 Bodegas Güell (1895-1897),
4、桂爾公園 Park Güell (1990-1914) (被列入世界遺產中),
5、桂爾紡織村教堂 Cripta de la Colonia Güell (1908-1917) (被列入世界遺產中) ,
6、桂爾的打獵別墅 pabllón de la caza en Garraf
7、桂爾一家的家庭陵墓

1895 年桂爾在 Barcelona 城外 Turó del Carmel (俗稱 Montaña Palad 光禿的山) 買了兩塊農莊，以及農莊上的一棟稱為 Casa Larrard 的房子，打算利用這佔地 17.18 公頃的山坡地發展成花園城市區，供給因為工業而致富的資產階級蓋別墅之用，casa Larrar 就順利成章地成了桂爾的住所，而高迪當然是桂爾規畫這一社區的第一位人選。這一社區名為"桂爾公園" 就是標明 "花園城市"的意思，整個社區從 1900 年起，高迪規畫公共設施部分：廣場、市場、露天劇場、教堂、門房、警衛......以及獨門獨院的別墅，根據最初的規

畫預計出售 60 塊地讓資產階級的富豪，自行找建築師設計他們自己的豪華別墅，而工廠、醫院、工坊......等則被排除在社區之外，因為會破壞回歸自然的原則，社區發展後不久，桂爾的好友 Marti Tris Doménech 律師在 1901 買下兩塊地，請人設計了 Casa Tris，1905 年竣工，後來他兒子繼承了這一房產；1902 年高迪請他的助手 Francesc Berenguer 設計了一棟樣品屋（高迪在那設計圖上簽了名），1904 年完工之後一直沒人買，1906 年高迪在桂爾的勸說買下了這棟房產居住，成了桂爾的鄰居，這棟被稱為 Torre Rosa (粉紅塔樓)，在 1960 後由高迪之友協會買下，現在成為高迪故居博物館。桂爾公園因為地屬偏僻的荒山，離巴塞隆納太遠，所以房地產開發案沒有預期的成功，真正的買主只兩人-律師與高迪，其中一個還是建築師自己，這社區只住過三戶 - 桂爾、律師與高迪。高迪在這開發案上投注了全面性的綜合設計，如廣場、市場、警衛等已經完工，但第一次世界大戰爆發，整個工程因此中斷，桂爾在 1918 年去世，開發案就此終止。到了 1922 年巴塞隆納政府買下了整個社區，頭款 50 萬西幣，付給桂爾的繼承人，從此成了政府的開放公園。

d、聖家教堂 (Sangrada Familia Cathedral)：

這聖家教堂不屬教皇統御,也不屬天主教財產。從中文翻譯"聖家堂"、"聖家教堂"或"聖家族大教堂"看,這間宏偉的大教堂,似乎是某一位信徒、聖徒的家庭或家族教堂,其實這是建築家高迪以建築來描述耶穌基督的神聖家庭 - 耶穌基督、耶穌肉身的母親瑪利亞、耶穌的養父約瑟(這是照聖經的記載說的)(天主教說的是:耶穌 - 聖母瑪利亞 - 聖約瑟)一個家庭的,從耶穌誕生、幼年、傳道、受難、死亡到復活、榮光......的一連串偉大建築。

 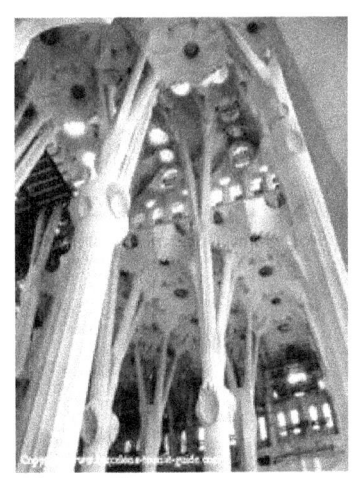

此一建築起源於一位書店的老闆柏卡貝拉 (Josep Ma Bocabella),他身兼約瑟奉獻協會

的主席,他一直有個夢想,想建一座教堂來禮拜耶穌一家人 - 耶穌、瑪利亞、約瑟,最後他終於找到一塊足夠的空地,從 1882 年開始與建築師維拉 (Frrancisco de Villar) 合作建築,但只一年,兩人的合作就生波而拆夥,他於是另找當時年輕的高迪負責建築,高迪於是奉獻了 43 個年頭大部分的精力,到鞠躬盡瘁。高迪建築此一大教堂的靈感來自 Montserrat (聖石山),完成後將有 18 高塔,三座立面:一是誕生立面 - 細述耶穌的誕生及幼年,二是復活立面 – 描述耶穌的受難、死亡、腹活,三是光榮立面 - 包含死亡、審判、地獄,最後榮光。也將是這座大教堂最大最豪華的立面和正門所在。這整個建築也是融合大自然的大聖殿,殿外有動物、植物,殿內也將仿照森林、陽光自樹葉間灑下來,而所有的柱子都幻化成樹幹及樹枝。其誕生立面的人和動物都來自真人真物,挑選附近居民當模特兒,以示親和力。他的建築設計有豐富的宗教知識,美學素養,洞澈科學、力學,對自然界的細微觀察力,他的做事態度嚴謹,一絲不苟,從他接任此一建築的第二年起,他就一改以前趾高氣昂的紳士態度,變得謙虛清貧,每天從桂爾公園 (Guell park)的住處理想屋步行十幾公里,不但以工地為家,還捧著奉獻箱,等路人施捨建築經費。這一建築目前為止尚未完成,已經建築 130 年了,預定 2020 年才能完工。

16、巴塞隆納 (Barcelona) 港口豎立的哥倫布紀念碑(Monument da Colon):最頂端是哥倫布銅像 ,他面向港口,左手握著書卷、右手指著美洲大陸。

(Monument da Colon):最頂端是哥倫布銅像 ,他面向港口,左手握著書卷、右手指著美洲大陸。

哥倫布紀念碑是西班牙 Barcelona 的一座紀念碑,高 60 公尺,紀念 Cristoforo Colombo,它位於蘭布拉大道東南端,位於哥倫布第一次航行到達美洲後返回西班牙的地點。紀念

碑提醒人們，巴塞隆納就是 Cristoforo Colombo 在最著名的航行後向西班牙國王 Ferdinand（斐迪南）及皇后 Isabella（伊薩伯拉）報告的地點。

巴塞羅那哥倫布紀念碑，位於蘭布拉大街盡頭。1493 年哥倫布第一次航海歸來，伊莎貝爾和費爾南多就是在巴塞羅那歡迎他凱旋的。為紀念這一歷史事件，也是為了慶祝 1888 年的萬國博覽會，1886 年建造了這座高 60 公尺的圓柱形紀念碑，紀念碑頂端是哥倫布一手捧書、一手指著美洲大陸方向的塑像。現在紀念碑瞭望塔已經成為巴塞羅那港的重要標誌。

紀念碑內部設有電梯，可以登高一覽海港美景。

17、在西班牙首都 Madrid 的 Palacio Real 皇宮中，我看見了 Antonio Stradivari 親手製作的四把已經三百多年的珍貴提琴：兩把 violin(小提琴)、一把 viola(中提琴)及一把 violoncello(大提琴)，是 1694 到 1709 在 Italy 北部的 Cremona 製作的。

皇宮中有一間名為 stradivarius room 的、展示這四把提琴的房間，這四把已經三百多年的稀世珍琴，各在玻璃櫥中安靜地、妥善地停放著。我在幾可觸摸的近距離，正面、側面、背面清楚地看到：提琴表面光亮無比，它的光澤是我以前曾看過的所有提琴所無法比擬的，也證實它的塗裝確實與眾不同、所使用的油漆奇特、至今尚無人能參透，才能釋出如此獨特的優美音質，使人沉醉、震撼；我仔細察看，整把提琴沒有絲毫傷痕，如同新琴，它的獨特形狀、大小 size 也著實吸引人，使人羨慕垂涎。

Stradivarius Violin：史特拉第（Stradivari. Antonio 1644-1737） 義大利北部 Cremona 人，是有史以來最著名的小提琴製作家，他的手藝有百分之百的把握，他的作品不但式樣可愛，油漆漂亮而且賦有女高音歌唱似的音質，因此他的名聲比他的老師尼可拉.阿媽第（Nicola Amadi 1596-1684）和他的師兄安德類阿.瓜魯內利（Andrea. Guarneri 1612-1698）更為響亮。據專家估計，史氏一生所製作的小提琴約九百五十把，中提琴和大提琴約五十把，共約一千一百把左右，據 1963 年的統計有案可稽的約有四百三十把，而到目前(2012 年)為止已經三百多年，尚能保持完整的提琴，恐已為數不多，而在這皇宮中竟還保存如此完整無缺的史氏作品 4 把，實屬難得。

這個皇宮嚴格禁止參觀者攝影，不能將這四把 Antonio Stradivari 親手製作的珍琴攝入鏡頭、留作永久紀念，只得從女兒在宮內販賣部買得的一本 Guide 中，摘錄其部分照片。

Palacio Real 皇宮　　　▲　　　　stradivarius room 及 Antonio Stradivari 親手製作的 violin(小提琴)和 viola(中提琴) ▲

五十一、 自己擁有過的車輛

為工作需要，從居住美濃老家、教中學的時候起，開始以機動車輛作為交通工具 。

1、第一部車輛是英國製中古 Verias 150CC 機車（妻姐的兩個兒子-筆成，筆隆乘坐在上 ）(1962)。

2、第二輛機車是 HONDA 50cc 全新機車，當時內人已有毛線編織補習班，該車是商業上班兩用車（乂廑與乂兮姐弟乘坐機車）(1965)。

3、第三輛機車是 義大利中古 Vespa 150CC Scooter，也是商業上班兩用車。(1967)

4、然後買了第一部轎車 — 德國進口台灣的全新 VW (Vorks Wagan) 黃色金龜車 (1973)。

5、移民阿根廷後，第一輛買的是古舊 Jeep 吉普車，剛換全新的引擎，以 1000 美元購

得（1978），為的是果菜攤的果菜運輸。

6、而後購得一輛義大利 Vespa Scooter．綠色新車，當時買價3200美元，貴得離譜（是因為阿幣兌換美金價值問題）（三個孩子與我）(1983)。

7、再買法國的雷諾 Renault 12 黃色中古房車，(1983) 這部車因為前輪帶動，一次在觸及不平的橋面時，跳脫方向控制系統，斜衝橋欄，險些送命。

8、再買第二輛法國的雷諾 Renault 12 灰色中古房車，仍然因為跳脫方向控制系統，

險象環生。(1987)

9、移民美國後第一輛買得的 Plymouth 銀色中古車 (1990 年初)

10、再買第一部藏青色新車 Toyota Tercel ez 上班及前往顧客家調音用 (1990 年 7 月 25 日 女兒乂廑正從台灣來)。

11、租用第一部銀色 Honda civic 新車 (1993)。

12、租用第二部 Ford taurus 綠色新車（1996）。

13、租用第三部 Honda accord LX 金銀色新車（1999）。

14、租用第四部 Honda accord LX 金色新車（2002）。

15、買 Jaguar Xtype 2.5 新車（2005 年 6 月）

2005 年買的 Jaguar Xtype 4x4 新車, ▲

Jaguar Xtype 2.5 的新車 車牌用自己的名字縮寫(TJLIU) ▲

五十二、以電腦、iPhone、iPad 通訊、看報的婦女 － 我的老來伴 - 春坊

我這位老來伴已經七十歲了，每天從清晨到深夜，仍然埋頭在她的電腦桌上，與我通信，看他的新聞、書報。

試問，有多少七十幾歲的台灣鄉下老年婦女，能操作這時代尖端的科技產物？可以用電腦 iPhone、iPad、網路與居住他國的朋友、親人聯繫（女兒一家在美國,我也住美國）？是否可以說她是一隻稀有的動物呢？（不！人不是動物！） 應該說她是一位希罕的老婦女！

她從高中（嘉義高級女子中學）時期，對經商及金錢的操作就突顯了她的才華，課餘幫她的父親經營雜貨商，給父親所經營的商店注入新的經營理念，申請糧食局當時的美援麵粉，爭取黑松汽水、味全味素、味王味素、南僑肥皂、公賣菸酒等的代理批發權；也替父親收帳、催繳賒欠。高女畢業時，她父親留住她在身邊掌理生意，不准她升大學（也因為當時大半家庭重男輕女，只許兒子、不准女兒升大學）。

她21歲時，憑媒與一位任職台北縣政府社會科的公務人員周君結婚，住入台北板橋的縣政府公家宿舍，她自己也在台北縣的稅捐稽徵處任職，當時她與丈夫兩個公務員的月薪微薄，只能勉強支付全家的膳食費、維持簡單的生活；幾年下來，不但沒有剩餘儲蓄，十幾年當中又育有一女兩男，兩個公務員幸而有娘家伸手支援，才能寬鬆，養育三個孩子成長。她們一家五口住在板橋的縣府宿舍，丈夫也在那裏去世，直到三個孩子都大學畢業。

當時，她的小姑小叔們到台北就讀大學院校、任職，也多來投靠這大哥大嫂，住在她們這公家宿舍裏，一起擠，一起生活；從這裡也可以看出這位女性愛惜夫家幼小、甚得人緣的一般。（到現在，這些曾經與她一起擠過板橋公家宿舍的小姑小叔們，還常與她聯繫，常來找她、看她，回報她過去養育照顧之恩。）

她的另一半忽然在 1989 年底，因肝疾逝世，當時小兒子還在建中讀高三，大兒子剛讀完師範大學，正在實習，女兒正在美國留學攻讀博士學位。 此時起她只有獨力挑起養育子女的家庭經濟大樑，婦兼夫職繼續以公務員微薄的薪水以及娘家的支援,培育三個子女直到大學畢業。（女兒台大畢業、得碩士學位後，到美國修生化博士學位）

（女兒已與楊君結婚，女婿也在美國普林斯頓大學修博士學位，他有全額獎學金）。大兒子剛畢業國立師範大學化學系，在中學擔任實習教員，小兒子高中畢業後，考取了台灣大學醫學院醫科的公費生，雖然免除七年的學費，但是一切生活的開銷，仍是可觀的。

一個守寡的女公務員，丈夫的突然去世也沒有退休金、沒有留下積蓄，獨力撫育子女完成最高學府的學業，是相當難能可貴的？

她曾台灣、美國兩地跑了二十幾年，（在台灣四個月、在美國八個月），台灣的兩個兒子、媳婦都喜歡她幫帶孫子，幫料理膳食，尤其每年五月的申報所得稅，三個孩子以及親友們都找她幫忙報稅、繳稅、退稅，因為她在稅捐處任過職，懂得稅務。

她在台灣有自己專用的電腦，在美國也有自己專用的電腦，還有時髦的 iPad Mini 及 iPhone，七十幾歲了，天天戴著老花眼鏡，如此日夜樂此不疲地面對電腦，埋頭勤看甚至抄寫她喜愛的東西，不亦樂乎！仍如年輕人，生活在時代前端，日夜埋頭在電腦、iPhone 前，生活極其充實，沒有一般老人的孤寂難耐，雖然老人居住他國，如同啞巴、聾子、瞎子、瘸子，但這位老阿嬤卻一點都看不出那些症狀，當然因為她有專屬她出口的嘴巴、耳朵與眼睛，更有專屬她走路的腳，又因為在這不是自己生長的地方居住，有這些傳達自己鄉音、文字的電腦、iPhone 與老伴兒，所以她生活在外國也一樣怡然自得。

美國的女兒也喜歡她來幫忙，從兩個雙胞孫的出生起，小學、中學，直到上了大學、離開了家，這位外祖母才肯停下休息。也因為女兒開設的旅行社，業務繁忙，無暇分身家務，女婿又忙上班，忙家裏一對男女雙胞龍鳳孫的上下學接送、課後輔導，也無暇照顧家務，當然這位阿嬤就成為最稱職的人選了！

二十年久，台灣、美國兩地跑，現在這一對雙胞龍鳳孫已經同時畢業於普林斯頓大學、並從博士班畢業、上班了。阿嬤也就不必操煩女兒、孫兒的事，可以盡情享受女兒所安排世界各地的旅遊、與老伴兒牽手遨遊了！

五十三、 激盪我生命、滋潤我生命、豐盛我生命的三位女性

1. 以斷絕音訊刺激我、以實際行動鼓勵我上進，改變我前程的初戀情人

1053年日本電影 "請問芳名" - 若尾文子主演

（當時我們周圍的人都說她像若尾文子）

因為她，我才決意升學，才晉升生活層次、才走上移民現今的路。

回想六、七十年前，十五歲考進師範學校的時候，那年學校只招收男女兩班同年齡、剛讀完初中二年級的新生。我們在禮堂接受新生訓練，男生班坐在右邊，女生班坐在左邊，聽訓時，我無意中轉頭向左看，看見一位同排座位的女生也正轉頭過來，我們的視線碰觸正著，有一種奇異的感覺；繼續聽訓時，心中卻多了一層思緒：還不難看的女生嘛！不知過了多久，我又似乎尋找什麼似的向左轉頭，很奇怪地，她也似乎有感應地正轉過頭來，我們又第二次視線碰觸，那種觸電似感覺，到現在還印象深刻。更不可思議的，聽訓完畢解散時，又在門口碰見了她，我們彼此都裂嘴傻笑了！就這樣，一天三次碰面，這位賴姓女生於是在我腦中烙下了深刻的印象。

在校四年同窗，因為翌年學校又多招生初中畢業的三班（兩班男生，一班女生），同一年級於是有了甲乙丙丁戊五班，我們這先來的男(甲班)女(丁班)兩班，與另三班感情不

很融洽，每有班際比賽時，我們這兩班自然就相互加油打氣，他們家事課煮有什麼好吃的，會邀我們這班男生去品嘗，她們的晚會舞蹈節目常邀我們這班男生樂隊伴奏，有任何疑難雜症需要男生幫忙的，一定會來找我們，我們男生班需要女生幫忙時，也一定少不了這班女生，就這樣成了行影相隨、不可分割的兩班，在校中於是有"情人班"的稱譽。我們因為都住在學校(分別有男女宿舍，男女餐廳)，在同一校園中生活，雖然偶有三五成群男女同學一起在校園中戲遊閒談，時常見面，但沒有單獨的交往，更沒有進一步的感情交融。

直到畢業分發就業時，因為分發在同一縣市，在縣政府的教育科報到時又見面了，於是相約答應同一小學校長的聘請，在同一小學教了三年書。在這三年當中，因為我們同為異鄉人、異族人(客家)，又是新進教員，難免受到打壓排斥，遇到困難時，只有團結互助，切磋商量，應付難題，日子一久，自然就產生感情，相戀，到論及嫁娶。

她從一開始就鼓勵我繼續升學，不要以小學教員為滿足，並暗示我她們全班女生的願望：非大學生不嫁。告訴我她的美夢：要我上大學，假期回來到她家渡假，學期中專心學業、互不打擾，五年、十年她都會等我。我卻因為一直擔任六年級升學班，忙於學生升學準備的補習，加諸父母兄長反對我放棄每月領薪的工作到遠地升學，對於自己的升學並不積極。她的家長更因為她遠離家鄉，希望他回鄉服務，回鄉嫁人，將他調回家鄉去了。我還傻傻地賣力為學生補習考中學的功課，傻傻地繼續寫信給她，只是他從不回我信，當時又沒有電話、手機，一直連絡不上，此時我才猛醒過來，意識到她在玩真的了，似乎看見我沒有升學的意向，以實際行動在抵制我了，才積極起來尋找升學之路。那時正好教育廳與師範學校聯合辦理在學成績優良、畢業後服務成績優良的學生保送師大，我就隨即趕回師範學校查閱在校成績，趕到縣政府調閱服務成績，結果正符合保送標準，就趕辦申請手續，約半年之後，獲准保送通知。雖然遭到家長的封殺，不准我辭去小學教職到台北升學，我還是去意堅定，不聽家長的阻止，背著不孝子之名升學了。

升學之後，繼續給她寫信，但是音信仍如石沉大海，從未接到回信，初到台北人地生疏的陌生環境，不但功課繁重，沒有家人親朋的經濟支援，又受到不孝子與失戀的

痛苦，整個人幾乎崩潰，就在此時，同校教書的另一位蔡姓女同事，受她兄長的鼓勵寫信鼓舞安慰我（她的二哥就讀台大，也一直鼓勵我升學，他知道我的家長反對我升學，也知道賴姓女同事不理我）並邀我假期回到教書的小學、也去她家渡假，第一個假期，我曾寫信徵求賴姓女同事，問她可否去看她？可是沒有得到任何回信，我又不敢貿然去她家看她，依她的夢想去她家渡假；也不敢回自己的家，怕不准我在假期之後重返台北上學，直到放假前一天才接到蔡姓女同事的信，說她將到高雄火車站接我，邀我回校回鄉渡假。我沒有第二個選擇，就回到小學與舊同事及蔡姓女同事的家人渡過了第一個假期，沒有去找賴姓女同事，也沒有回自己的家。銷假之後回到台北上學，又繼續與賴姓女同事寫信，而且寫得更勤，仍然杳無音信，同學們都勸我死了這條心，別再去打擾她了，因為她一定另有對象了。就這樣繼續寫信，一直到畢業，都沒有收到她的隻字片紙回信，當然我也就沒有去看過她。

她如此堅決的行動，不知是堅守曾經講過的諾言，還是已經改變初衷，遷就她的家長嫁人了，完全不得而知，我一直不能接受的，是她連一個「不」字都不回我信，使我懷疑她是否還在執行她的五年、十年計畫？懷疑世上有這麼堅持初衷的女性嗎？懷疑她就是回一封信，就破壞了自己當初的允諾了嗎？其實當初也沒有說不可通信哪？

然而，終究她的行動使我上進了，叫我跳脫了小學教員的圈子，提升了自己的教育程度，晉升到中學教員，才得以出國觀光，看見了外面的世界，以致帶著全家移民……，改變了整盤的人生。

2. 同甘共苦、鞠躬盡瘁的終身伴侶

她是我的愛妻－蔡氏，四十年苦樂與共、經過三個國度、養育子女長成、正當卸下重任，就要享兒孫福之際，即病痛纏身、撒手人寰的愛妻－麗溫！

在我升學師大的初期，這位蔡姓女同事有她的兩位哥哥的鼓勵，來信安慰鼓舞我，並邀我回校回鄉渡假，這第一個假期我第一次到她家去拜訪她的父母，與她的兩個哥哥（她的大哥在當地農會服務，曾經辦我們公教人員的食米配給，二哥也放假回來）相處甚歡，她的大姐、姐夫也在當地開西藥房，住不遠，這第一個假期過得愜意；銷假回台北開學之後，她也繼續來信，因為這次到她家渡假見到她的家人，就像回到自己的家、與自己的家長相處一樣，信中談的內容也就多了她家人的話題，自己也好像有了回家的踏實感，我這第二學期就不像第一個學期那麼難熬痛苦了，與她的通信也越來越頻繁，所談的話題也越來越廣泛，感情也就越拉越近了，一個學期很快的過去，又是假期了，當然她又到高雄火車站來迎接，一同回到第二故鄉渡假（這小學所在地是我的第二故鄉，我的國民身分證是這一鄉鎮發給的），大部分時間住在她家，與她的哥哥同住，慢慢地她的家人已經默許我與她的單獨交往，她的父兄還常鼓勵她單獨與我出去看電影，陪我打發假期的孤單。

在台北讀書的那段日子，她的家人常藉機要我到她在台北的親戚二舅、三舅、四姨家送信、帶東西等，要我接近他們，藉以觀察並考驗我，一直到我畢業前的一個假期，我們就在她家長的敦促下訂婚了。

訂婚後，因為一年半的預備軍官役在畢業實習一年之後才開始，所以我們在訂婚三年之後才結婚。

她與我的婚姻，注定了她終身受苦的命運。首先是因為我家無法及早籌足聘金完聘，使她無法及早辦好嫁妝（她曾萌意毀婚），也因為我的預備軍官役，才會延遲三年才結婚，實在是因為我們兩家都窮（當時的婚嫁男方必需付聘金給女方，而女方若無嫁妝是很不體面而且得不到男方家長及親友諒解的事）。

我們結婚之後，她又因為與我家人語言不通，受過很多的苦，每天與我母親嫂嫂的談話，要等到我和哥哥傍晚下班回來才能弄懂，（她與我結婚39年"語言障礙"就有過三次，第一次是剛嫁到我家時的客家話，第二次是移民到阿根廷的西班牙語，第三次是再度移民美國時的英語。）她嫁到我家，因為窮，她想做事賺錢，她是毛線機器編織師範班經過日本教師嚴格授課考試畢業的正牌教師，她有能力教編織機、打毛線、賣毛線賺錢，可是家人因為沒有本錢又怕開店虧本，不准她出去開店教毛線編織、賣毛線，

而要她改學養豬、幫嫂嫂做農事，我看見此事正在糟蹋她的才能，就竭力爭取、力挺她做毛線生意，並以教書薪水全數歸家母還債，她與我自力負擔店租開店進貨，這才說動家人允諾。 如此五年之中，她自學客家話、背著幼兒、開班教毛線編織學生、賣編織機、賣毛線、為顧客打毛衣，賺錢租店、並將我老家的草房改建為瓦房、引入500公尺電線電力（結婚時是茅草房屋、沒有電燈電力），還在鎮上買了一間二樓店面兼住家，開設毛線行兼編織機訓練班，還養了一女兩男三個孩子。

五年之後結束鄉鎮的店（因為我辭去家鄉中學的教職，應聘高雄市五福國中教職）進軍高雄市，將那二樓店面所賣得的錢，支援她的二嫂被倒會的債務，換得她二嫂在市巷中房產的半間住屋，一年之後我們夫妻共同努力將她二嫂的整棟房產買下來，第三年再將此房產賣出，買了大街道三樓的店面兼住家，經營鋼琴生意，然後兼營鋼琴工廠，又毀於颱風，然後移民出國。這些事業都是她在辛苦經營，受盡煎熬（我因為身兼公職，下班後教琴，店務、廠務、家務都是她在掌理）。

移民阿根廷時，因為工廠毀於颱風，兩百部鋼琴全毀，出售那辛苦賺得的三樓店面，整修工廠至恢復運作，並支付工廠、公司應付款，幾乎完全破產。在阿根廷人地生疏的異國，再從擺菜攤賣菜開始，慢慢爬起來，她所受的苦更甚於未出國之前。每天陪我到大果菜市場買貨運貨、送菜到各華人餐館、華人家庭，在自己的果菜攤賣菜，晚上還以手編織毛線衣賺取工錢。後來因為居留權問題，搬到另一城市開設小餐館兼外賣店，一切煮炒餐點她一手包辦，連蔭豆芽、做豆腐、燙春捲皮都得自己動手（因為該城沒有華人市場，買不到華人食品），每天清早起床做到半夜兩點才能休息，一直到得病開刀，才結束餐館，廉價出售，在阿根廷沒有賺到錢，還險些送命 。

十二年後又跟著我再度移民美國，孩子們也陸續來到美國讀書考執照，她眼看著一家七口，只靠我一個人的收入不敷支出，乃重操舊業，開外賣店小餐館，欲幫我掙些錢，撐過那青黃不接時期。一忙就是五年，兩個男丁考得執照正可以開始行醫時，又逢居留權未准，全國的醫生爆滿，得不到工作機會，乃選擇走回頭路 - 回台灣，她就在此時得病，躺臥兩個月之後回台就醫，四個月之後不治，蒙主恩召。

3. 坦誠相對、噓寒問暖、伸手扶持、相互關照
她是當我頓失生活依恃、孤獨難行時，願意委身陪伴、同奔前程的女人

我那終身伴侶突然消失之後，一個習慣了飯來張口、茶來伸手的孤單老人，生活頓失依恃，三餐的煮食、衣物的換洗等一向由內人經手的工作，立時就亂了陣腳，連一條魚都不曾煎過、一盤菜都不曾炒過的現實生活，的確經歷過一段半餓半飽、食不知味的摸索、難熬歲月！

但是日子還是要過，工作還得照常進行 ....！

一天由於送修電腦，認識了在電腦店中開設旅行社的周小姐，並向她購買了一張回台探親的機票。

探親回來之後，再度送修老電腦，又詢問周小姐有無旅行歐洲的團隊和便宜機票？因為孩子們要我趁著能走、能看出去旅行散心，我也因為喜歡歐洲的古典美，還想再去走走看看，就請周小姐為我選擇了十七天的歐洲豪華旅遊團，她告訴我說她媽媽也準備同團旅遊，要求我幫她沿途翻譯解說，因為她媽媽不懂外語，她們子女又無法陪她同行，我想這不是難題，可以勝任，就答應了她的請求（這時我還不認識她的媽媽）。出發時，我與她媽媽以及另一對剛從大陸來的夫妻，從底特律直飛英國的倫敦，沿途為她們翻譯解說，替她們講話（飛機上的飲食餐點、報告、填表等），我們在倫敦加入團隊之後，領隊看見我與她媽媽說同一語言，年齡也差不多，就把她編在我鄰坐的座位，如此一連十七天，坐在鄰座，因為年齡、地域、語言、家庭背景都相近，我們天南地北什麼話都談了，彼此就因此了解了對方的現況與需要，尤其都知悉各缺少了另一半。

旅行結束回來之後，卻輪到她回饋我旅行中為她所做的翻譯解說與照顧，常為我煎

魚、炒菜要我順道去取（因她不開車，我們住很近）她女兒也常請我去作客吃飯。一天她女兒周小姐突然告訴我：「我媽對你印象不錯耶！我看得出來，這是她十幾年來從沒有過的反應，其實你們可以常在一起，相互照應嘛！」這個時候也適逢我的小兒子、小媳婦來美渡假並探望我，周小姐也請他們到她家吃飯，見過她媽媽－周媽。我這小兒子也說同樣"可以相互照應"的話，小兒子們回台前還問我：「你們打算統一呢，還是維持現狀？」

就這樣，我們有了更進一步的交往，我向她傳福音，帶她上教會，相處時間越來越頻繁，也相互了解越深了，我乃提出了"統一"的請求，最後她答應了，我們就在教會辦了簡單的婚禮，昭告諸親友。

這一"統一"，其實仍然維持原來雙方各有的生活方式，沒有刻意改變或因為統一而合一，諸如過去已有雙方的家庭婚姻關係、過去已經建立的家庭經濟體系、已有的兒女家庭關係都維持原樣，就連相互間的稱呼也照原樣，我的孩子稱她周媽媽，她的孩子稱我劉爸爸。生活起居也照常，我住老人公寓，她住女兒家，她可來住老人公寓，我也可住到她女兒家，回台時可住她兒子家，也可住我兒子家，一切自然。

我因為幾乎全時間居住美國（最多回台探親一個月，她大約八個月住美國、四個月住台灣），拜一到拜五住女兒家，幫女兒照料兩個雙胞胎孫課後的作息生活、全家的膳食、洗滌等雜務，並在女兒家全天候電腦網路的股票操作；拜五傍晚才關閉電腦來我這老人公寓，幫我準備一週的膳食、料理家務，拜六同赴家庭查經聚會，禮拜天同赴教會主日崇拜，禮拜之後，再送她回女兒家，如此循環不息，就像上了發條的鐘錶，上了軌道的衛星，有很規律的作息時間。我們居住在三哩路範圍之內，又有手機隨身，隨時可以掌控對方的行蹤作息、報告自己的方位、工作、現況，寸步不離；即使不住一起，在孫子們上學、家中空巢時或遇工作閒空時，我們也常邀約同往客戶家調音工作、逛市場採購日常用品、同進午餐、同赴晚會，偶而也開車出去作短期的旅遊或出國觀光旅遊，真正成了老來伴。

我們的統一，曾經約定"相互再學習"，就是再學習適應對方的一切，接受對方好的與忍受對方壞的一切。我們都知曉這第二度婚姻，比第一次新婚複雜，多了子女的家

庭及親友，多了過去夫家或妻家的家庭及親友，加諸我們已有過去長久的優良與不良習性，若一昧倔強於自己過去的習性與過去的生活方式，而不接受新對方的一切，不學習適應新對象一切的生活方式，這第二次婚姻注定失敗。但是要接受這一切，就必須要能徹底放下自己的主觀，不固執己見，感謝主，我們都做到了，她能接受我，我也能接受她，我們盡量棄除自己過去不良的習性，學習對方優良的習性，能容忍對方無意的的過錯，能適應嶄新凝聚成的氣氛，感謝主，最主要的還是要歸功於她內在的善良本性，有素養的高貴氣質，能容忍的寬大心懷，聰穎能察言觀色，隨時能調整自己適應對方的需求，不固執自己的成見偏激對人。

我們有談不完的話題、有共同的嗜好 – 電腦，每天在電腦前，面對電腦的時間，至少有十個小時，她忙她的股票，我忙我的寫作，從來沒有寂寞無聊的感覺，更沒有意見衝突、抬槓、口角或生悶氣的經驗。間隔幾小時就會彼此以手機呼叫，每每在通話時，手機中就先傳來對方的笑聲，然後才聽到極富默契的幾個字："又查勤了......"，她常在手機中指示午餐或晚餐該從冰箱中拿出什麼菜來吃、或做什麼菜？如何做菜等的話，或問吃飯了沒有？午睡沒有？........ 噓寒問暖，溫馨之至！不覺得身旁無人，但也不覺得喋喋不休！

她對我的其他嗜好，諸如吹簫、聽音樂、買樂器、買音響、買錄音帶、埋頭寫作、照相、忙教會的事、有工作狂、固執於自己所喜好的事 ....等，從不干涉抵制，從無厭煩或不願參與的反應；我喜歡吹 Saxophone 和 Clarinet，不論我吹得好不好聽，大聲吹或吹多久，她從沒有不耐煩的反應，甚至在我吹奏時，幫我錄音，幫我照相，她能陪我一起聽音樂，不論她喜好或不喜好的音樂，她也能專心聽我唱歌、唱詩，陪我耗時間，能迎合我的嗜好，沒有不悅。我們曾聽到一位婦女，表示她受不了丈夫每天背向著她埋頭寫作、而遠離丈夫的個案，我慶幸沒有遇到這麼不能相偕的老伴而感謝上帝！

她能從頭開始就聽我談論與她不同的信仰，談她從未想到過要信奉的宗教，聽我長篇的談論聖經、上帝、耶穌基督、二三十年的信主見證 ......，沒有不接受或反對的辯駁，如此順服的接受我所傳的，這就是她的美德，順服的美德，符合聖經：「妻子順服丈夫」的美德；我見過很多不理智、不講理的女人：不採納別人的意見、不尊重別人的說法、把丈夫踩在自己腳下、耀武揚威、自鳴得意，毫無謙卑、無理取鬧、自以為是的

女人。我真慶幸上帝所賜給的這一位老來伴,能接受我的信仰,與我有共同的信仰,能一起禱告、一起查經,能與我同上教會,一起將願望交託與所信靠的上帝,將自己的主權交給上帝掌管,與我同負一軛,同蒙主恩,為此我只有頌讚上帝、感謝上帝所賜與的無限恩典!

以上所提到到的三位女性,就是在我七十幾年來的人生跑道上,接力似的,將我這"接力棒 (Baton)"一段交棒接一段,改變我、滋潤我、豐盛我生命的三位女性,使我這一"接力棒 (Baton)"仍由這第三位富有愛心的女性接棒,繼續奔跑在人生跑道上,是否更要感謝上帝所賜豐盛的恩典,為我成就的一連串巧妙安排?

五十四、 工作之餘,寫作、吹簫作樂

工作之餘,作何消遣? 「白天開車出門調修鋼琴,晚上坐在電腦前寫書」這就是我的日常生活寫照。是二十五年前,旅居阿根廷時開始的,當時孩子們正在苦學西班牙語,孩子們的臥房兼書房中有一張長桌子,足夠全家人一起讀書寫字的大桌子,孩子們喜歡我陪他們在那長桌子上讀書做功課;因為從孩子們小時候,就與他們一起晚自修,早已成了習慣。開始時,孩子們就讀小學,在一起讀書是改他們的作業與錯字,但在阿根廷他們讀西班牙語中學開始,我就不會改他們的錯字了,於是在那長桌上,埋頭自學西班牙語。住在新的國度,語言不通是無法謀生的,何況自己是火車頭,必需帶動全家,養活全家;又開始在歌劇院、公私立音樂學院、一般學校、阿根廷人的教會、阿根廷人的家庭調音、修琴,必需使用西班牙語和西班牙文。經過一、兩年,有了西班牙語文基礎之後,就在那長桌子上、陪孩子們晚自修時,自編中國語文教材,教阿根廷人學中文,當時就寫過一本「西譯中國語文教本」,又由於阿根廷人學完中國語文教本之後,買了一本中文字典,準備繼續自學中文;哪知他們完全不會查部首索引的中文字典,我又動腦筋想寫一些東西幫助他們查中文字典?於是拆解所有中文字,找出六類不同字頭,自編了一套「字頭左首筆形索引」以「看字頭的橫、豎、斜、點、帽、交叉六種筆形,算總筆畫」的方法,去查中文字典,並買了兩本同一版本的中文字典,剪貼、編排為「字

頭左首筆形索引的中文字典」。做好之後，在一個偶然機會看見了教會的羅馬字廈門語聖經（英國來台的宣教師巴克理牧師 Rev.Thomas Barclay 於 1933 年編譯的） 和廈門音字典 （甘為霖編著 1913 年初版），看到以後，認為「自己的母語客家話」也可以用羅馬字音來標註，而且會比標註廈門音簡單、標準並且世界化。就一時心血來潮，開始不眠不休地，以大學時所學的、意大利滿神父所教的羅馬音、依羅馬字母的順序，將自己記憶中的客家話，編寫成了「客話字彙」，寫成之後，又以九年時間加上注釋，完成了手寫的「常用客話字典」。 1922 年 2 月由台灣自立晚報社文化出版部付梓出版。

那時已經應聘來美國密西根鋼琴公司工作。仍然白天鋼琴調音，晚上繼續寫客家語文的東西；字典已經出版，客家話已有文字符號可以記載，心想客家話若要傳承下去，就必須依賴課本之類的教材，於是又激起「寫課本」的念頭。就這樣，又寫了一百課，分為上下兩冊的「客家語文讀本」。

就在寫讀本的一段時間當中，也同時在寫「客家語文文法」一書，以及給兒童使用的「看圖學客話」一書。

當時已六十一、二歲,因為大孩子乂兮在底特律的基督教華人宣道會,負責教會通訊的編寫,曾邀稿寫屬靈的文章,並說:「為何不寫些自己信主的經過與見證,也在教會通訊裏發表呢?」就這樣又開始寫自己的故事,在教會通訊中連載了一段時間,女兒乂廑和兩個兒子乂兮、乂鳴因為居留權未著關係,必須回台灣去工作,乃希望我將整個六十年來的生活見證,寫成「六十年的回憶錄」,他們要帶回台灣出版,自己乃以「窰匠之泥」(上帝是掌握生死大權的窰匠,我是微不足道的泥土)為書名,在乂廑、乂兮、乂鳴三個孩子回台時,將底稿交給他們攜帶回台,由乂兮舉薦到宇宙光出版社出版了!(2000年6月)

主後 2000 年 2 月 14 日、情人節日,家內姐妹 - 麗溫,回台灣就醫不治,蒙主恩召;思念之餘,將她的一生寫成了一本命名為:「南瓜藤」 的愛妻紀念集。因為她的一生就如南瓜藤,在結果實之前, 藤葉青翠茁壯,俟果實成熟時,藤葉就鞠躬盡瘁在果實旁邊枯萎了!

從「常用客話字典」寫就付梓之後,心想「客話」既然是「漢語」之一,客話就有漢字為依據。於是一心一意想找到所有的客話漢字,乃將客話字典重新以漢字寫出;從阿根廷寫到美國,每夜埋頭在電腦前。其中許多客話因為長久沒有用漢字表達,以至客話漢字失傳,乃以客話的「形聲意」,在電腦上自創漢字,並擴大篇幅,以中文電腦寫成了「漢字客家語文字典」出版。

「漢字客家語文字典」出版問世之後,又集中精力在「電腦字典」上,想利用目前最風行的電腦,也將「漢字客家語文字典」帶上中文電腦,給全球「客家人」和有意研究客家語文的人士可以使用,於是請教電腦界先進、中文電腦專家參與研究,欲將自創的漢字,也能在所有中文電腦上顯現;但是失敗了,始終無法理想地將自創漢字顯現在中文電腦上。不得已,只有從現行中文電腦中找出所有的客話漢字,才能使用於全球的客家人和研究客家語文的學者。於是奔走在各大圖書館之間,甚至遠到英國倫敦的大英博物館 , 尋找客話所依據的古漢字,探索客話漢字的根源、客話變音的字源,將自創的漢

字刪除，才又寫成了可以在所有中文電腦上顯現的漢字「客家語文字典」。

這個時候，所有市面上所賣的字典，都加上了「發音」，使字典不但可以眼看，還可以耳聞；因為字典就是要有每一個字的發音，才符合現代人的要求，查字典要懂得字的意義，還要知道如何發音。也由於老伴兒的一句話：「所有語言的字典，都可以清楚聽到所有字的發音，你的字典卻沒有聲音，人家如何學好客話？」 因此，我寫的字典，既然發展成了電腦字典，曷不寫成「有聲電腦字典」？

因為這一緣故，又開始請教專家，鑽研電腦錄音，在不增加太多篇幅範圍內，加入所有字的發音，自己發聲錄音在電腦中，再親自燒錄千餘CD光碟，附加在字典中。屈指算來，總共花費了二十五年，才完成這本「客家語文有聲字典」，由台灣彭氏客家文史工作室出資，出版問世。

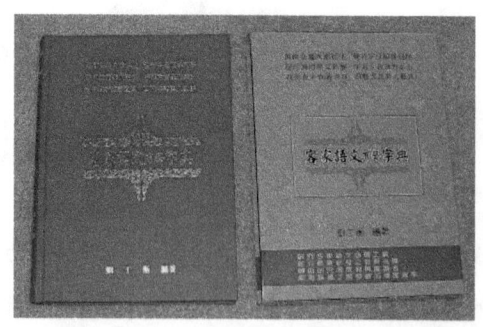

以下是「客家雜誌」在「客家語文有聲字典，客家語文讀本100課 及 客家語文文法」三書出版當時，所登載的廣告資料：

客家語文有聲字典

已經出版！

附 CD 光碟　每字都有標準發音
字典中可尋獲正確的客話漢字、沒有自創的漢字，可在中文電腦使用。
學習客家語文、傳承客家文化必備的字典
字頭左首筆形索引　　劉丁衡首創
索 引 口 訣
字 頭 左 首 何 筆 畫 ？
橫 直 斜 點 帽 交 叉 ？
次 筆 次 首 何 筆 形 ？
算 準 總 筆 即 可 查 。

劉丁衡（添珍）編著
彭氏客家文史工作室　出版

羅馬萬國音標 ↘
漢字客家語文 → 　三行並列書寫 ，　精美插圖
現代中文直譯 ↗
客家語文讀本 100 課
（上冊 +下冊）　劉丁衡 編著
彭氏客家文史工作室　出版

> 學習客家語文最佳讀物　客家母語教學最佳教材
> 客家語文文法
> 萬國音羅馬韻標註　漢字客家語文書寫
> 正確文法例句示範　現代通用華文直譯
>
> 劉丁衡 編著
>
> 分類為：名詞、代名詞、形容詞、副詞、動詞、介系詞、連接詞、助詞、嘆詞等九大詞類，說明各種詞類個用法，以例句示範、解說；這兜示範例句，可當「讀本」閱讀。
>
> 係幫助學者學習客家語文有法可據、有路可循的一本工具書。
>
> 彭氏客家文史工作室　出版

這三本「客家語文有聲字典」「客家語文讀本100課」「客家語文文法」出版之後，又將前完成的「看圖學客話」加上聲音，完成「聽聲看圖學客話」一本學習客話的基本教材，燒錄在CD光碟中發行了。

還將自己五十多年來的鋼琴工作見聞寫了一本：「半百琴緣」(與鋼琴結緣50年)，燒錄成電子書問世。

並將前完成出版的「客家語文讀本100課」加上聲音，全本錄音成「客家語文有聲讀本」燒錄在CD光碟問世。

然後再集中全力編撰篇幅最大、1700頁的「客家語文有聲辭海」也燒錄成CD辭典出版。

再申請行政院客家委員會的出版補助，由則越多媒體事業公司設計，知本家文化事業公司出版了「客家語文有聲電子辭海」。

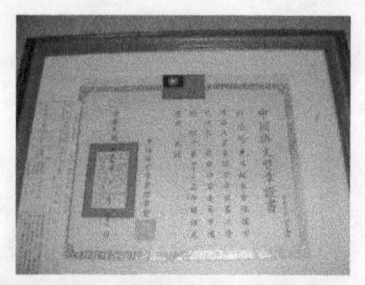

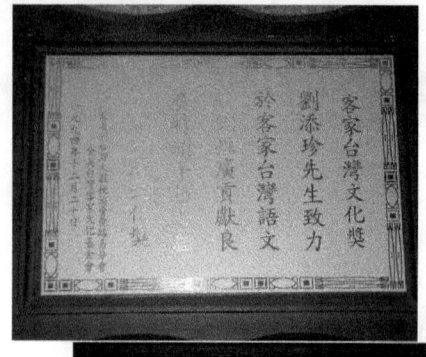

　　這就是二十幾年來，工作之餘在電腦上的寫作消遣！
還以電腦翻譯完成「人名、地名、表聲字　原音直譯的 客家語文聖經 」

聖經 CD 光碟封面 ▲

又重新增加篇幅,加多字詞,整編「客家語文辭海」,成為更新版的辭海。▲

(鋼琴調音恩賜 一書的書皮 ▲)

(客家語

文讀本100課 封面 ▲)

人名 地名 表聲字 原音直譯

客家語文聖經
Bible Hagga Version

劉丁衛　譯

（客家語文有聲聖經 封面 ▲）

(西班牙語課本 封面 ▲)

西 班 牙 語 初 步

Español Elemental

劉丁衡　聽寫、翻譯、註解

(　西班牙語初步 封面　▲　)

Texto De La Lengua España

西 班 牙 語 課 本

Escritor　　Ten jen Liu

劉 丁 衡　　編 著

偶爾也玩玩客家語文歌曲的寫作以及客家語文文化的傳承文章寫作；當然，參與教會每禮拜主日崇拜的聚會、教主日學、教唱聖詩班、獻詩，聚會後三個小時的乒乓球運動；參與每禮拜三的家庭查經聚會，聚會後也有三個小時的乒乓球運動；在家彈 Digital Piano（電子鋼琴），吹奏 Saxophone 和 Clarinet 自娛；聽強大 Power 的音樂音響，在公寓自己的家中還有一部乒乓球電動投球機，常與它打乒乓球運動身體，也從台灣帶來"爬樓梯踩步機"，常在飯後一邊看電視新聞，一邊踩踏這踩步機，作飯後百步走運動。

每天起床後的例行運動：在床邊地毯上，鋪上墊被，仰臥其上，雙腳伸入床下的鐵桄下，作仰臥起坐 81 次，仰臥雙腿伸開與肩同寬，腳踵著地，右肩向左，左肩向右扭腰 60 次，仰臥雙腫靠臀雙膝儘量打開，右膝向左壓到地面，左膝向右壓到地面，共 60 次；再向天仰臥踢腿 60 次，盤腿就坐，向左後右後扭身 60 次，而後起身洗臉，早餐，如此約運動 40 分鐘。

又幾乎每天與家人互通 E－Mail 或 Skype；還喜歡寫毛筆字：

或到世界各地去旅遊等……；這些都是我工作之餘的娛樂、運動、消遣，很充實吧？

我尤其喜歡吹奏木管樂器：豎笛 Clarinet, Saxophone 和 Oboe 等. 除了自己在家時常吹奏自娛之外，還常應邀在各地吹奏.

C 調 Clarinet solo ▲

在車城台灣教會獻詩，吹奏 降 B 調 Clarinet ▲

在車城台灣教會吹奏 Soprano Saxophone ▲

吹奏 Saxophone （在教會與翁弟兄二重奏） ▲▼

吹奏 Soprano Saxophone 獻詩 ▲

應邀在婦女會舉辦的聚會中吹奏 12/17/2005　▲　▼

Soprano Saxophone solo ▲

聖詩組曲二重奏　▲

五十五、一張三十幾年前富有歷史見證意義的照片

這是一張三十多年前,在買主家調音時,由這一部鋼琴的買主:台灣省交響樂團的某首席大提琴師所攝。(攝於 1977 年 5 月)

這一部鋼琴是當時筆者工廠的產品,鋼琴的外形是由筆者所發明創新的、之前沒有的:垂直鍵盤蓋、譜架高懸、與三腳平型鋼琴(Grand Piano)同式的豎立型鋼琴(Vertical Piano);

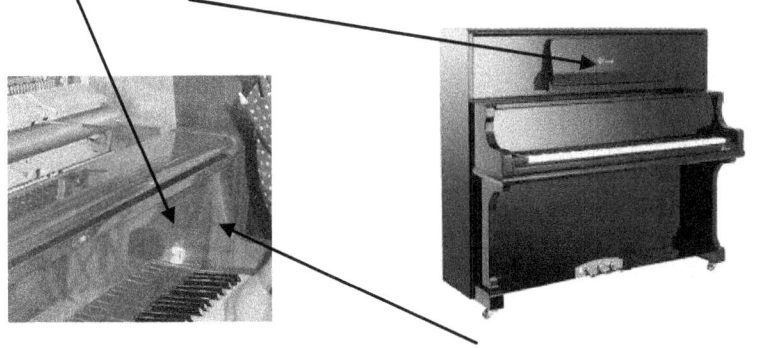

也是當時我們工廠的股東們所爭議、所醜化的 "豬豭嘴"(豬嘴巴)型 "標新立異" 的鋼琴
(由於鍵盤蓋與鍵盤垂直,譜架提高到垂直鍵盤蓋的上方,鍵盤兩端的琴臂(Arm) 必須涵蓋開啟時的鍵盤蓋,就設計成所謂 "豬豭嘴" 形狀) 。

當時股東們不滿筆者所設計、異於常態的所謂"標新立異""豬獗嘴形"的設計（傳統直立型鋼琴的鍵盤蓋向後傾倒、譜架置於鍵盤蓋的中央部份、距離黑白鍵盤只 10 公分左右的高度, 低於彈奏者的視平線, 彈奏者必須低頭看譜），看不慣筆者所設計新款的直立型鋼琴。（這是傳統型直立鋼琴, 鍵盤蓋後倒, 譜架在鍵盤蓋中央）

當時筆者設計的動機, 是因為：一般彈慣了傳統型直立鋼琴的人, 一旦必須彈奏平型鋼琴演奏或比賽時, 因為兩種鋼琴的彈奏感覺完全不同, 使彈奏者倍受心理壓力（平型鋼琴的鍵盤蓋如同一面鏡子, 看見黑白鍵反照成兩倍的長度, 又可以清晰看見自己十個手指反方向的彈奏觸鍵動作,

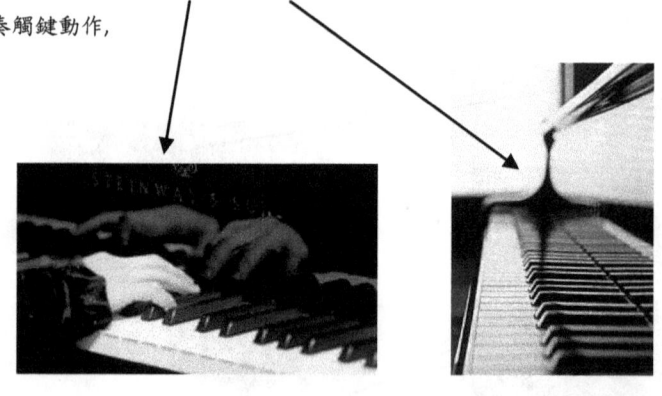

使彈奏者眼花撩亂, 擾亂視覺；又因低著頭看慣了直立鋼琴低於視平線的樂譜, 平型鋼琴譜架上的樂譜, 則須抬頭平視, 樂譜與鍵盤的距離加大兩三倍, 非常不習慣, 因此演奏或比賽成績就大受影響、大打折扣。為使直立型鋼琴的彈奏者, 能有彈奏平型鋼琴同樣的感受, 使平時的彈奏練習, 與彈奏平型鋼琴比賽或演奏時的感受一樣。筆者乃設計

將平型鋼琴的琴臂(Arm)、鍵盤蓋及譜架（同樣裝置、同一形式、同一高低），接合在直立鋼琴上（這是三十幾年前的首創）；難怪股東們會反對，因為他們沒有這方面的感受。

▲ （直立型鋼琴的新型設計 － 譜架及鍵盤蓋與平型鋼琴相同）

平型鋼琴的鍵盤蓋與鍵盤垂直，譜架提高，在打開的鍵盤蓋上方（同樣裝置、同一高低），置於直立鋼琴上（這是三十幾年前的首創）

設計製造之初，又鑑於我們所承製的日本系統的鋼琴(使用日本零件，日本派技術指導者駐廠監製)，其製作技術稍嫌落後於歐洲鋼琴，所造鋼琴的音質，似乎有早期鋼琴尚未使用鐵質鋼架時期的，敲擊木質鋼琴的聲音，尤其高音部分，沒有歐洲某些廠牌鋼琴的鏗鏘清脆，自己就一直認為目前我們鋼琴的鑄鐵鋼架(Frame)一定有某些程度的缺失，因為自己感覺到彈奏早期完全木質鋼琴與彈奏現代全鐵鋼架鋼琴的音質完全不同，就趁旅遊歐洲之便，參觀過歐洲知名琴廠，請教過如何做出高音鏗鏘清脆鋼琴的秘訣、再經過推敲分析，得著了製造鋼琴高音鏗鏘清脆聲音的真髓，回來後就全盤調整了過去的製作技術，並嚴格要求鋼架鑄鐵的鑄造技術改進，鑄出符合自己要求的鋼架（因為確實悟出了琴音鏗鏘清脆與否，與鋼架的品質有極大關聯），於是乎才能做出歐洲鋼琴一般鏗鏘清脆高音的鋼琴。

成品開始販售，第一位買主是小提琴比賽中學組冠軍學生的家長，當時他的小提琴老師習慣邊彈鋼琴邊教小提琴，當老師一彈到這部鋼琴的高音清脆，就驚叫說：「你在哪兒買的琴？這是歐洲琴哩！」琴主才告訴她，這是台灣某人製作的鋼琴，接著老師就說：「台灣能造出這樣夠水準的鋼琴？這次我們的學生演奏會，就改用他們造的琴！」那次演奏會，他們將演奏廳的日本 Grand Piano 推到角落，而使用我們提供的直立型三號鋼琴，我

到場調音之後，聽了他們的演奏會，的確琴音(尤其高音)的確並不比 Grand piano 遜色。

因為這雙方面（外型及音質）的創新，備受股東們指責（股東都鋼琴都外行），加上運琴司機的對長途的運琴出了問題，刺激筆者自己載運十部新型直立鋼琴北上促銷的構想；當這十部鋼琴運抵台北總經銷店門前，在清早陽光下掀開遮蓋帆布、解開包裝棉被時，路過的人和圍觀的人包括 salesmen (總經銷商的推銷員) 在內的一群，就掀起過一陣騷動，問：為何會有這麼不同外型的鋼琴？我就趁此機會在街頭開了一場說明會，將設計的動機(初衷)發表出來，他們這一聽，其中有一婦人就喊說：「請等我回去叫我先生來聽、來看，我們正要買琴！」就這樣在車上賣出了第一部鋼琴，那些 salesman 也要求我在他們所推銷的幾個顧客前，開一次說明會，叫我稍等一下，先別將琴卸下，我又在車上給她們詳盡地說我設計的動機，為何會如此將直立型鋼琴與平行鋼琴結合在一起，結果這十部琴，就一部接一部送到她們家中賣光了。也才會有後來訂購兩百部這類新型鋼琴，準備在台灣幾個大城市同時開展示會、股東增資困難、逼內人以店面財產抵押貸款增資、後來又遭受賽落馬颱風侵襲、工廠及兩百部鋼琴全毀、逼賣房產、破產的結局。

還有一件有關這鋼琴的故事：當我們這第一批鋼琴賣出之後，曾有三位台灣鋼琴製作界的老前輩 (他們已製造鋼琴幾十年) 半夜來敲門，從他們的名片和自我介紹，我才知道他們是台灣鋼琴製造業界的老前輩，他們說：「我們看到了你造的鋼琴，也仔細看過你那些琴的製作，聽過你那些琴的聲音，因此今天我們集合三個臭皮匠(元老)，誠心來邀請你，出來擔任台灣鋼琴製造公會的教育長，帶領我們、教導我們二十五個鋼琴廠，如何製造鋼琴？不斷給我們注入新的製作理論及經驗，並為我們統一命名鋼琴製造業的術語、工具、零件等的中文名稱，因為，我們之中實在沒有一個有這樣能力的人，我們沒有一個是學音樂的，也沒有一個是研究鋼琴製造的，我們都是半途出家的門外漢，過去只在抄襲模仿別人的東西，完全沒有學過正統鋼琴的製造，沒有製造鋼琴的理論基礎，也沒有學校可以去深造，就以我們這樣的材料這樣的根基，即使有人教，我們也聽不懂，現在我們雖使用日本鋼琴零件，有日本技師來指導，但我們實在聽不懂他們所說的術語及名稱，所以我們就一直做不好鋼琴，我們需要本地出生、確實懂得鋼琴的人出來領導，也一直找不到這樣的人才……。」我一邊聽一邊想，台灣的鋼琴製造已經將近一百年歷史，的確沒有做出夠水準的鋼琴，沒有研究改進，也沒有鑽研機構集體研習，著實需要有人來領導……。我被他們這一番誠懇話打動了，就答應出來試試擔任這一職，集合業界同好，

一起來研究製作好鋼琴,只是尚未就任,就移民出國了。

五十六、 孩子們的教會與經營的事業

(一)、 開創上帝的教會

我的第二代:五個孩子(包括三個兒女及兩個媳婦)回到台灣之後,除了重新適應新環境的生活,轉換無數次工作的環境,承受新工作魔鬼般操練的壓力,參加無數次第二種、第三種語文的考試,面對惡劣制度及習俗的挑戰,調整二十幾年來兩三種不同國度、不同文化的生活方式;在台灣住過台南、桃園、大園、中壢、台北,歷經狂風大浪,但他們從來沒有離開上帝、沒有離開過教會;這五個孩子,同樣都有三個國家的文化背景,受過三個不同國家的語文陶冶,在三個不同語文國家的基督教會聚會,領受過三十幾年不同語文聖經的教訓及講台的教導,也參與過三十幾年的教會團契生活;也因此,回到台灣之後,雖然從未缺席過主日崇拜,屬靈的需求就是無法飽足,誠如他們說的: **教會軟弱無力,無法供應信徒屬靈需求,更無法達到福音廣傳的大使命目標,講台資訊貧乏,不足以引燃復興之火**。他們於是準備建立能滿足他們屬靈需求、滿足他們敬拜上帝的模式、滿足他們多重文化需要的教會。

這三個孩子從幼稚園時期就步入教會,受過牧師、長執、教會弟兄姊妹以及諸多肉身父母們的呵護,在教會團契中成長,受著上帝嚴厲的管教,他們姊弟三個都各有上帝在他們身上的恩賜及裝備,也知道自己必須為上帝所差用。他們認為:
1. 我們相信自己具有足夠的裝備、條件和責任,來勝任建立興旺的教會。
2. 上帝給的恩典太多,我們如此事奉,是理所當然的,不感到是重擔。
3. 為了我們自己的下一代:"耶和華所賞賜之後代" 的蒙恩得救,這是為人父母的責任。

乃於 2005 年 10 月在台北的士林,建立了上帝的教會 – 現代人音樂聖經教會。

我聽到他們設立教會的消息之後，有以下的感觸：聖經的箴言第22章，第6節說：「教養孩童，使他走當行的道，就是到 老，他也不偏離。」新譯本譯成：「教導兒童走正路，他將終身不忘。」

這「教養」包含「教育與養育」，這一節聖經就是說：「教育兒女和養育兒女，帶他們走在正當的路上、合宜的路上、上帝要我們走的正路上；孩子們就是到老都不會走邪路，不會遠離上帝，不會忘記上帝珍貴的教訓。」

因為上帝的教訓是公義的：也就是先規範、有道路可循的；又是慈愛的：也就是可以親近、可以直接向祂訴求的。

上帝神聖的教育、以聖經為教本的教育，不像"人"所制定的、以人所規定的教材為本的：家庭教育、學校教育及社會教育。

這三種人為的教育：家庭教育（行為的養成與約束）、學校教育（知識的傳授與成績操行的約束）及社會教育（法律道德的規範與約束）。

上帝聖經的教育不使用"強制"與"約束"的方法來教育；而是使人自動、自發、自願的教育方法，以團契互愛互助互勸方式的宗教教育來輔助的教育。孩子們若從小就在這樣的家庭教育、學校教育、社會教育及宗教教育並進之下成長，就能走正路，到老都不會偏離。

以下是他們第一次聚會的異象分享摘要：

凝聚共識，異象分享　　　第一次聚會講道 10/30/2005

今天是草創期的第一次聚會，看到你們大大小小 20 幾人........我很感動！
為什麼我們在士林這75坪（下次將在 200 坪）的活動中心聚會？
外面的公園，繁華的街道不是更好玩嗎？ 士林夜市不是很熱鬧嗎？
為什麼還要自己再組一間教會？是否自己在工作之餘，吃飽沒事幹？
士林不是已有超大的靈糧堂及各式各樣的堂會了嗎？
為什麼你們來聽我講道？臺北不是有許多能言善道的講員與牧師嗎？
為什麼來聆聽五年級樂團的音樂崇拜？台灣不是充滿了無數的敬拜音樂團體嗎？

聖經馬太福音十一章 7-9 節說：

「你們從前出到曠野，是要看甚麼呢？要看風吹動的蘆葦嗎？
你們出去，到底是要看甚麼？要看穿細軟衣服的人嗎？那穿細軟衣服的人是在王宮裏。你們出去，究竟是為甚麼？是要看先知嗎？

現代人音樂聖經教會（Contemporary Musical Bible Church）存在的意義

因我們認為......

- 除了屈指可數的幾間大教會，台灣教會軟弱無力，無法供應信徒屬靈需求，更無法達到福音廣傳的大使命目標
- 台灣的講台資訊貧乏，不足以引燃復興之火
- 連靈糧堂、行道會的音樂都乏善可陳
- 有人說:要建立教會需要神聖的使命。Why you? 確實，而我們相信自己具有足夠的裝備、條件和責任，來勝任建立一興旺的教會 Why not us?
- 上帝給的恩典太多，如此事奉理所當然，不感到是重擔
- 為了我們的下一代："耶和華所賞賜之後代"的蒙恩得救，此乃作父母的責任
- 為了所有團員的靈命一同得造就
- 使萬民作主耶穌的門徒，是上帝的旨意

因我們看到需要的存在

在數十萬人口，密集的社區，眾多住宅高樓林立，單單擁有超大的靈糧堂及一些堂會仍是嚴重不足的，(除非教會用四面牆壁把自己設限)(自以為已經很大了)，未信主的莊稼數目與信主的人數對比仍高達九成以上。

能承租到士林區的活動中心，可容納 500 人，全是神的恩典。地點適中，極富戰略地位，離捷運站很近，數萬居民走路可到，極為方便。

　　致力創建『瑞士概念股』的教會

秉持工匠的精神，建立一間小而美，美而富，富而有禮的教會。
現代人音樂聖經教會的特色：" best music and solid message"

(我們和別的教會的不同,吸引社區居民來的理由,或我們的教會能夠提供他們在世界別的地方絕對得不到的好處)

- 音樂:最高品質的音樂與敬拜,以歌詞承載真理,將福音內容、基準,藉音樂的翅膀傳揚。
- 聖經:高舉聖經,紮實信息〔福音派解經講道〕、查經、主日學、見證
- 現代人:熱愛傳揚福音,以基督的愛關懷社區。古舊永恆的資訊,用創新的方式傳給現代人。
- 教會:強調在真道上有根有基、對聖經熟悉紮實、傳揚福音上訓練有素的信徒
- 在多元化的社會,平信徒抬頭。由 Lay pastors 主導教會未來的走向和決策。
- 堅守十一奉獻,達成財力自主
- 成為目標導向的堅強教會

藉教會增長的五大方向:藉團契而成長得更溫暖,藉門徒訓練而成長得更深入,藉音樂敬拜而成長得更剛強,藉講道事工而成長得更寬廣,藉傳福音而成長得更壯大

敬拜幫助你專注於神,使你在屬靈上與情緒上準備好面對未來的一個禮拜。

團契相交提供你家與社區的歸屬感,並提供從別的基督徒而來的扶持與鼓勵,以面對生命裏的問題。

講道和門徒訓練幫助你藉著神的話語強化信心,並將聖經的原則應用在你的生活形態上。

教會的事工幫助你發現並建立你的才幹,並且使用在服事別人上。

傳福音幫助你完成帶領朋友與家人來信耶穌的使命。

教會兒童主日學 ▲

教會主日崇拜及兒童主日學 ▲

(二)、創辦事業

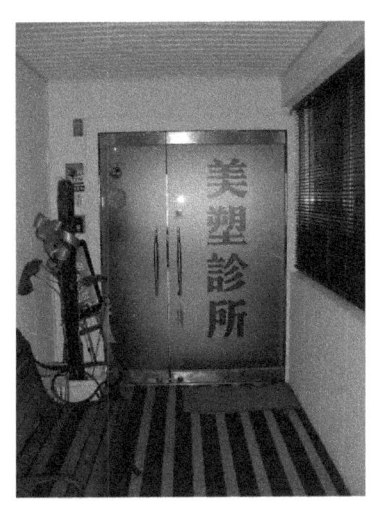

以兩個學醫的兒子為主，他們倆雙雙畢業阿根廷首都大學醫科，再到美國考得美國醫師執照，又回到台灣考得台灣醫師執照，大的(乂兮)從台南醫院婦產科開始，再轉桃園敏盛醫院，再到中壢壢新醫院，再進入彰化基督教醫院，又被聘為台北長虹雷射美容醫師；小的(乂鳴)也從台南醫院外科開始，轉入桃園敏盛醫院，再進入台北馬偕醫院，又轉入新店耕莘醫院，再受聘為台北長虹雷射美容醫師；後來「長虹診所」有意要他們兄弟倆接下來經營，只是價格一直談不攏，最後乃決定另立目標，尋找已有基礎、價格合理的診所來經營。

2006 年 9 月 終於開始了他們兄弟共同經營的事業 – 美塑美容診所，並兼營美容器材公司由乂兮之妻佳燕負責。小的在馬偕醫院時，就創立「五年級樂團」自費經營，兼營「五年級育樂器材公司」由姊姊乂廬負責經營，乂鳴之妻伶玲則仍在桃園觀音工業區供應麥當勞肉類食品的公司上班。

這是位於台北市慶承街的美塑美容診所大門　　　▼

診所掛號處 ▲

診所工作人員休息室 ▲

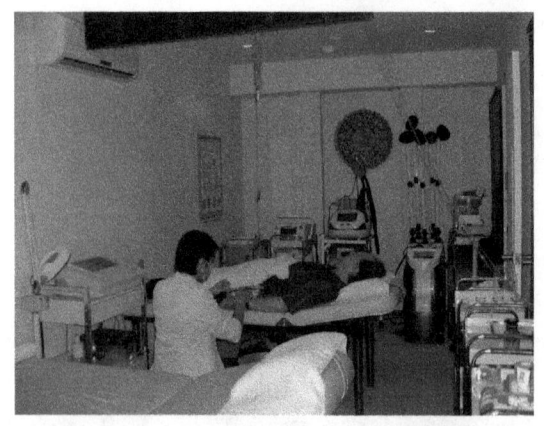

雷射美容室 ▲

醫師研究室 ▲

蒸氣美容室 ▲

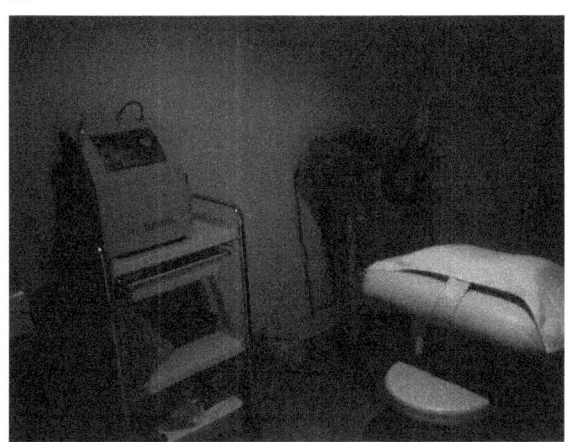

診療室 ▲

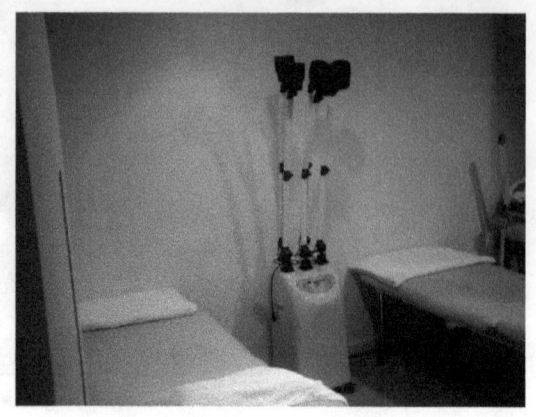

診療室 ▲

蒸氣診療室 ▲

候診室的健身器 ▲

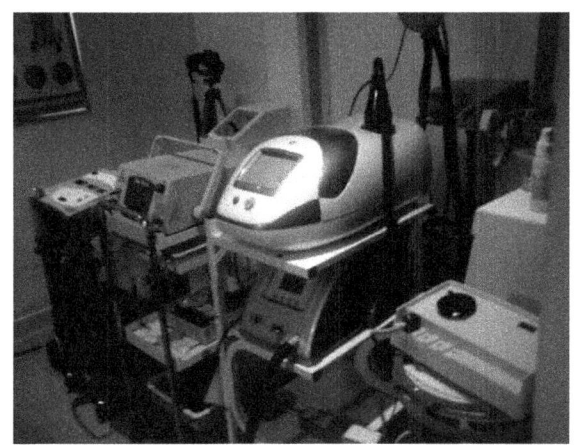

雷射美容機器 ▲

候診室一角 ▲

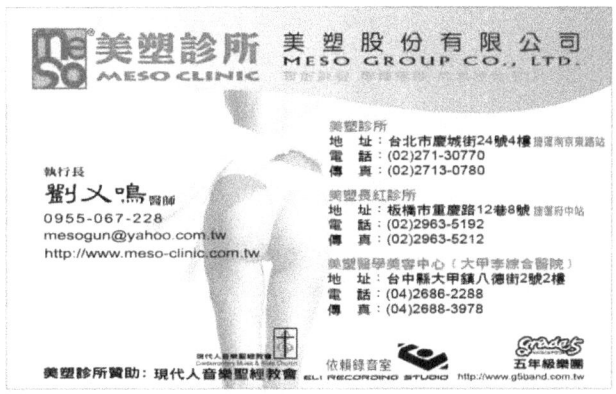

診所名片 ▲

大甲分院　招牌　▲

大甲分院　美容中心　▲

大甲分院　美容中心　▲

大甲分院 候診室 ▲

大甲分院 掛號處 ▲

他們五個姐弟及弟媳，已經在一起相處將近二十年，在阿根廷教會一起長大，在美國住在同一屋簷下一起生活，已經培養出相當的默契；尤其三個女生，都曾在台灣唸過學校、曾在阿根廷唸過學校，又曾在美國唸過學校，三個一起逛 shoping center、一起上教會，一起幫媽經營小餐館。現在姊姊又幫帶、幫教她們的五個兒女、視同己出，禮拜日一起上教會在教會事奉，會後全家族（五個大人五個小孩兒）一起午餐、餐後帶孩子們一起郊遊，幾乎每天結合在一起、寸步不離。

至於這倆兄弟，從小就一起學習一起玩，也一起打架直到小的十二歲，我給他倆做了

乒乓球桌，倆開始打乒乓球之後，他們才停止打架 。 出國到阿根廷，又一起學西班牙語，一起上中學、上大學，一起上醫科，又到美國一起唸英文考美國醫師執照，再一起回台灣，一起讀中文準備台灣醫師國考，再一起考醫師執照，一起從台南醫院開始，之後雖分開了工作醫院，仍然每天電話聯絡，最後又同到一個診所上班，一直像連體嬰似的結連一起 。

現在他們五位一起建立教會，事奉上帝，又一起合力，經營事業，只要他們認定是上帝在作主、在經營，人只不過是代替上帝在做工，做主的工，上帝一定會祝福的 ， 阿們。

2007 年全家福　▲

女兒與兒子三姊弟 ：乂龐、乂鳴、乂兮　 (2012 年 2 月)

五十七、老人公寓十年

從 2000 年 2 月,相伴四十年的愛妻逝世之後,就售出座落在底特律北鄰的 warren 市區:23759 Columbus 路 Warren 市, MI 48089 全家來美後,唯一買得,並居住七年的住家,開始申請座落在底特律北郊 Troy 市 John R 路 930 號 Oakland Park Towers 第二棟的 senior apartment (老人公寓)。

(Oakland Park Towers II 前門入口)　▲

(Oakland Park Towers II 全貌)

(Oakland Park Towers II 第二棟的門牌標誌) ▲

(從西向東, 遠望老人公寓) ▲

當時,我從台灣回美、準備賣出住家並開始申請老人公寓,到賣出住家,整整有一年的時間,都在整修售屋並搬空曾經是七口住家的所有家當,尤其是五個孩子的書籍、用具以及七口家人居住的家具、用具、廚具、餐具和我的鋼琴工作器具 (曾以自己的車,搬運六車英文和西班牙文書籍捐贈給 Warren 市和 Troy 市圖書館,並捐贈六個書架給教會及呂弟兄家,自己留兩個書架);在剛剛喪偶悲痛心情之下,孤單、沒有幫手、隻身在承擔賣屋、清空積滿六個房間及一個車庫的所有東西、清掃、粉刷油漆、搬家 (始終一個人及一輛私用車的搬家)......,至今回想起來,仍有陣陣隱痛 !

從我申請老人公寓到核准搬入公寓,曾經等待七個月的日子,而在這賣出住屋、交屋之

日到搬入公寓一個月的時間裏,就暫租借教會呂弟兄家的地下室居住並搭火(自 2001 年 1 月 10 日至 2 月 9 日);自己將一些書籍、家具、床具等 搬到教會寄放、搬入呂弟兄家的車庫及地下室暫時安頓,並等待老人公寓的核准搬入。

2001 年 2 月 9 日,才獲准搬入這 1002 第十樓二號房、一個 Bedroom (臥房)、一個 Living room(客廳)的 senior apartment (老人公寓) 居住;搬來時,仍然自己一個人從教會、呂弟兄家的地下室、車庫、搬運這些書籍、書架、床具、餐具及用具 ……,尤其那自己改造的木板雙人床,一個人搬上車頂,又從車頂搬下,再搬上十樓的公寓,堪稱最為艱鉅。
這 1002 房(十樓二號)是一 Living room(客廳)、一 Bedroom(臥房)的單身公寓,兩間總長 25 呎 3 吋,總寬 22 呎半,約八公尺長,七公尺寬,我稱它為高級旅館,它麻雀雖小卻是五臟俱全,一切設備:客廳、臥房、廚房廚具冰箱餐桌、浴廁、倉儲、冷暖氣、全新地毯等 一應俱全,並全天候免費供電及供應熱水,說實話,從出生以來,這是我所居住過最好、最舒適的住屋。
這一老人公寓位於交通、起居都方便之地,從 I-75 高速公路的 14 哩路出口向東,幾步路,就是 John R 路了,轉入 John R 路,向北不到三百碼,就到了這老人公寓; 附近有華人商店、餐館、以及大眾超級市場、大百貨公司(Oakland Mall),不論吃喝、採購日常用品都方便,公寓更有自用的大型交通車到附近幾家超級市場,沒有自己車輛或不想開車的人,只要登記,就可享受免費接送的服務。

(我住第十樓,右上角由最上層數下一樓的靠邊一間)▲

(頂樓的下一層,最右邊一間,就是我住的 1002 房　▲)

這一棟公寓是此地兩棟公寓的第二棟,

　　第一棟　 (兩棟老人公寓)　▲　　 第二棟

是從 John R 公路進入公寓專用雙道 Driveway, 左側(北面)兩棟高樓的第二棟, 因此, 名為 Oakland Park Towers Ⅱ,

（從 John R 公路進入公寓的專用雙道 Driveway） ▲
還有公車通行公寓到市區

（從 John R 公路進入公寓的專用 Driveway） ▲

這建築宏偉的兩棟公寓，是當地最高的，十一層樓高（也因此取名 Tower），第二棟是每層平面住戶 29 戶的磚砌樓房，整棟 11 樓共有 300 戶住戶（包括雙臥房的與單臥房的），兩棟高樓的周圍是寬敞的公園式綠樹草地 Oakland Park 。

（公寓前側、草地上的休閒鞦韆、野餐烤肉餐桌等） ▲

公寓前後及南面都有寬敞的停車場，所有三百戶住戶的車子以及訪客的車子都可以隨意停放。

（　公寓東面寬敞的停車場　） ▲

這一公寓有東西南北四個進入住房的 Entrance (入口),

(這是大門. 也是西門入口, 有綠色地毯的遮雨長廊)

(這是北門入口 , 住戶及訪客停車之後, 直接從此入口進入) ▲

(　這是南門入口　)　▲

（這是第二棟公寓的東門入口）▲

公寓進入每一住戶的入口，有很周密的把關，必需經過嚴控的電動門禁；住戶進入大門的鑰匙是嚴管的、無法複製的特製感應式鑰匙，拿這一鑰匙在綠色燈眼前一晃，門就會自動鬆開。

若是訪客進門，必需先在入口處的電子門牌上找到住戶姓名及房間號碼(幾樓幾號)，按此號碼，就會通到住戶的門禁電話，住戶聽到響聲，問明訪者是誰，按下開門電鈕，大門才能開啟，訪客才能進入。

（　西大門入口的、訪客用電子門牌觸控管制）　▲

（　北大門訪客用電子門牌觸控管制）　▲

公寓的底層(第一樓)有辦公室、信箱室、會客室、交誼廳會議室 (有將近 300 個座位桌椅、大電視、電子琴、鋼琴)、圖書室、運動間、撞球間、理髮室 …… 等,

（辦公室） ▲

（信箱室）　300 戶的信箱全在此　▲

（圖書室） ▲

（運動間）▲

這十一層高樓，有兩個電梯：一個大型電梯，一個中型電梯，靜速平穩，位於底層的中

央部分。

（電梯間）電梯在整棟公寓的中央部分　▲

每一層　住房分為單號房和雙號房，單號房靠西邊，雙號房靠東邊，單雙號房相對，中間隔著長走廊。

（公寓住房的走廊，老伴兒左手邊是單號房，右手邊是雙號房）▲

（　公寓內的長走廊，盡頭有亮光處是電梯間　）　▲

住在這公寓裡不但空氣新鮮、環境優雅清靜，窗外有廣闊的視野、一望無際的平原；躺臥床上或站立窗口，就可以看見地平線上的日出光景，或皎潔天空的明星皓月，

（下面四幅照片是從窗口攝得、清晨日出的連續鏡頭）

（　太陽正從地平面升起　）　11/4/2011　8:08 AM(日光節約時間)　▲

（　經過五秒鐘之後　）　▲

（再經過十五秒鐘，太陽即將完全離開地面）▲

（從臥房窗口看日出，太陽已經完全離開地面）▲
10/30/2011　8:05 AM（日光節約時間）

美國國慶日及加拿大國慶日，也可看見四面八方綻放的煙火（因為十樓高，面向東南的寬闊窗口，居高臨下，前面沒有高樓高樹的阻擋，視線可以抵達鄰國加拿大）。中秋節夜，那潭圓皎潔的月亮，就正照在床上，因此躺臥床上就可以盡興賞月；也可以坐在床頭觀賞傍晚又圓又大的月亮從地平線爬起，直到月臨當空、消失屋頂，真是整夜都可在臥房賞月，享受中秋夜晚哩！

（從臥房窗口看中秋夜，月亮渾圓時） ▲

冬天窗外的雪景，那一片銀色世界，也盡收眼底，

（冬季地面屋頂都蓋著白雪） ▲

（冬雪期間公寓周圍的住家） ▲

（冬雪中的隔壁公寓　）　▲

春夏季，窗外的綠色樹木草坪，生生向榮的氣息，這又給人無限的鼓舞；

（晚冬初春時，公寓停車場邊的針葉樹，仍欣欣向榮　）▲

秋季雖也看見落葉淒涼、令人嘆息，但北國的楓紅，樹葉的繽紛就在窗前，

（從臥房窗口俯瞰秋天樹葉轉黃轉紅的景象）

（　這是從十樓窗口俯瞰北面的住家　）　▲

（夕陽西下時的窗口景觀）　▲

搬來公寓之前，我只禱告上帝賞賜一間能居住的棲身之所，從未詢問公寓辦公人員，將配給我哪一樓、窗口向哪裏的哪一間？也從未探問住公寓的熟識人士、面向哪裏？第幾號房間、哪裡比較好？搬來之後，才知道給我的這一間居所是這棟公寓中最好的一間，是頂樓的下一層，不致因為頂樓平頂，夏天曬太陽整日炎熱。而給我的這一間是涼爽通風，光線好，又居高臨下，視野廣闊，一望無際的雙號第一間。而在對面的一排，就是向西北的單號房，除了受到前一棟(第一棟)公寓的阻擋，視野不好，又是「西照日」的一面，夏天整個下午太陽曝曬酷熱；又靠近 John R 公路，汽車聲音吵雜。

這是否為人間仙境呢？　感謝上帝，在我退休之年，賞賜這麼美好的居住環境，上帝所犒賞的真是始料未及、超過所求、十全十美的居所啊！

（這是從十樓窗口俯瞰北面的社區住家）　▲

（從窗口看冬雪蓋滿的停車場）　▲

（這是 Living Room 的一角 - 書架）　▲

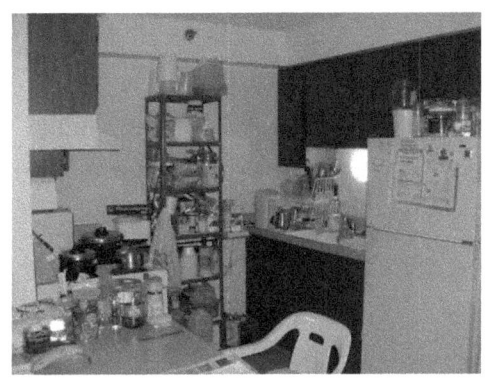

（廚房的餐桌、爐子、洗槽、冰箱等） ▲

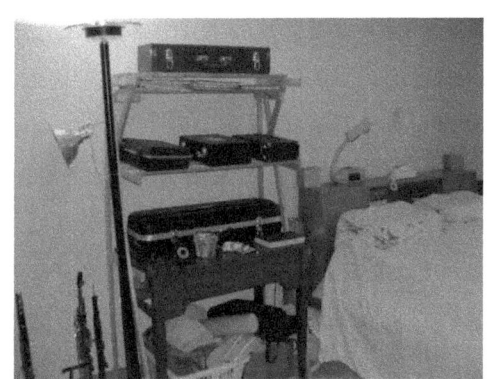

（ 臥房床邊的樂器架） ▲

（我的臥房 – 睡床及窗外） ▲

我的鋼琴調音工作

住進這棟老人公寓十幾年來，上帝賞賜我白天的鋼琴調音工作，一直繼續著未曾間斷，使我有工作收入，可以生活無虞，不致坐吃山空，無所事事，更能以工作鍛鍊我的身體手腳，仍如往常的健壯靈活，精神心靈仍如往常的開朗裕達，這一直是上帝賞賜的最珍貴禮物，在我八十歲年老的時候，仍如往常的歲月，帶領保守我平安開車到顧客家、提著沉重的工具箱，上門為顧客家的鋼琴調音整修；

我曾細細琢磨上帝賞賜給我與其他人不同的「恩賜」，特別是聽覺，聽辨不同音高、音準的聽覺，例如：比對音叉的音準與單絃音高，雙絃的 union(同時響的結合音)音高，三絃的 union 音高，四度音程音高，五度音程音高，八度音程音高，六度音程、三度音程音高等的 correct pitch (正確音高) (或稱絕對音高 absolute pitch, 此一絕對音高(音感)是指「以震動 frequency 數字來固定其音高」，例如固定 A 音為每秒鐘震動 440 次，或震動 435 次的音高，此一絕對音高(音感)是可以隨固定的數字變動的，而不是不能變動、只固定在某一高度的音感；上帝並沒有賞賜給所有的人，都能辨別這些音高音準的聽覺，若不能聽辨所有的音高音準，就調不準鋼琴，不能成為稱職的鋼琴調音工作者。細想之，到現在為止，我仍能在此地的鋼琴調音界屹立不搖，就是要歸功於上帝所賜的特別聽覺恩賜。

這一絕對音高的辨別聽覺，與一般人所說的：某人天生的絕對音感 absolute pitch 的定義不同，他這天生的、絕對音高的聽覺，是固定不變的，不能隨震動數字改變聽音音感的，他若聽到某音與他的絕對音高不同，就是不準確，不對；

而鋼琴調音的聽覺，若是那種天生的絕對音感，就不能接受其他音高的要求，因為鋼琴的調音，必需適應使用者的要求調高或調低 (鋼琴調音一般使用 A= 440 frequency, 稱為 Concert pitch 或稱 Stuttgart pitch)，(現在市面上使用的一般樂器 tuner (調音器, 對音器) 都以 A= 440 定音)。但如，鋼琴使用者要求調高到 A= 442 frequency (每秒鐘震動 442 次)，這時天生的絕對音高聽覺就不能接受，因為與他的 pitch 不符合，他就認為不準，甚至不能調音；還有，管絃樂團的 oboe 音高，若高於或低於他天生的絕對音高，他也無法接受，甚至無法調音，因為他總覺得不準，與他的 pitch 不合。 交響樂團為適應該團的固定調音樂器，一般指定所有管弦樂樂器必需對準該團的 oboe, 但每一團的 oboe 雖都是 C 調，但會因為製作廠牌、使用習慣、氣候變化、為配合某一獨奏樂器或

為某一位獨唱者的音高、音色需求等因素，所要求調音的音高不一，鋼琴的調音者必需依據此一 oboe 吹奏正常後的音高，正確調準鋼琴每一音的音高。又有的教堂、教會或演奏場所必需與管風琴（Pipe Organ）同時彈奏，或為管風琴伴奏，就必須將鋼琴的音高調與管風琴同高，管風琴又因其鼓風器鼓風的強弱，難免會使琴音降低或升高，鋼琴的調音就必需對準管風琴的音高調準。也因此我們說天生有 absolute pitch（絕對音感）聽覺的人，是不適合鋼琴調音職業的。

還有人說，現在市面上賣很多種類的 Electronic Tuner (電子調音器) 而且很便宜，一個十幾塊美金就可以買到，只要一一看著調音器，對準去調鋼琴的弦音就可以了，有什麼難的？既然看著指針調，有必要好的聽覺嗎？但，實際使用這種電子調音器來調音時，就沒有想像中的簡單了，第一，調音器很敏感，其指針是始終搖動不停的，因為琴音與環境的雜音（屋內的說話聲、步履聲、廁所的沖水聲、廚房洗煮聲、屋外的汽車走動聲、剪草機器聲……）持續在響，要使弦音對準停止在調音器指針對 0 的準確位置上，可以說是不可能的，或者說要很長的等待時間（等待安靜下來）。第二，調音器的音域，不能到達鋼琴的最高音域及最低音域，其最高及最低音域的調音，還是要靠人的聽覺（因為調音器的指針不動）。第三，鋼琴的單弦還可以勉強看調音器來調（調到相似準確的音），但雙弦、三弦的 union (第二弦或第三弦的音與第一弦一起彈響時) 調音器就沒有作用，不知聽哪條弦音了，(此兩、三弦的 union,要調到三弦同高，聲音清脆準確，一定要靠準確的聽覺，眼睛是看不準的)。第四，有些鋼琴的低音弦，所纏的銅線粗細長短鬆緊不對，彈出來的音，或附有噪音，調音器辨別不出來；又有些鋼琴的中高音鋼弦，其 scale design 沒有做好，有些弦音發出假音，調音器也辨別不出來。第五，鋼弦與調音器比對的調音，若從最低弦開始調，調到最高弦就算調好了，但，若再回來比對，幾乎每一弦音又都降低了(或有些音升高了)，因為一部鋼琴的鋼弦總共張力有 20 噸，而且各弦各區的張力不平均，調過的弦又有臨時鬆懈的，那麼，要不要再調一遍？這第一遍的調音已經花費兩個小時以上，再來一遍，不是要花四個小時？即使再調一遍，結果還是不準。

鋼琴的調音，若單與調音器的對 "0" 比對，既然非常困難，甚至不可能，而且花時間很長，一部鋼琴 230 條鋼弦，兩個小時都調不好，又因為弦音越接近準確，就越容易彈斷，往往在看調音器拉弦時，尚未到達準確的 0，就拉斷了弦。因此，若沒有正確的聽覺，單憑眼看，調出來的鋼琴聲音，只能說是接近準確，而不是絕對準確。相反地，若有絕對音感的人，以正確聽覺來調音，熟練者 40 分鐘到一個小時足夠了，而且絕對準確。

上帝賞賜這樣的聽覺恩賜給我之外，還賞賜雙手動作與正確聽覺天衣無縫結合的恩賜，就是左手彈押單鍵力度、四度音程、五度音程、八度音程的彈鍵力度、三和絃的彈鍵力度與正確聽覺恰到好處的配合，右手扳緊或鬆懈鋼絃的力度與正確聽覺的配合，也就是左、右手與聽覺三者合一的默契，此一恩賜。

一般人很難想像，如何去調好一部鋼琴的音準？一部鋼琴兩百三十根左右的鋼絃，每根絃都能調整到正確的聲音，彈起來琴聲就是正確，就是好聽，一個人並非機器，如何能使這些不同張力的兩百多條鋼絃，達到準確地步？又為何有的鋼琴調音者調好的琴，聽起來就是不一樣，怎麼聽都不對，不好聽？這原因就是上帝給予各人的恩賜不同吧！

上帝給予我的左手彈鍵出來的單弦聲音或雙絃、三絃和絃，通過大腦傳達的正確聽覺，告訴右手該用多大力度扳緊或鬆懈多少力度去轉動 tuning pin，左手再彈鍵，聽覺再傳達指揮右手去動作，如此反覆再反覆，直到正確聽覺告訴大腦「停止！」絃音就正確了，如此，兩百三十根左右的絃音，都要調整正確，左右手及聽覺要合作多少次數？要有多少默契？這些天衣無縫合作默契的恩賜，就是上帝特別賞賜給我而沒有賞賜給別人的。

或有人會說，就這麼左手押鍵右手扳絃、押響琴聲，這麼簡單的動作，誰都會做，但為何我就不能做好？他就可以靠這種動作賺錢，而我就不能？!感謝上帝就這麼眷顧我以這三者合一的恩賜，連續了六十年以上，賞賜我工作的代價，得以養活全家也養活自己！

我鋼琴調音的這些顧客多為年輕後輩，他們不以我為鋼琴工人，卻對我尊敬有加，端奉茶水、水果甜食，還不時要求在調完鋼琴時，為他們講述豐富的人生經歷、健康的養生之道、養兒育女的秘訣經驗等等，我也趁此見證信主四十年來上帝賞賜的豐盛恩典，隨時隨地傳揚主的福音。

搬到公寓十年來，看到自己的「鋼琴調音顧客名冊」竟有了1300個以上的客戶，雖然多已搬家、賣出、或孩子長大不彈了，但繼續彈、繼續叫調音的，還有幾百戶吧，又有新增加的客戶，每個禮拜都有，這些顧客都是上帝賜給的，我沒有做任何的廣告，都是顧客告訴顧客，由點而面傳開的；調音工作或偶有間斷，我們就會在禱告中向上帝求討工

作,告訴祂已經休息幾天了, 祂就又繼續源源不斷賞賜顧客,上帝的供應是豐富的、加倍的,上帝的看顧是永不遲到、不離席的。

我這鋼琴調音工作,我的老伴兒-春坊,曾親手幫我在電腦中建立顧客名冊,一一記錄他們的姓名、電話、地址及調音日期,我在每次調完音後就登記歸檔 。

鋼 琴 調 音 顧 客 名 冊 (有 3000 多顧客)

顧客姓名	電話	地　址	備註	調音日
YANG CHIN-NAN		3552 CREEKSIDE ANN ARBOR 48105	楊	3/29/03
CHINESE BIBLE CHURCH	248 473-2010 248 433-3846	10 MILE RD.	中華聖經教會	7/21/11
ANN ARBOR CHURCH.	兩部	ANN ARBOR	安堡華人教會	4/8/05
GENOVA 長老教會	248 459-0013	5835 N.SHELDON CANTON , 48187		12/6/11
SECOND BAPTIST CH.	313 961-0920 313 834-1733	441 MONROE DET. 48226	3 台	3/1/06
HOU	734 763-0021	1622 MCINTYRE ANN ARBOR P.45	侯太	7/17/04
TOMOKO	909 952-0261	2202 HICKORY LEAF DR. ROCHE.H.		1/29/07

LYU	248 952-0111 248 703-1771	5628 FIRWOOD TROY, 48098	呂	4/10/12
GUO	734 495-0711	3511 WALL CANTON, 48188	郭	03/12/11
	248 538-0771	5409 CRISPIN WAY W.BLOOMF. 48323		2/13/03
SHAO	248 524-0801	1423 HARTLAND TROY, 48083	邵	11/21/11
O-TAKA	248 305-0991	44675 N. HILLS NORTH VILL		10/3/3
HUANG	248 528-1031	1377 MADISON TROY, 48083	黃	3/30/11
TOKUNAGA	248 776-1031	24055 MEADOWBROOK NOVI, 48375	德永	11/28/07
SRIVASTAVA	248 476-1081	41142 CLERMONT NOVI 48375	印度	3/4/06

還有每一位顧客也建立一張卡片，正面寫著姓名、電話、住址、調音日期、鋼琴廠牌、收費金額。卡片背面是詳細地圖，每次出門調音，即可按址開車前往，不必另覓地圖，也不必用 GPS 導航。這些卡片我依電話的最後四個號碼、從 1 到 0 排列著，放在電話旁的鐵箱抽屜中，每次接到電話時，隨時可以抽出卡片確認並洽談：

Brother Laser 黑白印表機 ▼　　鋼琴調音顧客的卡片箱 ▼

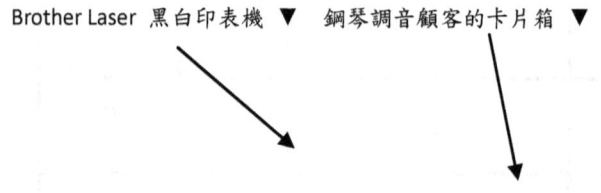

我的公寓住房

我這 1002 雙號房窗口向東南,沒有高樓阻擋,又是最東北端最靠邊的一間,上帝知道我愛吹管樂器、愛聽強力 power 的音響,會吵人,就安排我住在最靠邊角落的一間,我只要關窗、關好客廳和臥房的門,吹我音量最大的 Saxophone,開我的 16 吋大喇叭音響,吵聲都不會傳到他人耳中,我曾走在走廊上試聽大聲音響,的確不會傳出來,十年來,也從沒人 complain 過,有一次我在他們聚集在交誼廳時,為他們吹奏 saxophone 助興,他們甚至說「我們都不知道你會吹這些樂器,怎麼沒聽到你吹過?」這真是上帝賞賜給我的、最適合我的佳美住處。

至於我的養生祕訣,其實不是什麼養生祕訣,只是平日持之以恆的運動,例如十幾年來每週兩次的乒乓球運動,就是拜三傍晚查經之後,和主日禮拜午餐之後的兩小時打乒乓球;以及每天起床之後,在床邊或沙發前的仰臥起坐、扭腰、踢腿等躺在地毯或地板上的運動,其實只是做些簡單賣力的運動:我以薄的墊被鋪在地板上,平躺墊被上,雙足先伸在床上或沙發上,雙手平貼臀部兩旁的地毯上,左右腳向上空各踢腿 30 次,再伸入床(沙發)下(以床或沙發抵住腳,使上身能仰臥起坐),作 71 次的仰臥起坐,每起坐一次,雙手肘就向後拉胸肌一次,每作仰臥起坐 20 次就盤腿坐著,以雙手抓住膝蓋,頭頸向左右側彎拉頸,先從低頭,再抬頭、昂頭,各拉頸項 50 次,再加上右手拉左膝、左手拉右膝,轉頭向後看扭頸肩各 30 次,而後平躺,雙手用力往頭頂猛伸,50 次,再繼續仰臥起坐一直到做完 71 次;接著雙足打開與肩同寬仰臥,腳跟抵著墊被,開始轉身向左右扭身,先抬頭吸氣,轉身到底後,頭向下放鬆,面向地板吐氣,同時伸直手臂在背後,腳尖伸直著地轉身,每次轉身拉痛腰椎,如此左右各做 50 次,再平躺雙腳跟著地與肩同寬,雙手平放地上,右膝向左壓,幾乎著地,左膝向右壓,幾乎著地,扭腰並拉腹肌,左右各 50 次;

最後,平躺,左右腳交互各向上猛踢,踢到後腿筋痠痛各 50 次。如此約做 40 分鐘的運動,每天如此,從不間斷。也常在住所附近室外漫步行走,每次約一個小時,冬寒時,則在公寓走廊來回漫步五、六趟,每走一趟,就在門前走廊的扶手旁,抓扶手彎腰扭身踢腿數十次,如此而已。至於飲食,早餐喝咖啡牛奶 (以脫脂奶粉沖泡,加一小包 splenda 代糖) 一杯,及全麥土司麵包兩片塗以花生醬及果醬,或沖泡一大杯咖啡牛奶,加雜糧製成的早餐食品 cereal 約 4 抓在咖啡牛奶中,也吃煮泡的全麥片粥一大碗;中餐、晚餐則吃一般的白飯一小碗,佐以肉魚蔬菜等一般餐食,或任何麵食,例如水餃、肉包、饅頭或麵條等,偶而喝一小杯(約半鋁罐)白葡萄酒或輕淡生啤酒(兩人一鋁罐),常吃香蕉、柑橘類水果,在外工作時也常吃一般美國快餐或中式餐點,什麼都吃,並無偏食習慣,也無特別嗜好的食物,從不暴飲暴食,三餐定時定量,少吃零食。

我的消遣樂器　　　　　工作之餘,這些樂器也伴我共渡歲月。

Digital Piano 與 Keyboard　▲

(在臥房的一角，陪伴我的五種樂器，由左至右是：降 B 調 Clarinet, 電 Saxophone EWI USB, C 調 Clarinet, 降 B 調 Soprano Saxophone, C 調 Oboe (雙簧管) ▲)

(在臥室床頭，陪伴我的 Digital Piano , Keyboard 及音響設備) ▲

還有這掛在牆上的壁鐘，已經陪伴我渡過了十七個年頭！

（陪伴我十幾年"十年都不差一秒"的叮噹時鐘） ▲

當我在密西根鋼琴公司任職時，老闆娘 Mrs. Dan 喜歡逛 Garage sell，她尤其喜歡各式各樣的時鐘，古老的，奇形怪狀的，掛在牆壁的，放在地上的座鐘，都是一些不能動彈的古董鐘……，買回來就放在我們的工作場所，我也喜歡在工作之餘，試著去修整時鐘，幾乎她買回來的古董時鐘我都修好了，會動了，我也掛在牆上調準每一個時鐘的快慢；有一天老闆娘來，看到那些不會動的鐘都動起來了，高興得直嚷直跳，我就陪著她巡視那些修好的時鐘，正走到這個時鐘前，忽然聽到它叮噹叮噹作響，因為它那清脆的叮噹聲與眾不同，我不覺說出了一句：「I like it!」(我是說我喜歡那聲音) 老闆娘就去找了包裝紙，將它包起來送到我的車上，給我了，我雖極力解釋、推辭，它就是要送給我、犒賞我。從此它就一直陪伴著我，在我住的房裡，直到現在！

這個鐘雖在美國製造，卻是日本製的機器，以電池驅動的，一個大電池能走一年半，十年都不差一秒，我對過電視台的，電腦上的時鐘，十年來一秒不差，鐘擺也一直擺動著，只在我回台處理內人喪事的一個月裏停止擺動過一次，後來它又自動擺起來了，至今十年從未曾停過。

住這公寓十年，也在出外調音工作之餘，就在這 Living room 的電腦桌上，完成了十幾二

十部著作，最大的兩部都超過 3000 頁，全用電腦打字及電腦錄音：「客家語文有聲辭典、辭海」的更新版，和「客家語文聖經」及全本聖經的電腦錄音（舊約 32GB，新約 16GB），其他如：「客家語文文法」，「客家語文有聲讀本 100 課」，「客話諺語成語」，「客話漢字拾遺」，「聽聲看圖學客話」，「鋼琴調音恩賜」，「八十年移民路」等書的重新整理 COPY 及錄音，新的電腦都操壞了四部；現在還使用三部電腦和一部 iped2 。

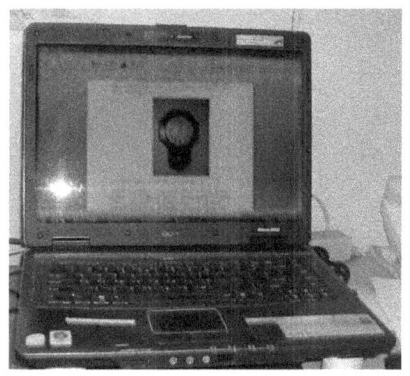

（這是現用的手提 Notebook acer 牌電腦） ▲

（這是 DELL 牌 桌上電腦及電腦電視兩用的
　　　SANYO HDTV LCD 18.5 ） ▲

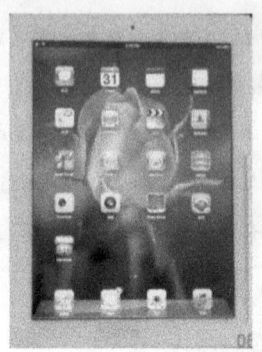

這是我多種用途的 ipad 2 ▲

這是我 ipad 2 中，用作鋼琴調音音準比對器的 cleartune ▲

（這是我的另一部小筆記電腦 ASUS Eee PC ▲）

（這是我的 Konica Minolta lacer 彩色印表機 ▲ ）

（以下這些電子書本都是重新整理的一些著作） ▼

五十八、適應第二度婚姻的秘訣

第二度婚姻沒有第一次新婚單純

再婚不是年輕時的初次新婚，而是各失去配偶之後的第二次婚姻，因此都有複雜的背景與過去：

1、各有過去舊有的婚姻關係：女方的夫家關係和男方的妻家關係，
2、各有已經成年並有家庭的子女，
3、各有自己的家庭經濟背景及兒女的家庭經濟背景，
4、各有幾十年來所積聚成的生活習性，
5、各有不同的嗜好，
6、接受過不同的教育，
7、各有不同的政治理念，
8、各有不同的宗教信仰。

基於聖經對婚姻的教訓

哥林多前書：丈夫與妻子

7:3　丈夫當用合宜之分待妻子；妻子待丈夫也要如此。
7:4　妻子沒有權柄主張自己的身子，乃在丈夫；丈夫也沒有權柄主張自己的身子，乃在妻子。
7:5　夫妻不可彼此虧負，除非兩相情願，暫時分房，為要專心禱告方可；以後仍要同房，免得撒但趁著你們情不自禁，引誘你們。
7:16　你這作妻子的，怎麼知道不能救你的丈夫呢？你這作丈夫的，怎麼知道不能救你的妻子呢？
7:39　丈夫活著的時候，妻子是被約束的；丈夫若死了，妻子就可以自由，隨意再嫁，只是要嫁這在主裏面的人。

以弗所書：妻子與丈夫

5:22　你們作妻子的，當順服自己的丈夫，如同順服主。

5:23 因為丈夫是妻子的頭，如同基督是教會的頭；他又是教會全體的救主。

5:24 教會怎樣順服基督，妻子也要怎樣凡事順服丈夫。

5:25 你們作丈夫的，要愛你們的妻子，正如基督愛教會，為教會捨己。

5:28 丈夫也當照樣愛妻子，如同愛自己的身子；愛妻子便是愛自己了。

5:31 為這個緣故，人要離開父母，與妻子連合，二人成為一體。

5:32 這是極大的奧祕，但我是指著基督和教會說的。

5:33 然而，你們各人都當愛妻子，如同愛自己一樣。妻子也當敬重她的丈夫。

歌羅西書：

3:18 你們作妻子的，當順服自己的丈夫，這在主裡面是相宜的。

3:19 你們作丈夫的，要愛你們的妻子，不可苦待她們。

彼得前書：

3:1 你們作妻子的要順服自己的丈夫；這樣，若有不信從道理的丈夫，他們雖然不聽道，也可以因妻子的品行被感化過來；

3:5 因為古時仰賴上帝的聖潔婦人正是以此為妝飾，順服自己的丈夫，

3:7 你們作丈夫的也要按情理和妻子同住；因她比你軟弱，與你一同承受生命之恩的，所以要敬重她。這樣，便叫你們的禱告沒有阻礙。

第二次婚姻，夫妻都要再接受對方的教育，從頭學起，不可固執成見，依據過去的習性，一意孤行。

接受第二次婚姻，

*丈夫就必須無條件接受妻子過去長久積聚下來的優點與缺點，同樣，

*妻子也要無條件接受丈夫過去長久積聚下來的優點與缺點。

　　因為：人總會有缺點，也難免犯過錯，人非聖賢, 孰能無過?

*丈夫更要學習妻子的優點，改掉自己的缺點 (妻子認為或大眾認為的缺點)，同樣，

*妻子也要學習丈夫的優點，改掉自己的缺點 (丈夫認為或大眾認為的缺點)。

　　因為：人一直不斷學習，學得更好，人往高處爬，水向低處流！

*不能一味固執自己過去的習性，堅持蠻幹：「我就是這樣，我已習慣了！你看不慣？」而必須聽取忠告，知所更改。

*遷就對方的思想、習性、嗜好，學習迎合對方，或許對方堅持的才對，而你所堅持的或許是錯誤的。

*做每一件事，都要站在對方的立場去想，都要考慮對方的立場：「我這樣做，對方將會如何想？他(她)會如何做？會影響她(他)嗎？」

*對方失敗時，你要安慰扶持她，給她精神支助，不可落井下石，去責難埋怨他，必須有難同當，有福同享。因為你們是一體的夫妻嘛！你不支持，誰支持？

*遇到困難要夫妻同心，向上帝禱告，將困難交託上帝，求祂帶領解決。因此要夫妻同信上帝。

歌林多後書：

6:14 不要跟不信的人同負一軛。"正"和"邪"怎能合作呢？"光明"和"黑暗"怎能共存呢？

*不要阻止對方去做對的事，多參與對方所做的事，因為對方已經做了，或決定要做了，你就試著與對方一起做，或許你也會悟出其中的美妙與樂趣。

*不要抹殺對方的優良嗜好，盡量去迎合他的嗜好，參與對方的嗜好，不論是運動的、食物的、消遣的嗜好，或許你也可從中悟出與她同樂的好處與樂趣，若對方有不良的嗜好，你當然不必迎合他，而是要設法引導他戒掉此一不良嗜好，要幫助他。

*萬一雙方意見相左，盡量先去迎合對方，再理性地與他溝通，千萬不可固執己見，鬧得不歡而散，要多在一起同心合意的禱告，將不同意見呈到上帝面前，求主裁奪。

*兩人相處，必須每天笑臉相迎，笑語溝通，尚未見到人就先聽到笑聲。兩人好不容易在

一起，何必臭臉相對、惡語相向呢？

*以寬宏包容接納對方，原諒對方無意的過錯，即使發現對方有小瑕疵，也不要小題大作借題發揮，務必容忍，大事化小，小事化無，避免無謂的摩擦，傷了和氣。

我的老伴兒 - 春坊從 2001 年 8 月與我相識、2003 年 8 月結婚以來，十年了，我倆就憑依上述這些相互尊重、互相教育，彼此容忍，相處融合，一直相敬如賓，每天笑臉相向，從來沒有磨擦過。這當然與我倆的信仰有關，我倆認識以前，她並沒信上帝，認識之後，我開始向他介紹聖經、上帝、耶穌、教會......，向他傳講我所信的福音 - 好消息，結婚之後一個月，她受洗歸主了，我倆同負一軛已經九年，每餐飯前一同禱告，每個主日一同上教會，每有難題我倆會隨時同心禱告，將難題卸給上帝，目前為止，她告訴我說：「我所禱告向上帝祈求的，除了房子還沒給我，祂都照我所禱告的給我了！」哈利路亞！上帝真是信實的神，祂在聖經中說過：

約翰福音：

16:23 「在那一天，你們不向我求甚麼。我鄭重地告訴你們，你們奉我的名，無論向父親(天父)求甚麼，他一定賜給你們。

16:24 直到現在，你們並沒有奉我的名求過甚麼；你們求，就得到，好讓你們的喜樂滿溢。」」

路加福音：

11:9 所以我告訴你們，你們祈求，就得到；尋找，就找到；敲門，就給你們開門。

11:10 因為那祈求的，就得到；尋找的，就找到；敲門的，門就開了。

11:11 你們當中作父親的，有誰在兒子要魚的時候，拿蛇給他？

11:12 要雞蛋的時候，拿蠍子給他呢？

11:13 你們雖然邪惡還曉得拿好東西給自己的兒女；那麼，你們的天父豈不更要把聖靈賜給向他祈求的人嗎？」

老伴兒回台灣我在美國，我倆不在一起時，就靠 skype 面對面相談，往往 skype 尚未全開，就先聽到她的笑聲了，她在美國住女兒家時，我們靠手機連絡，也一樣，手機一開，一定先聽到對方的笑聲，才開始談話，如此，怎麼會鬧意見磨擦呢？感謝主！保守我倆一直在主裡相互關愛著，相互扶持著，賞賜給我們有這樣的智慧相互教導，得以如此和諧！

她樂意接受我的嗜好，例如我吹簫、吹 Saxophone、播放大聲的音樂、買樂器、買 CD，她從不會厭煩我吹奏樂器吵人，不干涉我買那麼多樂器，只淡淡地說：「你有那麼多嘴巴吹嗎？」我整天坐在電腦前寫我的東西，她也從不 complane，她知道那是我的嗜好，我喜歡的事，她不但不討厭，還幫我錄音錄影，靜坐聽我吹，也看我在電腦上所寫的，喜歡我所寫的，將我寫的每一本書都要求燒錄在她的卸除式硬碟裡，偶而看看，也留著做紀念。我也學習她、參與她的嗜好，我雖完全不懂她日以繼夜所操作的電腦股票，半夜一兩點了，還亮著燈在電腦前埋頭苦幹，我也會在半夜醒來時，輕聲關心問她：「還在埋頭苦幹？」這樣相互關愛、相扶相隨的夫妻會鬧意見嗎？會磨擦嗎？會翻臉嗎？我想這就是相互受過教育的結果吧！

五十九、補遺及攬結

1、貧窮孤零的童年

從我三歲有記憶的時候起，家父與家母就帶著兩個姐姐、哥哥和我住在一處清水小溪旁一個泥石堆砌的土丘、家父搬平後所建造的"穿鑿屋"裡；所謂穿鑿屋，就是將大直徑的長刺竹筒，鑿以圓孔做屋柱，圓孔穿入"堂枝竹"串連成屋牆，再剖竹片，織成四扇糊上泥漿的牆壁、蓋以茅草、稻草屋頂的簡陋房屋。

穿鑿屋四周的泥石地上父母種有十幾棵結實累累的木瓜樹，這些木瓜就是我家大小賴以維生的三餐糧食 - 青綠的木瓜削皮去子、刷切成籤，煮熟當飯，成熟黃甜的木瓜，則切塊沾鹽為菜；以及家父在門前小溪流上所築的魚梁（一種使溪水流過，留魚蝦在梁上的捉魚梁架），每天可獲新鮮小魚蝦燜鹽為菜，這樣一直供應我到十五歲。

窮酸的幼年時光，飽受鄰居的冷眼欺凌，兒時就只有低聲下氣面對附近的鄰居，小心翼翼去應對，也因為鄰居多為北部搬來的、講話不同腔調的，又住在五百公尺遠；因此我幼時沒有鄰居的小朋友玩伴。我的玩伴就只有家裡飼養的土狗和牛，每天放學後帶著土狗，牽牛出去吃草，教牛不准吃田邊的稻秧蔬菜，萬一不小心吃到一口不該吃的稻秧或蔬菜，就得跪下接受處罰，我的牛會聽我的教誨，一如牠不小心吃到路邊的禾稻或蔬菜，

不敢走過的小橋，或拖不動太重的車，牠就會立即在橋前下跪，在拖不動時下跪，也下跪讓我容易爬上牛背，騎在牠背上，就像教育小學生一樣，他都聽懂，有一次我騎在牛背上，牠忽然跳過小水溝，我沒注意，突然跌落地上跌斷了小手臂，牠立即下跪請罪。至於我家那隻土狗，也聽我的教誨，我放牛在廣闊草坪上吃草時，我教牠咬住牛索將牛拉回來，幾次以後，牠就懂得將牛拉回我的身邊來，尤其牠那敏銳的聽覺，每當我放學回來，從很遠，牠只要聽到我的口哨聲，就會立即飛奔到我的跟前來迎接我；再真誠的的玩伴也不過如此吧。

讀小學期間，家父一直是我的嚴師，因為他也是讀書人，懂得讀書要領；要求我讀書寫字必須零錯誤，每次考試必須得滿分，當我不小心沒有考得滿分，就會嚴屬令我出去再讀，等讀得滿分後再回來，因此.每每牽牛吃草，我都手不離卷，或自己在郊外讀書不敢回家，常由家母尋回。也因此在小學的成績名次常居首位，這在我讀大學時，整理小時候的成績冊,才發現竟有 80/1 的名次記錄(全班 80 人中的第 1 名)。

2、幼時最怕的三件事

年幼時，我最怕三件事：其一是冬天的洗澡。因為居住穿鑿茅屋，浴室又正在竹篾牆壁四面透風的角落，還必須坐在石頭凳上洗澡，夏天在這浴室沖水洗澡，尚稱涼爽舒適，可是冬天的洗澡就要我的命了，開始脫去衣服時，冷風颼颼已經使人畏縮發抖，坐在冰冷石頭上舀水淋身，那寒風刺骨的感覺，更是如臨大刑；年幼時，我的洗澡必須自己提水到大灶大鍋上，自己生火燒熱，然後舀入提桶中，提到浴室，再從水桶舀水洗澡，那一連串的提水入灶、生火燒水、舀水入桶、提桶入浴等動作，已經使年僅四、五歲的我備感吃力、不勝負荷，還得咬緊牙關，忍受雪地裡淋水般的冷風吹襲，簡直就像在空曠的雪地上吹冷風又淋冷水一樣的難受，怎不使我畏縮害怕？

其二是剃頭，當時，所有男孩子都必須剃光頭髮，又適逢缺乏鋒利剃頭刀的時代，頭髮長了，就必須被逼，夾在大人雙膝之間，以不鋒利的剃頭刀，刮西瓜頭，忍受滿頭血淋淋的痛楚刑罰；當時的台灣正值日本統治末期，日本政府為了鑄造軍隊的槍砲，搜括了所有民間的鋼鐵用具，只剩一把切菜刀，當然就沒有鋒利的剃頭刀可供剃頭，剃頭前，雖賣力磨刀，奈何剃頭刀只有鐵沒有鋼，怎麼去磨都磨不鋒利，剃頭就只得半削半拔，剃好的頭也就東一撮西一撮，剃不乾淨；後來雖改用髮剪來剪髮，但也因為不鋒利，剪髮時常夾住頭髮，半剪半拔，仍然滿頭血淋淋，痛楚難堪，我因此視為畏途。

其三是冰冷冬夜的隻身上床：在冬冷時每夜的隻身上床－那冷冰冰的竹床草蓆以及麻袋縫製、不夠暖和的被子，在四面透風牆壁的房間裏、沒有暖烘烘的軟床棉被，又要飽受從蚊帳破洞鑽入蚊子的襲擊，一直忍受到蒙頭入睡，每夜如此。

3、坎坷路途的初中

當時日本統治的台灣，因為日本戰敗，台灣的小學在我六年級剛開學不久，學校就關門了。台灣剛從日本的教育轉換成台灣光復後的中文教育，第一屆的初中就在我小學尚未念完，尚未畢業時開始招生了(七月小學才畢業，三月初中就招生了)。小學導師就在此時為我報考鄰鄉的第一所初中－實踐女子中學兼收男生的初中；考取之後，又因為路途中的兩座橋梁毀於大水，無法過河，乃冒險走一公里長的火車鐵橋上學，兩年中走過鐵橋上下學，險象環生，直到初二下，一次滿橋面的大水，當我放學歸途中，爬完滿了大水的鐵橋時，挨了母親一巴掌，就斷絕了初中的課業，母親謂：「公路橋沒修好前，不准再走鐵橋上學！你會喪命橋下！」此時家兄正好屏東師範畢業回來，就回校為我報考屏東師範，幸蒙錄取，才得繼續升學，轉變了不得繼續初中學業的厄運。

4、就讀師範學校，學得一切就業本領

十五歲那年，開始了另一種教育、另一種生活及另一個世界，之前的初中兩年，因為改朝換代，剛從日本的教育轉型過來，既沒有正統的師資－以不同語言、南腔北調、沒有上軌道的臨時教材授課，我這兩年幾乎是白念了。入學師範，因為是公費又住校，免繳學費，連食宿費都免繳，我就立時從地獄爬上了天堂，之前十五年沒有白米飯、四面透風的穿鑿屋，不得溫飽、沒有書念、學不好正統語言等的世界都改變了。記得第一次到宿舍澡堂洗澡，那溫暖的舒適感，至今猶覺溫馨；第一次吃到白米飯，簡直就像上了天堂，住在學校安排的宿舍，有舒適的榻榻米床有寬敞而新的蚊帳，有書桌衣櫃，四面玻璃窗，從沒住過這麼舒服的房屋；讀書的環境、師資的高水準、尤其開始的語言文字課程，更是多采多姿而嚴格；我就開始埋頭用功，努力學習，這麼美好的學習環境，此時不學待何時？就這麼四年，我學得了所有一切謀生的本領，舉凡將來教學用的標準語言－北京話，教學需要的琴唱書畫、體育、球類、游泳技能，甚至今日仍在繼續受益的鋼琴調音技術，都是在這四年中學得並磨練而成的。

5、教小學的三年

師範學校畢業的學生，必須接受教育廳委派到小學實習教學，我被派到高雄縣林園國小，當時一起派去的有兩個男生兩個女生，因為都是外鄉來的客家人 (是該鄉的異族人)，女的較為弱勢，我就擔負起領導責任，常為她們出主意，幫他們解決問題，也因為在師範所學得的專長，不但都能勝任愉快，還扭轉了該校長久積聚的一切頹風；有一天因為屏東師範的校慶，我們這四位新來的畢業生都請假回校慶祝，次日校長就對我們說：「昨天你們不在學校，全校都停擺了，也就是說學校不能缺少你們了！」

在這實習三年的第一年，因為擔任六年級的畢業班，認真教學，又努力為學生課後補習，學生畢業後考取省立中學的人數，打破了往年的最高紀錄，過去學生考不取好的省中，今年卻考取很多，考取的學生家長就聯合打造價值連城的"金牌"酬謝我！因為我在課後為他們的補習，沒有收取任何補習費。

也在任教實習的第二年，校長聽到我說的北京腔－標準國語，就私自為我報名參加全縣教師組的即席國語演講比賽，得冠軍後，又立即搭乘夜快車北上，到台北第一女中參加次日全省的教師組即席國語演講決賽，當時抽籤的次序，我抽到第一號上台，全省有22個縣市 22 位代表，第一號立即抽演講題目，五分鐘後上台，依抽到的題目作十分鐘即席演講，結果又得到第一名；屏東師範學校校長立即來電報賀喜；為了飲水思源，我就將獎牌呈送母校，感謝栽培之恩，學校將此獎牌、個人照片及得獎事蹟公布在禮堂達三年之久。比賽完畢回鄉回校(任教的小學)時，全校師生列隊在車站歡迎，一時鑼鼓鞭炮聲喧天，同事將我扛在肩上，樂隊前導，遊街回校，又設慶功宴慶祝，這英雄式的歡迎行列，一時成了當地的一則大新聞。(下面將當時所寫的一篇：參加台灣省第七屆國語演說競賽始末，抄錄如下) ：

"參加台灣省第七屆國語演說競賽始末"

在台灣，直到 1953 年 11 月 18 日（台灣省第七屆國語演說競賽之日）為止，土生土長的台灣人，才剛開始從日本的統治教育轉型過來，剛接受中華民國的教育不久，一切教育設施、教育制度、教育人員都尚未步上軌道，對"國語"教育，更談不上就緒，（台灣從 1894 年割讓給日本統治，到 1945 年日本戰敗投降，歸中華民國統管，台灣人接受日本的統治教育長達 50 年）；又因台灣的學校教育剛從日本人撒手離去，所丟下的爛攤子中，重新拾起來繼續經營，一切還摸不著頭緒，剛剛接收的國民政府又千頭萬緒，百廢待舉，學校的語文課教學，就由大陸來台的和台灣本土的南腔北調方言教師濫竽充數（台灣雖然已經舉辦過六屆的國語演說競賽，但一直就因為南腔北調的中國方言，停留在不純正的國語中）；台灣人也因此一直還沒有接觸到純正的國語。

直到 1949 年,筆者考入屏東師範學校，學到純正的標準國語文教育，才意識到何謂"中華民國國語"！。雖然中華民國在孫中山先生推翻滿清，成立中華民國後的第十一年(1922)，教育部就已經制定北京地區高中以上程度的人所說的語言為中華民國國語，並已經過了 30 年； 但台灣因為日本統治了 50 年，加上台灣人本來就使用閩南話、客家話及原住民等自己的母語，又距離中國大陸天高皇帝遠，就一直與所謂的"國語"沒有接觸，完全不知何謂"國語(北京話)"？也因為國民政府初來接受台灣的先驅部隊，政府官員等，多使用中國各地的複雜方言，在學校，才會隨便以那些"南腔北調的中國方言當作國語"；後來，教育制度漸漸上了軌道，台灣的教育部、教育廳才通令各級學校必須使用標準國語教學（就是中華民國十一年(1922)，教育部制定的北京地區高中以上程度的人所說的語言，也就是滿族人：愛新覺羅氏進入北京稱帝(1644)時起，兩百多年來，在北京地區所形成的、滿語與漢語結合而成的 Mandalin (滿達令)(滿清政府布達命令所使

用的語言或滿清政府官員所用的官方語言)–(國語)。

筆者考進屏東師範時,才十五歲,才念完剛剛由日本轉型過來的、初期的初中二年級(這兩年初中,因為剛從日本人手裡接收過來,初中剛剛初設,日據時代的台灣沒有這種初中,因此初中教育還未成形,簡直不知在教什麼 ,我們也根本不知道什麼是 "國語",沒有接觸到標準國語,甚至還聽不懂國語。

屏東師範的語文課,有國語和國文兩科,國語課有三位從北平(北京)來的老師 – 趙伯雲老師、金志輝老師和金皓老師。教我們一班的是趙老師,而教我們國文科的是張素筠老師;剛入學的新生訓練時,學校就強調說:這是小學師資的訓練學府,你們將來是國家未來主人翁的教導老師,要知道「誤人子弟,如同殺人父母」這個道理。 因此, 我們要向「零錯誤」的教育目標邁進,將來你們教學生也必須做到「零錯誤」。國語文的老師更接著在第一節上課時強調:我們教學生時,第一個接觸到學生的、每天使學生耳濡目染的,就是教課時的「說話」並在黑板上以及在批改學生作業簿上的「寫字」,也就是說,當老師不能以說話及寫字的錯誤,誤人子弟。為此,我們的國語課和國文課教學,也必須達到「零錯誤」,使同學們也學得「零錯誤」。因此, 我們規定國語課:念錯一個音或注音注錯一個音,國語課就是零分。國文課、作文課:寫錯一個字,一張考卷或一篇作文,也以零分計算,大家必須有心理準備。

如此,學校對我們的國語課、國文課、作文、寫週記,就非常嚴格,一發現念錯音、注錯音或寫錯字,必定賞賜 "零分" 無疑。如此四年的魔鬼訓練,鐵杵也磨成針了!但是上帝創造我們每個人有個別差異,各人的先天條件不同,總是有高低之分,不能人人都一樣,就以學國語來說,因為先天聽覺的恩賜不同,說話器官的發育不同,不能人人都能學得一口純正的國語,而且有人具有說話的恩賜,有人就沒有。

記得我們在畢業前夕,省教育廳就曾統一出題 - 國語文會考, 並派人來校監考 (避免授課老師放水),學生若考試成績不及格,不得畢業,學生平均成績若低於七十分,學校授課老師還要連帶受到處分。因此,考試當天,上自校長、國語文授課老師,各班導師,下至每一畢業生,都繃緊了神經,參加這教育廳的國語文會考, 校長還一個一個在學生交卷時親自收卷,查看每一學生的答卷情形,記得當我交卷時(約在一半學生交卷後),校長看過我的答卷,並說:「你是第一個考得滿分的!」我有幸,上帝賞賜一付好的聽覺與清晰的口齒,能學得老師所說的純正國語,也能發出與老師一樣正確的發音,老師還說,全班中只有一、兩個 !

這次的全省第七屆國語演說競賽,是在我師範畢業後,教小學的第二年,全校老師旅

行回來，校長忽然通知我：「明天你要參加全縣的教師組國語演說競賽，我已替你報了名！」我回答：「為何選派我？而又沒早幾天通知我？」校長說：「我因為聽到你一口標準國語，就替你報名了，反正那是即興演講，講題是臨時抽籤決定，即時上台演講的，無從準備，以你講的國語也無須準備，不成問題的」。就這樣，我參加了在鳳山，縣政府大禮堂舉辦的高雄縣全縣國語演說比賽，這一比賽有小學組、中學組、社會組、山地組及教師組，教師組在最後比賽，講題當然離不開指導學生方面的教學範圍，容易發揮，結果得了第一名；縣府並要每組的第一名，當天就搭夜車北上(從高雄到台北)，參加次日的全省第七屆國語演說競賽，我連外套都沒帶，次日清早到達台北時，氣溫很低，還臨時買了一件夾克禦寒，比賽地點是在北一女的大禮堂，到達時已經有不少人在那裏，我們報到後，主辦單位要我們參賽者抽籤上台的次序，很不幸地，我抽到了第一號，全省22個縣市，有22位參賽者，我必須第一個上台，立時使我覺得不安，心想第一號上台演講，若後來的21個參賽者中，出現略微凸顯、講得比我出色的，在評審的印象中，就要掩蓋我這最初一個參賽者，越到後來，在評審的印象中，最前面的參賽者就越被淡忘模糊，最後，第一個參賽者一定名落孫山。 正在胡思亂想時，主辦單位又廣播了：「第一號開始抽演講題目，五分鐘後上台！」我即使有一百個不願意，也不能不去抽了！倒霉！抽到的題目竟然這麼長，而且與我的專業沒多少關連：「如何指導學生協助推行社會改造運動？」 並告訴我演講時間10分鐘，9分鐘時按鈴通知，十分鐘一到，就按鈴制止。只有五分鐘！我只能想想如何開頭？分哪些大綱？分幾段？如何結束？不能多想了！又廣播了：「第一號上台！」

　　我從容地上了台，眼前烏合之眾，樓上樓下亂糟糟、熱烘烘，沒有擴聲器，得靠自己大聲的壓制吵鬧的聲音：「我是第一號！」略作停頓，似乎安靜了，「我的講題是…」，我忘了講題，但似乎在故意停頓，暗示聽眾安靜，左手伸入褲袋中取出剛才所抽到的題目：我照念了兩遍，然後打開了話匣子，台下似乎鴉雀無聲，我自覺還講得滿順暢的，抑揚頓挫也很得體，從過去所學：有多少聽眾在場，就必須發出多大聲量，使全場聽眾都聽得清楚，我也做到了，九分鐘時，聽到了鈴響，然後圓滿結束了！感謝主，終於卸下重擔下台了，我嚐到了什麼是最快樂的滋味－責任完了最快樂！回到座位，五味雜陳，仔細聽那些接下去上台的參賽者，個個字正腔圓，口若懸河，而且女多於男，女聲圓潤清晰，又有女性的特色，更看到她們都有一兩位幫手，在幫她們寫稿、提供重點。心想"完了！"自己單槍匹馬，又是第一號的男生，早就被她們掩蓋過去了，評審早淡忘了那最早十分鐘所講的東西了！ 好不容易22個參賽者都講完了，自己平心而論，她們都不遜

色,沒有一個失敗下不了台的,心裡開始擔心,剛才賽完的幾組:山地組、高雄縣的參賽者已經得了第二名,社會組已經得了第三名,小學組得了第四名,中學組也得了第五名,都在前五名,而我準是名落孫山的,臉該往哪兒擺呀?以後將如何面對學生、同事?該如何回去面對那麼信任我的校長? 這時有人上台報告了:「教師組正在統計成績,請大家稍候!」我實在坐不住了,心中的吊桶七上八下,腦中一片模糊,只想著失敗了!回去要如何交待?........ 又有人上台了,「現在報告教師組比賽結果:第一名高雄縣,劉ＸＸ............」這時,坐在身邊的領隊,正在催我穿外套,並說:「準備領獎啊!還在發呆?」我真的還在發呆:「不可能啊!每一個參賽者都比我好哇!怎麼第一名會是第一號的我?」領獎了,頒獎替我抬獎品下來的兩位是總統副總統級的嚴家淦先生及謝東閔先生,他倆合力把沉重的鏡框、獎品、錦旗等抬下來要我承接,就在我伸手去接時,集中的鎂光燈把我嚇醒過來了,從來沒有過如此閃亮的燈光對我,我們三人合抬這些獎品放到台下的桌上,這時,一大群的新聞記者一擁而上,這個一句那個一句採訪我學習國語的經歷、時間、地點、老師、心得等等,一時被包圍得水洩不通,好不容易應付完了記者們的採訪,這時全場聽眾也都散了,我一看,那麼多的獎品如何能帶回去?也看見同來的四位代表,雖也得了五名以內的獎,但多半是錦旗與小獎品,就開始將得到的獎品分配給他們幾位。在天黑前,皆大歡喜,大家都滿載而歸。回到住宿旅館,母校－屏東師範的張效良校長及時來了一通賀喜的電報。 校長的關懷使我特別感動,乃決意將最大的獎牌送回母校－屏東師範,以表飲水思源,感謝教導之恩。(這一獎牌連同母校為我撰寫的得獎事蹟、照片等,曾懸掛在大禮堂達三年之久)。第二天一早,昨天各大報的採訪記者,就送來他們採訪在各大報的報導:「這是中央日報有關您得冠軍的報導」,「這是中華日報的頭版報導」,「這是台灣新聞報的報導」,「這是新生報」,「這是國語日報......」我收到台灣各大報紙對昨日比賽的實況報導。然後就是滿面春風的回鄉了,回到任教的林園車站,人山人海的擠滿了人,鑼鼓喧天,鞭炮響徹雲霄,還有吹奏樂隊的鼓樂聲......,原來全校師生在車站列隊歡迎!同事們抬我拋在空中,然後扛在肩上遊行林園街道回到林園國小,並在學校辦了幾桌慶功宴,怎麼會是如此英雄式的盛大歡迎呢?!只不過是平常的一場比賽嘛!

第二年,應召入伍接受四個月無周末、無禮拜日的嚴格軍訓,入伍體檢時,卻因為身體虛弱遭到不能入伍的淘汰,(因為一整年為學生的課後補習,誤了伙食團的晚餐時間,以致長期餓肚子過夜,營養不良),軍營以身體不堪接受如此嚴厲的訓練為由,拒我於訓練

門外,要我回家,免受此訓,但我以已經接受眾親友的"光榮入伍"彩帶,無臉回鄉為由,懇求留訓,訓練單位說我三天就會累倒,無法繼續到四個月結訓,我堅持要接受訓練,即使倒下了,仍然會堅持下去;結果我不但撐下來了,還每個月為我換軍裝(身體越粗壯、越結實、穿不下了)換了四套,還派我擔任示範兵,翻譯官(三種語言的),從連部、營部、團部翻譯到師部的翻譯官,以及音樂教官(唱軍歌)……,這嚴格訓練進行到第三個月時,連長、營長、團長及師長都開始逼我,要我每次考試都保持第一名的成績,直到結訓;但在期末考1600公尺全副武裝障礙超越測驗時,因右小腿生疔瘡,鼓膿流血,小腿腫脹,連長、營長、團長都到場關心,替我紮綁腿,再次叮嚀:「目前為止,你的全期總成績積分保持第一名,現在這最後一個測驗,你務必搶到第一,保持總成績第一」,結果,我1600公尺跑完時,右腳綁腿已經流滿了血,暈倒在終點,被送醫急救。在醫院,幾個"長"都來看我並告訴我:「你終於不負眾望,得到第一名了!」;結訓時,軍中報紙登上了頭條:「一個入伍時,體檢不合格,險遭拒絕入伍受訓的士兵,結訓時卻得到全期總成績第一名,卓著的訓練成果,使他身體茁壯,體重四個月後就增加了13公斤」。

第三年,得到屏東師範和教育部的聯合甄選,保送師範大學深造,畢業後,更得到了林園鄉民:教小學的蔡麗溫女同事為妻,成了林園鄉民的女婿。

現任美國著名大學－耶魯大學東方語文學系的系主任孫康宜博士,就是當時我在林園國小教過的班長學生。

6、記念敬愛的嫂嫂

我的嫂嫂,十八歲嫁入我家,其實,是以花轎,無聲無息地、沒有儀式地、無人知曉地、急急忙忙地抬入我家,就連、當事人－家兄都沒有事先知悉,主要原因是因為,日本徵募家兄次日就必須入伍服海軍役,嫂嫂的媽,知道家兄要入伍,就託媒人與家父連絡謂:願將女兒嫁給家兄為妻,入伍前給家兄留種接代,並幫忙料理家務,(當時日本徵兵入伍的男子,就是送入軍隊充當砲灰,一去不回的),家父為感謝親家母的好意,就答應趕時間在入伍前夕抬回來做媳婦的。記得當日家兄與我在蓮霧樹下納涼,忽然看見花轎抬入我家,非常錯愕,並有人叫我速速捧托盤到轎前,拜請嫂嫂下轎,我兄弟倆這才知道是怎麼一回事。家兄入伍後,音訊全無,嫂嫂就常常以淚洗臉,我也常陪她流淚,陪她做

工,與她作伴,當時我尚年幼,因為家中沒有壯丁,她必須單獨到田中工作,做飯煮食,當時家母與我又都在病中,有一日,我黃疸病弱,無法下床,嫂嫂就揹我步行半個多小時,尋求醫生醫治。她疼我視如己出,從她嫁入我家,直到她逝世,每天早上的洗臉水,傍晚的洗澡水從不短缺,也侍奉雙親至孝,甚得父母歡心。家兄在日本戰敗後解隊回來,接著又響應台灣光復後,政府積極儲備小學師資的計畫,投考屏東師範學校,就讀師範學校,嫂嫂就一直單獨肩負起家事、田事、奉養親老、撫育幼小的重任,一直到我十五歲,初中二年級結束。這段期間適逢日軍參戰末期的苟延殘喘時期,參戰的日本軍隊缺乏軍械馬糧,就迫使台灣老百姓繳交鐵器、糧食、種蓖麻採蓖麻仁供應軍需油料、割草曬乾擠壓成方塊,繳交為馬糧,每天有憲兵或警察來家掘壁挖地,探查有無私藏糧食,吆喝謾罵,氣勢凌人,我們生不如死的生活,全家既已囊空如洗,還得忍受狗軍的凌虐,三餐只能以木瓜裹腹,嫂嫂與家父每天被迫割草、曬草、種植蓖麻、採蓖麻仁、繳交規定數量等的繁複工作,直到日本無條件投降。我從小學挨到初二下學期,考上屏東師範學校,我們全家一直沒有吃到白米飯。我們讀師範都住校,學校有免費而足夠的飯食,有溫暖的澡堂,我於是上了天堂似的,補足了營養,一個學期就長高了一個頭。家裡也因為家兄師範畢業,在家鄉小學任教,有公教米糧的配給,有薪水,生活有了改善,稍稍脫離了一直窮困的窘境。我讀師範,畢業後在他鄉任教,而後再升學,服兵役……十幾年中,偶而回家省親,嫂嫂總把珍藏的、家裡種的芒果、好吃的東西都留給我吃,還做些我喜愛的粄食給我吃,一直呵護我如同小皇帝。記得嫂嫂剛嫁入我家,每夜摸黑如廁,因為沒有燈火、她怕黑(因為人地生疏,環境不熟),家裡又沒人與她作伴,就只有央求這小叔,陪伴她走入豬欄盡頭的豬糞坑(我們的廁所,就架兩塊木板在豬糞坑之上),我就在廁所附近,以聲音陪伴她如廁:「屙好矣嗎?還愛幾久?我在這裡,你還在等我嗎?不要走開唷!……」嫂嫂與我就這樣相互扶持、到離別。後來我回鄉任旗山高中及美濃初中的教職,我最後與嫂嫂哥哥同住了幾年,最後我移民阿根廷,嫂嫂的逝世沒能為她送終,這是一生最大的憾事。

7、在美濃初中任教五年

美濃是自己出生、生長到十五歲的家鄉,雖然剛畢業時已經接受鄰鄉中學的(自己就讀兩年的初中)聘請,但預備軍官一年半的軍訓結束後,以前任教小學的同事-楊志華校長升任美濃初中校長,要我調回自己家鄉任教,幫他經營自己家鄉唯一的中學,盛意難卻,

我就辭去鄰鄉的教職應聘了。

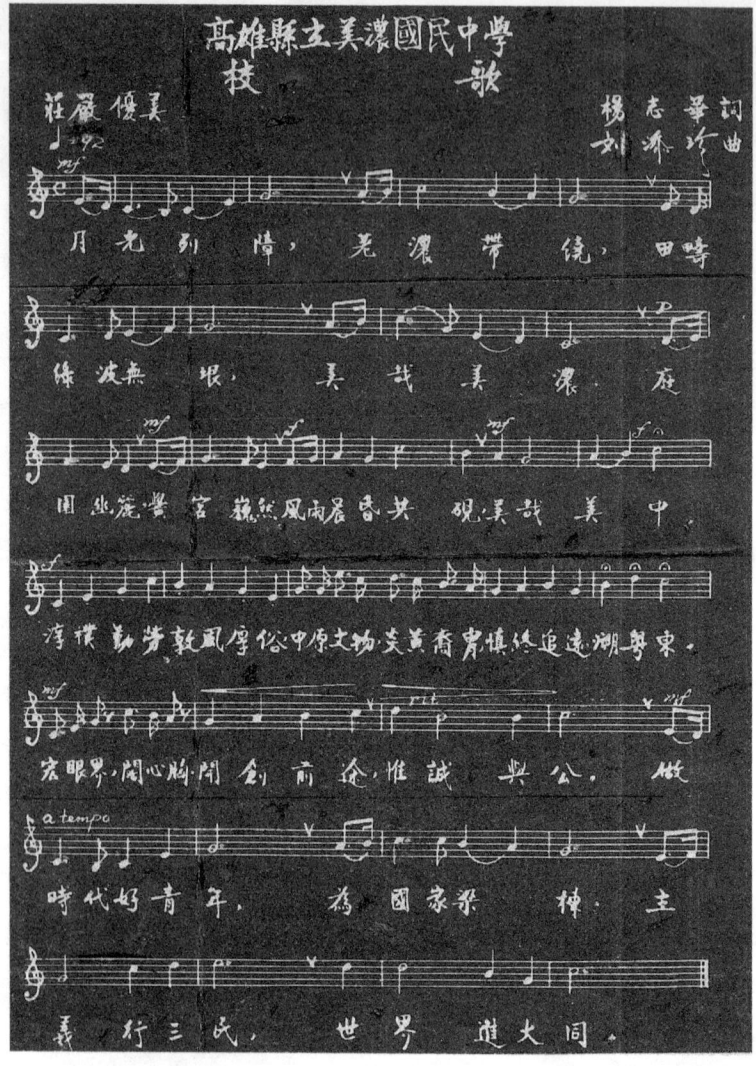

在這五年當中,楊志華校長(美濃初中創校以來的第二任校長)曾為學校撰寫了校歌歌詞,他指名要我為他所撰寫的校歌歌詞譜曲,雖經我多次推辭,要他聘請名流名家譜曲,但他堅持說:「你是本地唯一學音樂的、本校現任音樂課教師,由你來譜曲不但意義深重,乃是理所當然的!」,我無法推辭,就答應試試,並說等我完成譜曲之後,會敦請屏東師範學校的張效良校長指正 (因為屏東師範和台南師範兩校的校歌都是他譜曲的),也會回師大徵詢和聲學張錦鴻教授的意見;等我譜好試唱給寫詞的楊校長一聽,他即刻

表示不必再徵詢他們的意見了,「這正是我寫詞之時,心中流暢的曲調哇!」之後我還是拿給張校長和張教授看了,他們吟唱琢磨之後,也都聲讚嘉許並點頭認可了。

  (這是 1962 年譜曲的美濃初中 - 現在改為美濃國中校歌,自己手寫並登錄在歷屆畢業生紀念相冊上的原譜 ▲)

這校歌到目前為止仍然使用著,並每年仍然刊登在畢業生紀念相冊上,這張原稿就是家兄還在世時,從她長媳癸香的畢業紀念相冊上剪取,寄到美國來給我,再經我 Scan 到這篇文稿中來的,時間過得好快呀!譜曲到現在已經滿了 50 年了!(因為原稿業已經過多次照相再版(為要刊登在每年的記念相冊上),版面已非原版手寫時的清晰,有些字跡、標點符號及音符的"附點"已經模糊或脫落不明了。

在這五年裡我都擔任全校的音樂課和吹奏樂隊的指導,教過的學生當中,有不少出眾的人物,像留學英國的農業博士,果菜稻穀傳種 DNA 專家,台灣大學農藝學系、研究所教授謝兆樞博士。台灣警察界高官劉勤章,警察大學畢業,歷任台東縣、台北縣、桃園縣警察局長,警察專科學校校長,警政署副署長等職。蕭盛和老師:國立台灣師範大學歷史研究所碩士,道明中學、旗尾高中歷史教師,高雄縣客家文化教材編輯委員,行政院客家委員會諮詢委員,對客家文物有深入研究具非凡貢獻。

在美濃初中任職,還有一事值得一提:有一年學校延請屏東師範學校張效良校長蒞校演講,因為美濃初中的畢業生考取屏東師範的最多,學生都仰望屏東師範的校名,學校就特意請他來演講。張校長帶著一本黑色相簿上台,他向全校師生宣布:「今天來貴校演講,首先要給各位介紹一位我們屏東師範的畢業生,現在就在貴校任教的一位老師 - 優秀老師,也就是貴校校歌的作曲者劉ⅩⅩ老師,我現在手上這本厚厚的一冊剪貼簿,是本人親自剪貼的劉老師專輯,從他考進屏東師範,到目前為止,所有登在報紙上的事跡剪貼,先聲明都是好的事跡,我會放在圖書室供大家參觀,而後再交給劉老師留存。今天我只簡單提出印象最深的兩件事:劉老師在屏師學生時代,是學生吹奏樂隊的隊長,有一次遊行時,他們吹奏日本的軍艦進行曲,我知道一定是他將此曲譜拿來教樂隊吹奏的,因為當時市面上缺乏吹奏樂隊的曲譜,必須自行編譜,自己教隊員吹奏,回校以後我叫他來校長室,問他怎麼可以吹奏日本的侵略歌曲?他卻答以:那不是侵略歌曲,而是世界

名曲,我一時因為無從查考,被他唬過去了,就沒處罰他。另一件事是他畢業後在小學教書時,參加全省國語演講比賽得教師組的第一名,這是屏東師範得到這殊榮的第一位,很不簡單,當時他是第一個上台的參賽者,在22位比賽者都講完之後,他仍能得到第一,因為他有真實力,我就將他的得獎事蹟,張貼在禮堂,給後幾屆的學生為模範。」後來我看了那本厚厚的剪貼冊,有許多報導我自己都沒看過的,之後因為我帶內弟投考屏東師專,在校長室外走廊上與一位老師談話,校長在校長室聽到,隨即叫我的名字(畢業十幾年後),要我談完後進來校長室一談,我也趁機問過張校長,是否每一學生他都剪貼,他卻說:「沒有,只有你!」那本剪貼冊在我離開美濃時是送給了我,但在出國時,所有證件及重要文物都在台北的颱風夜,全浸水被毀了。

8、五福國中任教十年

辭去美濃初中的教職,是因為一次省議員參觀團來校參觀,校長要全校老師停課,到校門口排隊拍手歡迎,並廣播要我集合吹奏樂隊到校門口歡迎,我不聽也不從,繼續上課,校長跑到我上課的教室來,氣沖沖地問我為何不帶吹奏樂隊出去歡迎?我沉住氣應他:「要拍手你自己去拍!現在是上課時間,我不能放開學生,讓他們大鬧,而到校門口拍手歡迎!」我極為不滿校長這種奉承的虛偽作為,憤而告訴他:「我不想在這小環境中做大英雄而要到大環境中去做小英雄了!」就這樣我辭去在美濃初中五年的教職,應聘高雄市的第十二初中(次年改為五福國中)了。另一原因也因為內人結束在美濃的生意,賣出美濃的置產,將此款悉數交給她的二嫂去還債(她以就職銀行的款項,借給友人周轉而被倒閉),買下了她在高雄市巷子中的半間住處。

在這十年當中,我擔任三個職務:一、在學校教音樂課、訓練鼓號花棒樂隊、訓練龍鼓花旗隊、訓練吹奏樂隊、訓練兼指揮學生交響樂團, 二、在家開設某牌鋼琴的南部總經銷, 三、自設鋼琴工廠,生產鋼琴(後來改為合股公司);五福國中校長又多次呈報我領獎:如優秀青年獎兩屆、優秀教師獎兩次、特殊優良教師獎並蒙總統召見、國民中學教學方法優良教師 - 高屏三縣市唯一名額, 又蒙教育部挑選為訓練參加世界大露營40名男童軍的樂隊教練兼指揮,隨隊出國挪威,領國旗繞世界大露營六個營地,宣揚國威,會後並隨隊遊歷歐洲一個月,回國後獲得教育部及童子軍總部頒發最高獎,如此,獲得全校教師中領最高獎、最多獎的一員,也是全校教職員中賺最多錢的一員,名利雙收。

只是最後因為鋼琴工廠毀於颱風,一切又歸於零,而後移民出國。

五福國中也因為這些選拔擔任鼓號花棒樂隊的男女各一班學生、龍鼓花旗隊的男女各一班學生、及吹奏樂隊的男女各一班學生,必須挑選學業成績優良、體形健美的學生擔任,並揀選優秀老師擔任這六班學生所有的課,每年這六班的升學成績又好,因此吸引高雄市其他十一所國中優秀的學生家長越區進入五福國中學區,要求其子弟加入這六班為樂隊班學生,五福國中就一直保持這優良國中的榮譽,至今不衰。

9、移民阿根廷

由於第一次出國旅遊歐洲,喜歡上了歐洲古老的文化及悠閒的生活環境,於是開始計畫移民歐洲,俟一切手續辦妥時,始知想去的維也納不能申辦居留,又適逢阿根廷友人帶回阿根廷國家歌劇院的照片,並說阿根廷人都是歐洲的移民,音樂水準極高,有國家劇院,有多所傳統音樂學院......等資料,我們就毅然決定改為移民阿根廷。正辦理一切手續之時,鋼琴工廠遭到強烈颱風的摧毀,200部正在趕製的鋼琴全毀了,也就是破產了,我們就賣去以前所賺得的樓房,傾出所有去整修工廠,還銀行的貸款,恢復生產,發最後員工薪水之後,全家出國了。

到了阿根廷一切必須從零開始,過去三十年,在台灣有薪資所得及政府配給米糧可過生活,不必擔心無錢可用、無米可炊,但來到這新的國度,斷了米糧的配給,開始擔心沒有糧食了;自己的學歷經歷又不能在異國施展,得靠從事別的工作去賺錢了,身邊所帶的微薄現金即將花完,若繼續沒有收入,無底洞似的支出,豈非一步步走入死胡同?本以為隨身所帶的調音工具,到全世界任何地方都可有飯吃,但是來到阿根廷卻因為語言不通,到各鋼琴行尋找工作又因為沒有居留權,無法開始工作,只有從教會弟兄姊妹家的鋼琴開始,再經過他們的介紹,慢慢由點而面拓展;我家就設法從擺菜攤賣菜開始,先解決目前的生活困境,將賤價買得的破舊房屋闢為菜攤,得到教會弟兄組美金會的幫助,籌得 1400 美元開始賣菜,並配菜到華人家庭,慢慢增加菜攤的貨色,增闢為雜貨店,再整修店面,準備出售;因為申請不到居留權,只有搬到他省去實際耕農,才能申請居留,於是賣去這雜貨店,搬到鄰省的城市 Rosario 去,邊設餐館邊下鄉耕農,想法取得正式居留權;但是因為幫我設計的老僑不熟阿根廷的法律,致使我們所耕作的土地不能申辦耕

農居留,遭到移民局的驅逐出境,此時,幸好台灣來的、同一教會的宋新發弟兄,借我八千美金的會款,購買在北部 Formosa 省耕農的正式居留權,全家才得撤銷因申請農地居留所遭到的驅逐出境令,順利離境,再以新買的居留權,重新入境阿根廷,成為阿根廷的合法的居民,孩子們才得以進入公立中學及大學就讀。感謝上帝,向教會弟兄籌借的 1400 美元賣菜的會款,以及向宋新發弟兄借來購買居留權的 8000 美元,也已在短期間內還完了。

這初到阿根廷的前幾年,因為在台灣最後破產、失敗的陰影,剛剛進入生疏而陌生的、沒有居留權,孩子們不能正式進入公立學校就讀,沒有親友相助又因為語言不通不能生財的國度,心中不免會感到失志,黑暗,看不到光明的前途。但,有了正式居留權,孩子們開始了學業、開始開店、調音工作慢慢展開之後,又漸漸看見了曙光,覺得前途還是光明的,就恢復了出國當初的信心,加上我的鋼琴調音工作很快上了軌道,像首都的七間大鋼琴行、國立歌劇院、歌劇院裡的聲樂學院、歌劇學院、舞蹈學院、國立音樂學院、市立音樂學院、省立音樂學院、私立音樂學院、各級學校、基督教會、天主教堂、鋼琴教授及學生……幾乎所有鋼琴的調音及整修,都介紹過來了;再加上洛城的五間鋼琴行,洛城的音樂學院,不但調音顧客激增,還增加了整修中古鋼琴再出售的工作。

在阿根廷十二年, 前三分之二是苦幹努力而賺錢的,後三分之一卻似乎因為孩子們拼學業,加上內人的三度住院不能工作,我的收入又因為阿幣的嚴重貶值,沒有賺到錢(美金);乃於 1989 年七月來美渡假探親時,決定應美國密西根鋼琴公司之聘,改換跑道,於 1990 年初來美工作。

阿根廷位於南美洲的東南角,阿根廷西鄰 Chile(智利),隔著很長的高山山脈 Cordillera de Los Andes(安地斯山脈),北鄰 Bolivia(玻利維亞)與 Paraguay(巴拉圭),東鄰 Brasil(巴西)與 Uruguai(烏拉圭)以及很長的海岸線直達南極,是很美很富庶的國家,物產豐富,人民和善,物價不高,是很好居住的國家;我住的兩個城市 - 首都(Buenos Aires)與洛城(Rosario),長年沒有地震、沒有颱風、不下雪也不酷熱,是四季分明,長年可以不用冷氣也可不用暖氣的地方,交通發達、樣樣便利、上了軌道的農工商業都發達的國家。只是國家的政治經濟不甚穩定,於我們以美金計算的移民說來並不好賺錢,原因不外乎阿幣的嚴重貶值,及對美金的匯率不穩定(在我所居留的那段時間),所賺得的阿幣,過幾天

再兌換成美金，已經不是當時的價值了，例如，我在國家劇院或國立音樂學院的調音收入，要四十天之後才領到錢，領錢時約二十美金價值的調音費阿幣，四十天之後兌換美金卻只剩約八美元了。

阿根廷的農牧業非常發達，廣闊而肥沃的農地，種植黃豆、玉米、麥子、各種五穀雜糧、葡萄、甘蔗、各種水果……應有盡有，有大量的糖廠、葡萄酒廠、麵粉廠……據說他們種一季，夠吃五年。又有廣闊的畜牧草原，像著名的 La pampa(蓬巴)草原，牛羊遍布，肉牛、乳牛都豐富，也因此阿根廷出名的烤肉 Asado，牛奶 Leche，甜牛奶 Dulce de leche 極富盛名，人人嚮往。

阿根廷的名勝古蹟好玩的地方更是不勝枚舉，像在北部 Misiones 省與巴西、巴拉圭交界的、世界最大的瀑布 Iguazu(伊瓜蘇)大瀑布，最南端的火地島 Tierra del fuego，南部 Santa Cruz 省的阿根廷湖 Lago Argentino 國家公園"The Graciers"的湖上冰山，東南海岸 Chubut 省的、吃蝦出名的 Camarones (蝦城)，有小瑞士之稱的 Rio Negro 省西邊靠山靠近智利邊界的 San Carlos de Bariloche，中部海邊 Buenos Aires 省的 Bahia Blanca 和 Mar de Plata 的海濱勝地，中西部 Mendoza 省到處都是葡萄和葡萄酒廠，據說他們只喝葡萄酒，不喝 Coca Cola。還有西北部 Tucuman 省遍滿了甘蔗與糖廠……，幾乎每一省都有好玩的地方，都有他們的特色。

阿根廷從北到南，橫跨亞熱帶、溫帶與寒帶，南端直到南極點 – 南極圈的中心點 (Polo Sur)；最北部一省叫 Formosa 省，南迴歸線經過這一省，就像台灣，北回歸線經過台灣一樣，因此，這一省不但氣候像台灣，土地出產也與台灣相似，像鳳梨，芒果，雪茄……等與台灣產的一模一樣（台灣也因此成為 Formosa），所以阿根廷有熱帶、溫帶、寒帶的各種農產品；海產也非常豐富，像台灣以前風行的南極蝦，就是從阿根廷進口的。 阿根廷有遍及全國的鐵路網及公路網，路上交通非常發達，飛機場也遍及全國，可以搭飛機到全國任何一省或到達世界各地。海運也很發達，可以經過大西洋與太平洋，航行到世界各地。

我還有一點小小的感觸：住在阿根廷 12 年期間，看慣了阿根廷婦女的美麗舒暢臉孔、高挑不肥胖的身材，卻因為常到機場接客送客，發現來阿根廷、從機場出來的亞洲婦女都帶著苦澀不開朗的臉孔，身材矮小，沒有阿根廷婦女的美麗舒暢；在旅遊世界各國的人

中，發現世界各國的婦女中，以阿根廷婦女的平均長相，全球最美，亞洲人最醜。 就是來到美國，或到世界各地去旅遊，仍然看不見阿根廷婦女一般，長相如此平均的美女！

10、美國密西根二十二年

結束阿根廷十二年的移民生活之後，又移民到美國的北端與加拿大相鄰的密西根州，一待就是二十幾年。 1989年暑假應妻妹麗雅之邀，與內人來玩過一趟，那是第一次來美國。 早在1977年決定移民阿根廷之初，就曾有內人的堂弟蔡嵩山君，欲聘我們夫妻來美，幫他經營西雅圖(Seattle)西岸 Ocean Shores 的別墅地房地產，但我因為英語不如拉丁語熟悉，放棄了選擇美國，而去了阿根廷；想不到十二年之後，還是來到了美國，只是應聘的公司不同而已。我來密西根是應聘密西根鋼琴公司為專任調音師，當時來渡假時，妻妹曾帶我到該公司去選購鋼琴，當公司老闆知道我在阿根廷國家劇院調音，就一直希望我能來加入他們的行列，經過妻妹一再推薦，終於決定了此一聘約，1989年12月我們夫婦倆就來到了密西根，一個月之後的1990年1月開始上班，一做就是十年，然後退休下來，專做自己鋼琴顧客的調音。到今年已經來美國22年了！

這22年在密西根，也經過了一些不平靜的風浪，最初是改換語言文字及生活環境的變遷，接著孩子們從阿根廷大學畢業，也移民來到了美國，為了帶這五個孩子(三個孩子與兩個未婚媳婦）的買車、開車、上學、居留、考試、就業，加上兩個醫學院畢業的兒子改換語言、考美國的醫師執照......, 不知耗費多少心血，最後因為兩個兒子雖考過了醫師考試、考得了醫師執照，卻因居留權尚未得到，不能工作而又回台灣去了，而後娶了兩個媳婦，兩個媳婦及女兒也回台了，剩下孤獨老夫妻一對；然後是內人得病回台就醫，結果不治，在台灣去世，於是售出全家七口住過七年的房子，隻身邊入老人公寓居住，這一大搬家，真使我這孤單老人疲於奔命，首先是清理七個人留下七年的物品，而後清掃油漆四個臥房及客廳廚房的大房子，再找仲介，洽售這房屋，最後自己搬入老人公寓，這些事全是自己一個人處理的。搬到老人公寓最初的年日，自己真無法適應，一來陪伴四十年的老伴突然消失，屋子裡空蕩蕩的，一個說話的人都沒有，那種寂寞感是從來沒有過的，過去煮吃採買洗衣，她都一手包辦的，現在得自己下手，不會呀！魚如何煎？菜如何炒？我都不會！連洗衣機都沒有操作過，這樣的日子將如何過下去?!就在這個時候小兒子來探望我，他要我暫時放下工作，出去旅行散心，我就向長榮旅行社的周小姐

買了機票，準備參加旅行團，再到歐洲去旅行，此時周小姐告訴我：「我媽媽也想旅遊歐洲，但我們子女都沒空陪她，可否與你同團去旅遊，你幫她翻譯填表？因為她不懂外語外文」，我想這是輕而易舉的事，我就答應了，這時我還不認識她的媽媽；然後帶她從底特律飛到英國倫敦報到，加入旅行團，十七天的歐洲之旅，我們兩個同坐遊覽車的座位，當然天南地北無所不談，這才知道各缺少了另一半，她才知道我剛搬入老人公寓，不會料理三餐，連一條魚都不會煎，一盤菜都不會炒；十七天旅遊結束回來，她為回饋我旅行中幫她說話寫字，常煎魚炒菜叫我去取；一天她女兒周小姐告訴我：「我媽媽對你印象很好喂！我爸去世十幾年，她從未對任何男人如此好感！其實你們可以在一起相互照顧嘛，你們都各少了一半！」 我家小兒子也贊同說：「爸，你真需要一個老伴兒幫你料理生活，在聖經上，婚姻中沒了另一半，婚約就解除了，你可以續弦的」，於是我們就開始認真思考此一問題，結果倆都同意在教會辦一次簡單婚禮，昭告諸親友。就這樣我再續弦了，老伴兒是 - 春坊(日語)(Harubou)。

短短十幾年竟有如此大的變化激盪，唯一不同的就是仍在從事鋼琴調音的工作，細數之，也作滿六十幾年的調音工作了！在這老人公寓裏，還完成了四十年來所寫的所有客家語文的書籍十餘種，以及五種華文書本。

密西根州是美國五十州中，最好居住的一個州，因為氣候最好，水質最好，沒有像加州的地震、火燒山、炎熱，缺水 ，沒有其他州的水災、旱災、龍捲風、颱風等的襲擊。

密西根州四圍有五個大湖 (Lake Michigan, Lake Superior, Lake Huron, Lake Erie, Lake St. Clair 或說 Lake Ontario)，不但水源充沛，水質好，還風景特別好，又鄰近加拿大，可到加拿大的名勝古蹟遊覽，如多倫多，門特婁，握大華，魁北克，千島湖......。 或向東走到水牛城瀑布，賓州，紐約，紐澤西，波士頓等各地，或向南、向西各州都很方便。

11、長壽的姊姊

2014 年 5 月，女兒义廑與我應哥的長媳 - 癸香之邀，回到美濃省親，癸香事先就邀約失連幾十年的二姐－蘭姐來相聚，當我到達時，蘭姐已經等候近日，我們促膝言歡，相互注視許久，也同進晚餐 ，蘭姐已 95 歲高齡，但她的身體仍然硬朗，步履穩健，言詞清晰，

思想條理分明，雙手有力而不顫抖，牙齒仍然健在，咀嚼正常，沒有彎腰傴背現像，就像六、七十歲的人一樣。因為她親眼看見我出生(母親曾告訴我，她臨盆生我時，是叫二姐燒熱水，幫拿剪刀，母親親自剪臍帶生我的)，二姐大我十二歲，從小背我長大到她出嫁，在兄弟姊妹中最疼我。

我們言談之中，蘭姐還提到大姊 - 坤妹姐，她在前幾年以96歲高齡去世，我也因為移民阿根廷及美國沒能為她送終，也沒有能在她年老時，多陪她。大姐 - 坤妹姐，大我十六歲，在我出生前四年，十六歲時嫁給陳元麟姐夫，姊夫司職木匠，手藝很巧，但因為生性好賭，敗光家產，與大姊一生不睦，至使大姊一生勞碌以零星賣菜維生，她育有三子兩女，長子小學教員較有出息，其餘子女平平。二姐-蘭姐嫁給張安元姐夫，是張家的長子，姊夫有五位兄弟，耕有不少田地，一直兄弟沒有分家，共同務農，種植菸葉；二姐育有三子兩女，長子國樑大學畢業，曾在高中教書，後來經營鋼琴工廠。

兩位姐姐如此高齡，是過去所有親屬中所罕見、最長壽的，兩位姊姊，雖然一生勞苦，勞碌多於安逸，但她們樂觀奮鬥、健康長壽。

六十、 劉丁衡著作一覽

書　　　　　　　名	篇　幅	備　　註	作品編號 完成年月
一、客家語文 - 電子書類			
客家語文有聲辭海（電子書原版）- CD辭典 　　　　　行政院客家委員會補助， 　　　　　知本家文化事業公司出版	2500頁 138MB	現已進階為：編號 01 - 31. 2014/10 現代客家語文有聲辭典	01 2003/8
客家語文有聲辭典 -有聲電子辭典 　　或 客家語文有聲辭海 -有聲電子辭典	2084頁 419MB	進階、增訂、濃縮版，現已進階為：編號 01 - 31. 2014/10 現代客家語文有聲辭	02 2004/5

		典	
最新客家語文有聲辭典 –有聲電子辭典	2300 頁 439 MB	2013 年增訂更新，現已進階為：編號 01–31. 2014/10 現代客家語文有聲辭典	03 2013/4
客家語文發音字典 (有聲電子書)	175 頁 1.07GB	每一客話漢字，只標注四縣客話發音，沒有註解.	04 2013/8
客家語文有聲讀本 100 課 – 有聲電子書	216 頁 241MB	小學至初中程度，全書錄音，更新版	05 2003/8
客家語文文法 (電子書)	184 頁 8.8MB	重新電腦打字，更新版	06 2003/8
客家語文文法及客家語文有聲讀本 100 課合訂本	184 頁+ 216 頁	兩書合訂本	07 2003/8
客話諺語成語 (電子書)	162 頁 1.40MB	包含諺語, 成語, 俗語, 俚語, 隱語, 歇後語, 相關語, 座右銘	08 2002/3
客話漢字拾遺 (電子書)	157 頁 620KB	尋回失落的(曾是有聲無字的) 客話漢字	09 2009/8
客話諺語成語及客話漢字拾遺合訂本 (電子書)	162 頁+157 頁	兩書合訂本	10 2009/8
聽聲看圖學客話 – 有聲電子書, 增訂更新版	347 頁 518MB	有圖、有聲、有單詞、有例句	11 1910/8
客話怎焉講？怎焉寫？ (電子書本)	135 頁 679KB	以客家語文書寫, 華文華語發問、舉例、註釋.	12 2012/3
人名、地名、表聲字原音直譯 客家語文聖經 (翻譯) – (電子書, 無聲版)	3000 頁 19.6MB	新、舊約全書 (全本聖經)	13 2008/9
人名、地名、表聲字原音直譯 有聲客家語文舊約聖經 (翻譯) – 錄音本 (需用卸除式 32GB 硬碟)	35.3 Giga Byte 實內 26GB	聖經舊約有聲電子書	14 2008/9
人名、地名、表聲字原音直譯 有聲客家語文新約聖經 (翻譯) – 錄音本　　　　　　(需用卸除式 16GB 硬碟)	16 Giga Byte 實內 8.9GB	聖經新約有聲電子書	01-15 2008/9
人名、地名、表聲字原音直譯 有聲客家語文聖經 (翻譯) – 新、舊約全書 (需用卸除式硬碟 64GB)	35.3 Giga Byte 實內 34.9GB	聖經有聲電子書	01-16 2008/9
客家語文 –古聖賢書：(01 – 011) 01 三字經	63.5KB 39 頁	原文中文書寫，客家語音標注，中文註釋解說	01-17 2013/1- 2014/7
02 增廣-昔時賢文	56.7KB 26 頁	原文中文書寫，客家語音標注，中文註釋解說	01-18 2013/1- 2014/7
03 千字文	40.1KB 25 頁	原文中文書寫，客家語音標注，中文註釋解說	01-19 2013/1- 2014/7
04 百家姓及姓氏堂號	37.5KB	原文中文書寫，客	01-20

	22頁	家語音標注，中文註釋解說	2013/1-2014/7
05 四書：大學、中庸、論語、孟子	2.04MB 85頁	原文中文書寫，客家語音標注，中文註釋解說	01-21 2013/1-2014/7
06 詩經	1.87MB 666頁	原文中文書寫，客家語音標注，中文註釋解說	01-22 2013/1-2014/7
07 尚書	165KB 43頁	原文中文書寫，客家語音標注，中文註釋解說	01-23 2013/1-2014/7
08 周易	359KB 117頁	原文中文書寫，客家語音標注，中文註釋解說	01-24 2013/1-2014/7
09 禮經	207KB 67頁	原文中文書寫，客家語音標注，中文註釋解說	01-25 2013/1-2014/7
010 春秋	337KB 128頁	原文中文書寫，客家語音標注，中文註釋解說	01-26 2013/1-2014/7
011 唐詩三百首	1692KB 284頁	原文中文書寫，客家語音標注，中文註釋解說	01-27 2013/1-2014/7
晉深客家語文讀本50課	1.16MB 360頁	較深，篇幅較長之客家語文讀本、課本	01 - 28 2014/2
客家山歌專輯	16.3MB 56頁	歌譜，範唱，範奏，注音，註解, 206首歌詞。	01 – 29 2014/8
客家語文動詞總彙	9.70MB 650頁	客家語文動詞大全	01 – 30 2014/8
現代客家語文有聲辭典	783MB 2884頁	最新，更新，增訂，濃縮版	01 – 31 2014/10
近古客家語文讀本50課	1284 KB 218頁	近古名人談論養生之道, 客語注音註解	01 – 32 2015/12
二、客家語文　書本類			
以上1995年以前之客家語文著述，曾獲台灣客家文化獎（1994年12月）及世界客屬文化傑出獎（1998年10月）			
常用客話字典 – 1977年起草, 九年後1986年完成字典,(漢羅兩用) 1992年2月自立晚報社出版部出版）（現已絕版，並已進階為「最新客家語文有聲辭典」） ISBN 957-596-159-5	553頁	台灣第一本客話字典，與西譯中國語文教本同獲中華民國廿二屆中國語文獎(1988年3月)	02-01 1986/3
漢字客家語文字典 – 2000年9月20日出版（精裝本及平裝本)(已絕版)	612頁	筆者第二本客語字典, 含245個自創客話漢字 (現已廢除這些自創客話漢字).	02-02 1999/1
客家語文有聲字典 – 2002年6月彭氏文史工作室出版，彭裕樘鄉親出資出版 (精裝本) （　內附全書CD - 有聲光碟一片）	610頁	筆者第三本客家語文字典，廢除自創漢字，加入客話拾遺漢字, 全可在現代電腦上顯示。	02-03 2002/2

ISBN 986-90254-0-0			
客家語文讀本 100 課 - 上、下兩冊 （平裝本） 　　　行政院客家委員會補助, 2002 年 8 月 　　出版． 　　　ISBN 986-80254-1-9 　　　ISBN 986-80254-2-7	上冊 114 頁 下冊 293 頁	小學至初中程度有聲課本，羅馬萬國音韻注音，客話漢字課文，現代華語直譯 （另附有聲 Flash Drive 全書錄音）。	02-04 2002/4
客家語文文法 -(平裝本) 　　　行政院客家委員會補助, 2002 年 8 月出版 　　　ISBN 986 80254-3-5	103 頁	羅馬萬國音注音，客話漢字課文，現代華語直譯	02-05 2002/6
客家語文辭典（上、下及索引附錄共三本） Dictionary Hagga Language (1) ISBN 978-0-9996547-4-3 Dictionary Hagga Language (2) 　ISBN 978-0-9996547-5-0 Dictionary Hagga Language Index & appendix ISBN 978-19816682-4-3 CreateSpace-amazon　出版	上冊 684 頁 下冊 686 頁 索引 496 頁	書本辭典，無聲。 （另有錄音的 Flash Drive 全本新字錄音，不包含在內）。	02-06 2017/11
客家語文聖經（舊約上、下及新約共三本）： Bible Hagga Version old Testament (1) 　　　（舊約創世紀至歷代志上） 　　　ISBN 978-0-9996547-1-2 Bible Hagga Version old Testament (2) 　　　（舊約歷代志下至馬拉基書） 　　　ISBN 978-0-9996547-2-9 Bible Hagga Version new Testament (3) 　　　（新約全書） 　　　ISBN 978-0-9996547-3-6 CreateSpace-amazon　出版	舊上 683 頁 舊下 725 頁 新約 526 頁	全本經文以客家語文書寫，萬國羅馬音韻注音：一節客家語文，接一節發音音標，方便讀經時立即對照。 （無聲本）	02-07 2017/11
客家語文漢字拾遺 collected Lost Hagga chalacters 　　　ISBN 978-0-9996547-6-7 CreateSpace-amazon　出版	140 頁	撿齊客家語文長久失落的漢字	02-08 2017/11
客家語文變音漢字 Umlaut Hagga Language Characters 　　　ISBN 978-0-9996547-7-4 CreateSpace-amazon　出版	17.1MB 120 頁	變音字及原音字同列	02 – 09 2017/11
客家語文動詞總彙 **Collected Hagga Language Verbs** 　　　ISBN 978-0-9997563-1-7 CreateSpace-amazon　出版	641 頁	收集所有的動詞	02 – 10 2017/11
客話諺語成語 Proverb & Phrace of Hagga Language 　　　ISBN 978-0-9997563-4-8 CreateSpace-amazon　出版	241 頁	包含諺語, 成語, 俗語, 俚語, 隱語, 歇後語, 相關語, 座右銘	02-11 2017/12
三、華文著述類			
窯匠之泥 -（劉丁衡 60 年回憶錄）　平裝本 宇宙光出版社 1990 年 6 月出版 　　　ISBN 957-727-128-6	355 頁	宇宙光出版社 現仍出售	03-01 1990/3

鋼琴調音恩賜 – 電子書 (更新版) 經　　（這是一本從事鋼琴調音工作的 技　　　　驗、心得、見證；有理論性的、 全　　　　術性的、實用性的、趣味性的， 　　　　　書文圖並茂。） （劉丁衡 70 年回顧）	228 頁 53.0MB	前名： 半百琴緣 鋼琴調音一甲子 鋼琴調音生涯	03-02 2003/8
八十年移民路 - 電子書 (劉丁衡 80 年回憶錄)	405 頁 118MB	前名： 三度移民甜酸史 三度移民的一家 移民三度行跡	03-03 2013/12
字頭左首筆形索引「華文字典」- 電子書 原稿剪貼版, 是為初學中文的外國 人, 及居住外國的華僑子弟 編撰 的, 易查筆形索引中文字典原稿。	404 頁 260MB	1978 年發明「字頭左 首筆形索引」, 1983 年華文字典編輯完 成	03-04 1983/2
南瓜藤 – 懷念愛妻麗溫專輯 - 電子書	130 頁 11.1MB	愛妻像南瓜藤, 南瓜 一成熟, 瓜藤即枯眠 瓜旁. 因而取書名為 "南瓜藤"	03-05 2001/2
鼓號樂隊組織與表演 - (1967 年 8 月 台灣 省教 育廳委託天同出版社出版) 是 當時組訓初級中學吹奏行進樂隊 的一套自創完整圖文並茂教材 (平裝本) (已絕版)	75.3MB 72 頁	內容： 隊員選拔與 訓練, 大中小鼓練習 曲、軍號練習曲、指 揮圖解教材、行進吹 奏、最新轉彎隊形等, 包括全套典禮樂譜 及進行曲曲譜等.	03-06 1970/8
注音符號雙旗語 - 野外、海上通信教材， 1960 年發明 , 2015 年重新整理打字.	69.4KB 6 頁	以雙旗比劃注音符 號造句的、通信旗語	03 – 07 2015/8
早起漫步有感詩一百首	90.6KB 33 頁	即興詩歌題材	03 – 08 2016/9
漢語拼音、客語拼音 - 英文字母大寫旗語	56KB 11 頁	以雙旗比劃英文大 寫筆畫字形的通信 旗語	03 – 09 2017/8
鋼琴調音恩賜 - (丁衡 70 年回顧) 　　Grace of God for Piano Tuner 　　　Tj '70 years Memoir 　ISBN 978-0-9997563-3-1 　CreateSpace-amazon 出版	218 頁	從事鋼琴調音工作 的經驗、心得、趣事 以及上帝眷顧的見 證	03 – 10 2017/11
八十年移民路-(劉丁衡 80 年回憶錄) 　　**Emigrant way 85 years** 　　　**(Tj. 85 years memoir)** 　　　ISBN 978-0-9997563-2-4 　CreateSpace-amazon 出版	394 頁	一個老人親身經 歷、親自記錄的真實 故事	03 – 11 2017/11
四、西班牙文、日文翻譯類			
西譯中國語文教本 50 課 　　(西班牙文翻譯的中文課本) 　　　　　劉丁衡 編著、錄音	138 頁	中文教材, 生字、課 文中文錄音, 給西班 牙語系統人士學 說、學寫中文用, 生 字有筆順。	04-01 1979/8
Texto De La Lengua España　　（電子書）	195 頁	初學教材. 從字母、	04-02

西班牙語有聲課本 　　　　劉丁衡　編著、錄音	1.01GB	發音, 拼音起全書西語錄音。	2003/8
Autodidacto　Español　自學西班牙語 　　Mark Stacey & Angela Gonxález Hevia 編著 　　　　劉丁衡　聽寫、譯註	90頁 642KB	基礎教材 (電子書) 附CD兩片	04-03 2010/5
Conversación ejercicio en español 西班牙語會話操練 　　　　劉丁衡　編譯	98頁 2.43MB	一般會話集錦 (電子書)	04-04 2005/7
El Español al Día　　每日西班牙語教本 　　Laurel Herbert Turk 及 Edith 　　Marion Allen　編著 　　　　劉丁衡　翻譯、註解	115頁 408KB	高中西文教材 (電子書)	04-05 2006/8
翻譯呂理經先生的日文回憶錄 – 　　第二次世界大戰終戰六十週年的回顧 　　　　劉丁衡　翻譯	46頁 28.3MB	呂理經日文回憶錄登載於台灣文學評論 – 第六卷第三期及第四期	04-06 2012/8
翻譯日文書 　　33歲聚成3億資產 – 我的做法	93頁 350KB	午堂登紀雄 著 劉丁衡 譯	04-07 2012/10
翻譯呂理經兄的日文摘自　三浦綾子　原著 　　塩狩峠 (しおかりとうげ： 　　　山路崎頂鞍界點) – 一粒麥子	1459KB	劉丁衡 譯	04-08 2012/11
Texto De La Lengua España　　西班牙語課本 　　ISBN 978-0-9996547-0-5 CreateSpace-amazon 出版　劉丁衡 編著錄音	102頁	另附有聲 Flash Drive 全書有聲。	04-09 2017/11

八十五年移民路

Emigrant way 85 years

(劉丁衡 85 年回憶錄)

(Tj. 85 years memoirs)
親身經歷、親自記錄、步步真實的行跡

劉丁衡　著